DER GRAF VON SAINT GERMAIN UND DIE MUSIK

MIEKE MOSMULLER
THOMAS SENNE
JOS MOSMULLER

DER GRAF VON SAINT GERMAIN UND DIE MUSIK

OCCIDENT VERLAG

Korrektorat: Holger Niederhausen

ISBN 978-3946699-07-1

Internet: www.occidentverlag.de
E-Mail: info@occidentverlag.de
Grafische Gestaltung: Carina van den Bergh

INHALT

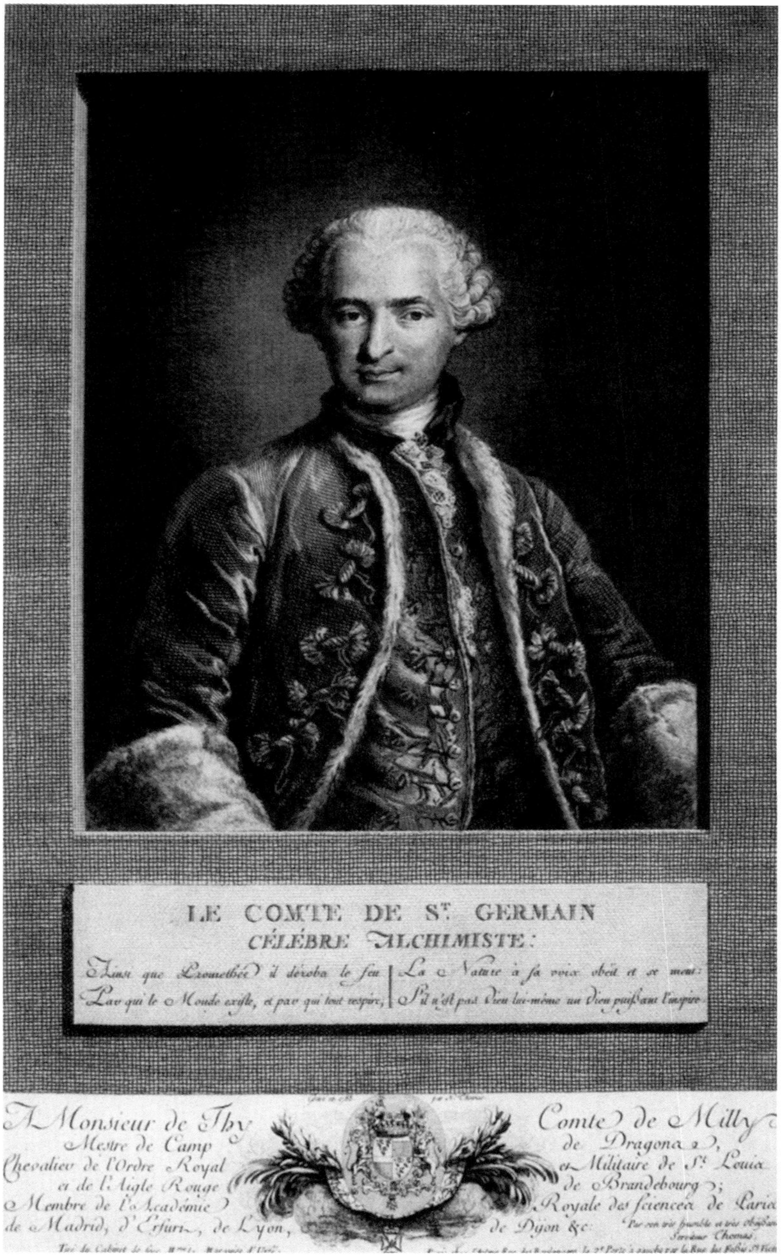
LE COMTE DE S^T. GERMAIN
CÉLÉBRE ALCHIMISTE:
Ainsi que Prométhée il déroba le feu
Par qui le Monde existe, et par qui tout respire,
La Nature à sa voix obéit et se meut:
S'il n'est pas Dieu lui-même un Dieu puissant l'inspire.
A Monsieur de Thy Comte de Milly
Mestre de Camp de Dragons,
Chevalier de l'Ordre Royal et Militaire de S^t. Louis
et de l'Aigle Rouge de Brandebourg;
Membre de l'Académie Royale des sciences de Paris
de Madrid, d'Erfurt, de Lyon, de Dijon &c.
Par son très humble et très obéissant
Serviteur Thomas.

VORWORT

Am 6., 7. und 8. Oktober 2017 fand in der Ansbacher Orangerie in Mittelfranken die dreitägige Tagung ‚Der Graf von Saint Germain und die Musik' statt. Ein Musik-Ensemble, das sich eigens für das Ansbacher Treffen zusammengeschlossen hatte, eröffnete die Tagung mit der ersten Triosonate von Saint Germain. Nach den Pausen und am Ende jedes Tages kam dieses Musikstück oder eine Solosonate zur Aufführung. Die Aria ‚Per Pieta Bell' Idol Mio' erklang jeden Nachmittag, vom Ensemble begleitet. Die Vortragenden waren Mieke Mosmuller, Thomas Senne und Jos Mosmuller. Margareta Bannmann war für die Rezitation zuständig. Geschichte, Politik, Kunst und die spirituelle Bedeutung des Grafen wurden ausführlich beleuchtet. Die drei Vortragenden hatten ihre Vorträge voneinander unabhängig vorbereitet und nicht miteinander abgestimmt. Trotzdem ergab alles ein zusammenhängendes Ganzes.

Die Vorträge sind weitgehend so wiedergegeben, wie sie gehalten wurden. Das vorliegende Buch ist eine getreue Wiedergabe der Tagung.

Nur eines war leider nicht möglich - die Musik hörbar zu machen.

Jos Mosmuller, April 2018

Das Musik-Ensemble spielte die erste Triosonate des Grafen von Saint Germain:

Violine: Renate Kroese
Violine: Raphaela Kühne
Cello: Samara Bertsch
Spinett: Peter Rippen

Ausarbeitung des Basso continuo: Peter Rippen

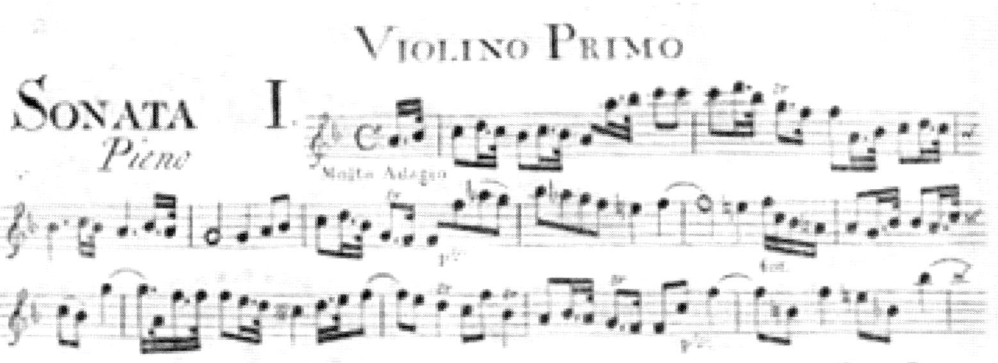

EINFÜHRUNG

Jos Mosmuller

Ansbach, 6. Oktober 2017

Herzlich willkommen zur Tagung „Der Graf von Saint Germain und die Musik“ .

Eine kleine Probe der Musik des Grafen haben wir gerade genießen können. Als ich diese Musik zum ersten Mal hörte, war ich sehr überrascht und bekam gleich ein freudevolles Gefühl von Wiedererkennen. Sie rief bei mir eine Stimmung auf, die ich wohl kannte, aber noch nie in der Musik erfahren hatte.

Thomas Senne und Mieke Mosmuller werden während der Tagung Näheres darüber erzählen.

Jetzt möchte ich, weil wir in der Stadt Ansbach weilen, in einem Überblick etwas über die Lage und Geschichte der Stadt erzählen.[1]

Weil wir schon seit Jahren Seminare in Nürnberg geben, kennen wir die Stadt Ansbach ziemlich gut, da es auf der Strecke von unserem Hotel in der Nähe von Rothenburg ob der Tauber nach Nürnberg liegt. Die gut erhaltene mittelalterliche Stadt Rothenburg ob der Tauber liegt im süddeutschen Landkreis Ansbach, Mittelfranken, in Bayern an der Grenze zu Baden-Württemberg. Die Stadt ist noch von einer Stadtbefestigung umgeben und liegt am Fluss Tauber am Rande des Naturparks Frankenhöhe. Von da aus fährt man entlang der Romantischen Straße durch wunderschöne Orte wie Schillingsfürst und Feuchtwangen und entlang der Burgenstraße über Colmberg nach Ansbach. Schließlich erreicht man durch eine liebliche Landschaft, die als das Romantische Franken bekannt ist, die Residenzstadt Ansbach.

Die Anlage der Residenzgebäude in der Stadt wunderte uns schon immer wegen ihrer eindrucksvollen Größe in ihrem Barock- und Rokoko-Stil.

Mittelfranken liegt im fränkischen Teil von Bayern, ist ein Regierungsbezirk und grenzt an Baden-Württemberg sowie an Oberbayern, Oberfranken, Unterfranken und Schwaben.

Die Residenz Ansbach liegt in Mittelfranken, eingebettet zwischen Stuttgart, Würzburg, Nürnberg und München. Es residiert hier die Regierung von Mittelfranken. Die Stadt zählt heute 40.000 Einwohner.

[1] Quelle: Wikipedia.

Die Stadt Ansbach verdankt ihren Namen dem Bach Onsbach oder Onolzbach, auf Lateinisch Onoldium. Der Onolzbach strömt durch den Ansbacher Stadtteil Schalkhausen und strömt da zusammen mit der fränkischen Rezat in die Regnitz ein, um schließlich in den Main und dann endlich in den Rhein zu fließen.

Wie Bonifazius 736 die Diözesen Regensburg, Passau, Salzburg und Freising gründete, so gründete der Bischof Gumbert 748 im Mündungswinkel von Onolzbach und Rezat ein Benediktinerkloster, und damit wurde der Grundstein der Stadt gelegt.

1144 herrschten über Stadt und Kloster die Herren von Schalkhausen und die Herren von Dornberg. Das Wappen der Stadt Ansbach geht zurück auf das Wappen der Herren von Dornberg. Es ist ein Wappen mit einem grünen Schild, darauf von rechts unten nach links oben ein weißer Schrägbalken mit drei Fischen. Das Wappen zeigt klar den Fischreichtum des Onolzbaches.

Wolfram von Eschenbach, der das Gedicht Parzival verfasste, wohnte 1170 in der Nähe von Ansbach, er nahm zusammen mit Walter von der Vogelweide aus Südtirol am Sängerkrieg auf der Wartburg in Thüringen teil.

Später wurde die Stadt Ansbach die Residenz des Markgrafen von Brandenburg-Ansbach-Bayreuth. Das deutsche Wort Markgraf, auf Französisch Marquis, bedeutet Verteidiger des Grenzgebietes eines Landes oder Reiches.

Der erste Ansbacher Markgraf um 1400 war Markgraf Friedrich der Erste, aus der Linie der Hohenzollern stammend. Im Dienste des Königs Sigismund von Ungarn baute er den mittelalterlichen Stiftshof zu einer Wasserburg um.

1575 baute Markgraf Georg Friedrich der Erste an dieser Stelle ein schönes Renaissance-Schloss mit gotischer Halle.

Markgraf Wilhelm Friedrich und sein Sohn Karl Wilhelm Friedrich, der mit Friederike Luise von Preußen (einer Schwester von Friedrich dem Großen) verheiratet war, erweiterten zwischen 1705 und 1738 das Schloss im Wiener Barock- und Rokoko-Stil.

Die Baumeister waren Retti und Gabrieli, später auch Friedrich von Zocha.

Markgraf Karl Wilhelm Friedrich lebte prunkvoll als ein absolutistischer Fürst und hatte eine große Jagdleidenschaft, vor allem für die Falkenjagd. Er ließ ein Falkenhaus, das rote Schloss in Triesdorf bei Weidenbach, bauen. Er besaß schließlich den größten Falkenhof in Europa. Er scheute keine Kosten, gab eine halbe Million Gulden für dieses Hobby aus.

Auch die Orangerie gegenüber dem Rezidenzschloss, in der wir uns jetzt befinden, wurde 1750 schlossähnlich mit Gartenanlage durch Friedrich Zocha entworfen.

Mit seiner Frau Friedrike Luise von Preußen hatte Karl Wilhelm Friedrich zwei Söhne. Der älteste Sohn starb schon jung, der zweite, Karl Alexander, wurde sein Nachfolger. Für seine Frau konnte er keine Leidenschaft empfinden. Diese Frau war darüber so tief unglücklich, dass sie ihren Kummer in eine Fensterscheibe ihres Zimmers einschrieb. Dies war bis 1945 in dieser Fensterscheibe noch zu lesen. Das Fenster wurde am Ende des Zweiten Weltkrieges zerstört.

Mit einer Falknerstochter, Elisabeth Wünsch, hatte der Markgraf noch vier Kinder, die er reichlich mit Adelstiteln, Mitteln und Schlössern ausstattete.

Wegen seines abenteuerlichen Lebens wurde er der wilde Markgraf genannt.

Er starb 1757, und sein Sohn Karl Alexander aus der Ehe mit Friederike von Preußen folgte ihm nach.

Markgraf Karl Alexander wohnte nicht gerne in der Ansbacher Residenz, sondern vorzugsweise im Jagdsitz, im roten Schloss in Triesbach. Karl Alexander heiratete 1754 Friederike Caroline von Sachsen-Coburg. Diese Ehe blieb kinderlos.

Karl Alexander fand seine Gattin ungebildet und langweilig und schob sie nach einer Weile nach Schloss Schwaningen ab und wandte sich verschiedenen Geliebten zu. Die erste in der Reihe war eine sehr gebildete französische Dame. Diese Dame war die französische Sängerin und Schauspielerin Hippolyte Clairon (Claire Léris), die in der Comédie-Française in Paris auftrat und eine Freundin von Voltaire war. Sie spielte unter anderem dessen Bühnenstücke. Karl Alexander besuchte die Comédie-Française in Paris oft, und sie wurde seine Geliebte.

Sie zog 1773 bei ihm ein und wohnte bis 1791 im sogenannten Weißen Schloss in Triesdorf.

Sie nahm viel Einfluss auf die Entscheidungen des Fürsten, so dass die Minister nicht froh damit waren.

Unter ihrem Einfluss bekamen die Katholiken in Ansbach mehr Rechte, und sie führte den Grafen von Saint Germain am Ansbacher Hof ein.

Der Markgraf selbst wohnte weiter im Roten Schloss in Triesdorf und ließ für seine zweite Geliebte, Fräulein Kurz, die Villa Sandrina bauen, später für seine dritte Geliebte Elisabeth Craven, eine geschiedene Baronin aus England, die Villa Rotunda.

Der Markgraf Karl Alexander wird als ein Mann mit hohem Pflichtgefühl beschrieben, der an die hohe Bestimmung des Menschen glaubte. Er gründete eine Porzellanfabrik und eine eigene Bank, die Brandenburg-Ansbach-Bayreuthische Hofbank.

Von seinem Vater hatte er ein negatives Vermögen von einigen Millionen Gulden geerbt. Um diese Schuld zu tilgen, vermietete er als Chef der fränkischen Armee diese ab 1754 an König Georg III. von England für dessen Koloniekriege in Amerika und 1780 bis 1784 auch an die holländische Republik für den Englisch-Holländischen Seekrieg.

1774 kündigte sich am Ansbacher Hof ein russischer Offizier unter dem Namen Graf Tzarogy an.[2] Der Markgraf gestattete ihm einen ruhigen Aufenthalt in Ansbach und lud ihn später nach Triesdorf ein, wo er in den unteren Zimmern des Weißen Schlosses von Madame Clairon wohnen konnte.

Dieser Graf Tzarogy bot ihm an, den Wohlstand des Landes zu erhöhen. Er zeigte ihm schöne Edelsteine und richtete ein Labor ein, wo er zusammen mit dem Markgrafen versuchte, Schafsleder in Russisches Leder zu veredeln, und alchemistische Untersuchungen machte.

Es machte dem Markgrafen viel Spaß, mit dem Grafen zusammenzuarbeiten.

Nach einem gemeinsamen Treffen des Markgrafen und des Grafen Tzarogy mit einem russischen Grafen namens Alexis Orlow in Nürnberg stellte sich heraus, dass Graf Tzarogy eigentlich Rakoczy hieß und der älteste Sohn Leopold Georg von Prinz Franz II. Rakoczy von Transsylvanien, Siebenbürgen bei Rumänien, sei.

Während einer Italienreise des Markgrafen und seines Ministers nach Neapel bekamen diese zu hören, dass der letzte Rakoczy schon lange gestorben sei, und in Livorno vernahmen sie von dem englischen Konsul, dass der sich Rakoczy nennende Graf der Graf von Saint Germain wäre.

Der Markgraf fühlte sich betrogen, schickte seinen Minister mit Vorwürfen zum Grafen von Saint Germain und wollte ihm nicht mehr begegnen. Saint Germain sagte, dass seine wirkliche Herkunft wegen Verfolgungen und möglicher Attentate verschwiegen werden müsse.

1776 verließ Saint Germain Ansbach und zog über Dresden, Leipzig und Hamburg nach Eckernförde, wo er von 1779 bis 1784 vom Statthalter von Schleswig Holstein, Carl von Hessen, einem bekannten und großen Freimaurer, aufgenommen wurde.

Carl von Hessen sagte über Saint Germain: „Die Kunst, in verworrenen Zeiten den Frieden zu bewahren, habe ich von Saint Germain gelernt. Er ist der Einzige der das Geheimnis des Friedens kennt!“[3]

1791 starb die Ansbacher Markgräfin Caroline Friederike von Sachsen-Coburg auf

---

[2] Peter Schraud: Der Graf von Saint Germain, Sein und Schein.

[3] Ebd.

Schloss Schwaningen, und weil Markgraf Karl Alexander keine Kinder und Nachfolger hatte, fühlte er sich jetzt frei, ein neues Leben anzufangen.

Seit 1790 war Freiherr Karl August von Hardenberg (ein Onkel des Dichters Novalis) Minister beim Markgrafen. 1791 wurde durch diesen Minister von Hardenberg ein geheimer Vertrag aufgestellt, um die Fürstentümer Brandenburg, Ansbach und Bayreuth an Preußen abzutreten.

Durch seine Mutter Friederike von Preußen war der Markgraf ein Neffe der Hohenzollern und würde Ansbach nach seinem Tod sowieso auf Preußen übergehen.

Es wurde arrangiert, dass der Markgraf als Entschädigung für die Abtretung vertragsgemäß eine jährliche Leibrente von 300.000 Gulden bekam.

Er verließ Ansbach, und über Portugal, wo er Lady Elisabeth Craven heiratete, reiste er nach Großbritannien und ließ sich in Hammersmith an der Themse nieder, wo er ein Anwesen kaufte. Dort starb er am 5. Januar 1806.

Wie ein richtiger Fürst regierte der Minister von Hardenberg in Ansbach weiter und machte Ansbach zu einer Modellprovinz Preußens. Später wurde er unter Friedrich Wilhelm III. von Preußen sogar zum Diplomaten und Staatskanzler von Preußen ernannt und vertrat Preußen nach der Niederlage Napoleons auf dem Wiener Kongress 1814/15.

1805 ging Ansbach durch den Frieden von Pressburg an Bayern. Bayern wurde von Napoleon nach der Dreikaiserschlacht bei Austerlitz, die Napoleon durch die Unterstützung der Bayerischen Truppen gewann, zum Königreich proklamiert. Der Kurfürst Maximilian IV. von Wittelsbach wurde König Maximilian I. von Bayern. Graf Montgelas gab Bayern eine Verfassung (Konstitution). 1818 kam eine Volksvertretung zustande. Dieses Königreich dauerte bis 1918, als Kurt Eisner nach dem Ersten Weltkrieg den Freistaat Bayern ausrief und König Ludwig III. abgesetzt wurde. Die Herrschaft der Wittelsbacher hatte 738 Jahre gedauert.

Bayern wurde in 15 Kreise eingeteilt, die an den Flüssen orientiert waren. So hatte man den Main-Kreis, Donau-Kreis, den Rezat-Kreis usw. Ab 1838 wurde der Rezat-Kreis in Mittelfranken umgetauft, und so ist es bis jetzt geblieben.

Zum Abschluss noch eine interessante Geschichte, die die damalige Welt in Staunen versetzte. Diese Geschichte spielte sich in Nürnberg und Ansbach ab.

1828 wurde in den Straßen von Nürnberg ein junger Bursche von ungefähr 16 Jahren gefunden, der nicht gut gehen konnte, nichts verstehen konnte, immer dasselbe sagte und kaum sprechen konnte. Er konnte aber seinen Namen schreiben. Der Junge war

Kaspar Hauser. Er sagte, dass er viele Jahre in einer dunklen Zelle eingesperrt war. Nach seiner Freilassung lebte er eine Weile bei einer Familie Daumer in Nürnberg. Er wurde damals in ganz Europa bekannt, man sah in ihm ein Wunderkind, das viele außergewöhnliche Gaben hatte, unter anderem eine starke Empfindung für die Naturkräfte. Es wurde dann ein Anschlag auf ihn ausgeübt. Danach wurde er von einem englischen Lord Stanhope nach Ansbach mitgenommen. 1833 wurde Kaspar Hauser, als er 21 Jahre alt war, zum Schlossgarten in Ansbach gelockt und da erstochen. Er starb einige Tage später.

Man denkt noch immer, dass Kaspar Hauser ein Sohn des Großherzogs Karl Ludwig Friedrich von Baden und der Gräfin Stephanie de Beauharnais war – ein bei der Geburt verwechseltes Kind, wobei das andere Kind bei der Geburt starb und er entführt wurde.

Von Rudolf Steiner wissen wir, dass mit dem Kind Kaspar Hauser durch eine Geheimgesellschaft ein Experiment gemacht wurde. Man wollte erfahren, was mit einem Menschen geschehen würde, wenn man die Kindheitskräfte bis in die Pubertät verlängert. Rudolf Steiner beschreibt dies als ein falsches und graues Experiment.[4]

Das Kind war eigentlich auserwählt worden, um eine christlich-spirituelle Strömung in Süddeutschland zu führen. Als das Kind erwachsen geworden war und sich dessen doch noch bewusst werden konnte, hat man dem wohl zuvorkommen wollen, indem man seinem Leben ein Ende setzte.

---

[4] Siehe die Vorträge von Rudolf Steiner über das Lukas-Evangelium, GA 114.

ZUR VITA DES GRAFEN: SEINE MUSIK UND SEINE GEHEIMNISSE

Thomas Senne

Ansbach, 6. Oktober 2017

Einen schönen guten Morgen! Ich freue mich, dass Jos gerade Kaspar Hauser erwähnt hat, der hier gewohnt hat. Jos hat auch die ominöse Figur Lord Stanhope genannt, der meiner Ansicht nach ganz für die Gegenkräfte gearbeitet hat. Er hatte Kaspar Hauser einem fürchterlichen Lehrer übergegeben, einem gewissen Meyer, der ihn ganz schrecklich in Ansbach malträtiert hat.

Bevor ich mich aber jetzt näher mit dem Grafen beschäftige und die Ergebnisse meiner rund zweijährigen Recherchen und Arbeiten vortrage – solange hat es letztendlich gedauert –, bitte ich Sie um ein klein wenig Geduld für eine kleine Ouvertüre, ganz gut passend zu dem musikalischen Motto unserer Tagung über die Musik des Grafen von Saint Germain. Ich bitte um ein bisschen Geduld und ein klein wenig Verständnis dafür, dass ich nun ein paar Ausführungen mache, die ein wenig Licht darauf werfen, warum wir uns hier versammelt haben: Ausführungen, die manchmal auch einen persönlichen Charakter haben. Es wird also eine kleine persönliche Ouvertüre werden.

In diesem Jahr feiern wir ein Jubiläum, sogar ein 50-jähriges Jubiläum – den „Summer of Love". Die „Blumenkinder", wie sich die „Hippies" damals nannten, suchten vor 50 Jahren „Love and Peace". Im Himmel hatten sie sich verabredet, hier auf der Erde etwas zu verändern, die Welt zum Besseren zu verändern, waren dann aber auf der Erde mit ihren rauen Realitäten hart gelandet und hatten bald ihre himmlische Mission vergessen. Eine kleine Erinnerung daran waren die Flower-Power-Bewegung und auch die 1968er Unruhen, wenn das auch nur ein matter Abglanz von Verabredungen war, die man getroffen hatte, bevor man vom Klapperstorch auf die Erde gebracht wurde. Die Blumenkinder feierten chemische Hochzeiten statt chymische Hochzeiten – von denen wir noch sprechen werden –, griffen zu Surrogaten, die schnelle Befriedigung hochfliegender Träume versprachen: künstliche Paradiese, Bewusstseinserweiterung mit Hilfe der Chemie statt Alchemie, Ekstase mit Drogen, mit LSD, Meskalin, Marihuana oder Haschisch mit seinem verführerischen Duft, mit Musik und – Sex. Weil die jungen Leuten nicht fanden, was sie eigentlich suchten, nämlich Erleuchtung, und niemand ihnen den Weg dahin wies. Stattdessen: überall Grau: Materialismus und Grauen wie etwa im Vietnam-Krieg, Ausbeutung und Lohnsklaverei. Da waren Blumen, entspannte Musik und „freie Liebe“ – so nannte man das damals – schon wesentlich angenehmer als der real existierende Wahnsinn im Hier und Jetzt: eine angenehme Alternative.

Zu den musikalischen Protagonisten dieser weltweiten Hippie-Bewegung gehörte eine Band, die schon beim legendären Woodstock-Festival mit dabei war. Diese Band gab vor ein paar Jahren ein Konzert auf der Burg Abenberg, nur ein paar Kilometer von unserem heutigen Tagungsort, Ansbach, entfernt: die Gruppe „Crosby, Stills and Nash“. „Crosby, Stills and Nash“ sangen an diesem Abend, einem schönen Sommerabend, in Abenberg unter anderem ein Lied, das seinerzeit sehr bekannt geworden ist. Der Titel: „Déjà Vu“ – „Schon mal gesehen, schon mal hier gewesen“, so ungefähr heißt das in der deutschen Übersetzung. Déjà-vu-Erlebnisse kennen wir ja. Dabei geht es um Eindrücke von Plätzen oder Personen, von denen wir glauben, ihnen schon einmal begegnet zu sein, obwohl wir sie nie zuvor gesehen haben. Die Plätze kommen einem irgendwie vertraut vor, die Gerüche und Geräusche, obwohl man vorher in diesem Leben noch nie dort gewesen war. Auch Personen, denen wir begegnen, kommen uns dann merkwürdigerweise bekannt vor, obwohl sie uns bislang noch nie über den Weg gelaufen sind. Déjà-vu, wie gesagt. Und „Crosby, Stills and Nash“ gaben ihren Gefühlen – nicht Erkenntnissen – Ausdruck und sangen in dem gleichnamigen Song davon, dass sie das Gefühl hätten, schon einmal auf der Erde gewesen zu sein, in früheren Zeiten – vor dieser Inkarnation. „We have all been here before, we have all been here before“, heißt es da in dem Refrain mantraartig, immer wieder. Womit wir beim Thema „Wiederholte Erdenleben“, dem Thema „Reinkarnation“ sind. Und diese „wiederholten Erdenleben“ spielen in unserer Tagung in der Tat eine wichtige Rolle. Auch wenn wir uns dem Thema Reinkarnation etwas anders nähern als die amerikanische Band.

Wie ein roter Faden zieht sich das Thema der Wiedergeburten durch die menschliche Kulturgeschichte – trotz aller Unterschiede, auf die ich jetzt nicht eingehen werde. Alte Zeugnisse davon finden sich im Hinduismus in den Upanishaden, im Brihadaranyaka Upanishad. Aber auch Buddha hat von der Reinkarnation gesprochen. Dieser weise Menschheitslehrer wird uns übrigens bei dieser Tagung des öfteren begegnen, da er sehr viel mit dem Grafen von Saint Germain zu tun hat. Bei den Recherchen, die ich gemacht habe, war ich sehr verwundert, wieviel er damit zu tun hatte. Lassen wir Buddha also mit seinen eigenen Worten zu Worte kommen!

Margareta Bannmann zitiert:

„... innig, geläutert, gesäubert, gediegen, schlackengeklärt, geschmeidig, biegsam, fest, unversehrbar, richtete ich das Gemüth auf die erinnernde Erkenntnis früherer Daseinsformen. Ich erinnerte mich an manche verschiedene frühere Daseinsform, als wie an ein Leben, dann an zwei Leben, dann an drei Leben, dann an vier Leben, dann an fünf Leben, dann an zehn Leben, dann an zwanzig Leben, dann an dreißig Leben, dann an vierzig Leben, dann an fünfzig Leben, dann an hundert Leben, dann an tausend Leben, dann an hunderttausend Leben, dann an die Zeiten während mancher Weltenentstehungen, dann an die Zeiten während mancher Weltenvergehungen, dann an die Zeiten während mancher Weltenentstehungen-Weltenvergehungen. Dort war ich, jenen Namen hatte ich, jener Familie gehörte ich an, das war mein Stand, das mein Beruf, solches Wohl und Wehe habe ich erfahren, so war mein Lebensende; dort verschieden trat ich anderswo wieder ins Dasein: da war ich nun, diesen Namen hatte ich, dieser Familie gehörte ich an, dies war mein Stand, dies mein Beruf, solches Wohl und Wehe habe ich erfahren, so war mein Lebensende; da verschieden trat ich hier wieder ins Dasein. So erinnerte ich mich mancher verschiedenen früheren Daseinsform, mit je eigenthümlichen Merkmalen, mit je den eigenartigen Beziehungen.“[5]

Soweit Gautama Buddha über wiederholte Erdenleben. Wer es europäischer mag, sei bei der Erkundung früherer Erdenleben auf Pythagoras verwiesen. Von ihm ist überliefert, er habe gewusst, dass er bereits in früheren Zeiten als Menschenwesen auf Erden geweilt hat.

Platon lässt Sokrates in seinem berühmten „Phaidon-Dialog“ vor dem Trank des Schierlingsbechers über die Unsterblichkeit der Seele sinnieren. Sogar in der Bibel, im Neuen Testament, gibt es eine Andeutung der Wiedergeburt. Zum Beispiel, als Johannes der Täufer im Johannes-Evangelium gefragt wird, ob er der Prophet Elias sei. Das taucht also ganz homöopathisch in der Bibel auf.

Machen wir einen Sprung ins 18. Jahrhundert, zu dem Dichter Gotthold Ephraim Lessing. Er behandelt in seiner Publikation „Erziehung des Menschengeschlechts“ 1780 – mit Blick auf jüdische, vielleicht sogar kabbalistische Traditionen, denn Lessing hat auch Kontakt mit Moses Mendelsohn gehabt – ebenfalls das Thema „Wiedergeburt“. Bei diesem bekannten Lessing, der einst auch im Schulunterricht behandelt wurde – ich weiß nicht, ob das jetzt noch so ist –, taucht dieses Thema auf. Und so klingt das dann:

---

[5] Die Reden Gotama Buddhas, Mittlere Sammlung, übersetzt von Karl Eugen Neumann, Piper 1922, S. 47f.

„... könnte jeder einzelne Mensch auch nicht mehr als einmal auf dieser Welt vorhanden gewesen seyn?

Ist diese Hypothese darum so lächerlich, weil sie die älteste ist? weil der menschliche Verstand, ehe ihn die Sophisterey der Schule zerstreut und geschwächt hatte, sogleich darauf verfiel?

Warum könnte auch Ich nicht hier bereits einmal alle die Schritte zu meiner Vervollkommnung gethan haben, welche blos zeitliche Strafen und Belohnungen den Menschen bringen können?

Und warum nicht ein andermal alle die, welche zu thun, uns die Aussichten in ewige Belohnungen, so mächtig helfen?

Warum sollte ich nicht so oft wiederkommen, als ich neue Kenntnisse, neue Fertigkeiten zu erlangen geschickt bin? Bringe ich auf Einmal so viel weg, daß es der Mühe wieder zu kommen etwa nicht lohnet?

Darum nicht? — Oder, weil ich es vergesse, daß ich schon da gewesen? Wohl mir, daß ich das vergesse. Die Erinnerung meiner vorigen Zustände, würde mir nur einen schlechten Gebrauch des gegenwärtigen zu machen erlauben. Und was ich auf itzt vergessen muß, habe ich denn das auf ewig vergessen?

Oder, weil so zu viel Zeit für mich verloren gehen würde? — Verloren? — Und was habe ich denn zu versäumen? Ist nicht die ganze Ewigkeit mein?“[6]

Von Rudolf Steiner möchte ich vor diesem Auditorium nicht über Reinkarnation und Karma sprechen, um nicht Eulen nach Athen zu tragen. Wer darüber Näheres wissen möchte, dem sei das umfangreiche Oeuvre Steiners ans Herz gelegt. Dass aber unsere Saint-Germain-Tagung überhaupt zustandekommen konnte, hat ganz viel auch mit der Reinkarnation zu tun. Um dies zu verdeutlichen, möchte ich von meinem persönlichen Zugang zu Saint Germain sprechen. Auch damit Sie sehen, wie lange Dinge manchmal brauchen. Vor fast 20 Jahren habe ich mit meiner heute hier ebenfalls anwesenden Frau Samos besucht. Auf dieser schönen griechischen Insel haben wir täglich die Höhlen des Pythagoras besucht, in denen sich der berühmte Mathematiker und Eingeweihte – $a^2 + b^2 = c^2$ – vor dem Tyrannen von Samos versteckt hatte. Wir sind Woche für Woche jeden Tag unzählige Stufen den Berg hochgeklettert, vor allem zu einer großen Höhle, vor der sich ein einsames, nach Weihrauch duftendes Kapellchen befand. Nach seiner Verkörperung als Pythagoras soll er dann Jahrhunderte später als ein gewisser Balthasar wieder auf die Welt gekommen sein, als einer der Heiligen Drei Könige.[7]

[6] Gotthold Ephraim Lessing: Erziehung des Menschengeschlechts, § 94-100.

[7] Hella Krause-Zimmer: Christian Rosenkreutz, Verlag am Goetheanum, S. 93, 95f.

Von Samos aus haben wir dann mit dem Schiff Patmos besucht, wo Johannes der Evangelist als Verbannter in einer Mysterien-Grotte seine Apokalypse aus der geistigen Welt empfangen und mit Hilfe eines Schreibers verewigt hat. Ein sehr beeindruckender Platz, der heute von Vertretern der griechisch-orthodoxen Kirche betreut wird.

Die Gläubigen kommen, küssen im Halbdunkel die Ikonen, die dort hängen, und die Popen drängen die Besucher möglichst schnell wieder weg, damit sie nur kurz an diesem heiligen Ort verweilen können, um Platz für die nächsten zu schaffen. Das haben wir natürlich anders gemacht. Wir haben uns dort auf die Stühle gesetzt. Und dann spürt man intensiv die Kraft – und die Geomanten unter uns wissen, was ich meine –, die spirituelle Energie, die dort herrscht. Man kann sie förmlich hören.

Ephesos, wo einst auch Heraklit mit seiner Logos-Lehre wirkte,[8] haben wir damals bei unserem Aufenthalt in der Ägäis vor rund 20 Jahren ebenfalls besucht. Denn auch dort wirkte der Evangelist Johannes, ja hat dort sogar sein Evangelium geschrieben. Man kann in Ephesos das Haus der Maria besuchen, die Höhle der Siebenschläfer, aber auch die Ruinen der Johannes-Kirche, wo Johannes beerdigt wurde. Das hatte ich vor unserem Besuch in einem Büchlein gelesen. Ich hatte das zuvor gar nicht gewusst. Wir haben uns also von der Gruppe abgekoppelt und sind zur Johannes-Kirche gefahren. Interessanterweise liegt dieses Gotteshaus oberhalb des Tempels der vielbrüstigen Artemis, eines der Weltwunder der Antike, das leider ebenso wie das erste Goetheanum der Brandstiftung zum Opfer fiel.

Die Ruinen des Artemis-Tempels und der Johannes-Kirche sind empfehlenswerte Ausflugsziele in der Türkei. Mit dem Taxi sind wir damals zu den beiden Sehenswürdigkeiten gefahren. Schließlich haben wir auch das Grab des Johannes gefunden. Ob sich seine sterblichen Überreste allerdings noch dort befinden, ist ungewiss. Aber es gibt dort eine Öffnung im Boden: für den austretenden Odem des Heiligen. Am Johannes-Grab habe ich dann ein Vaterunser gesprochen, und plötzlich – wir wussten gar nicht, wie uns geschah – befanden wir uns an der Stätte von Golgatha und fühlten uns wie wirkliche Jünger Christi. Ein überwältigendes Erlebnis, das uns Tränen in die Augen getrieben hat. So kann's kommen.

Als jemand, der von der Reinkarnation überzeugt ist, habe ich mich natürlich gefragt, als welche Person sich Johannes der Apokalyptiker in einem späteren Leben wohl wie-

---

[8] Roland van Vliet: „Wer, denken die Menschen, bin Ich?" Eine Christologie der Liebe, Urachhaus, S. 209.

derverkörpert hat. Von Johannes dem Täufer wissen wir ja, dass er, sich als Novalis in Deutschland reinkarniert hat – und zwar in Wiederstedt in Sachsen-Anhalt. Sein etwas ungepflegt wirkendes Grab und sein Sterbezimmer, mittlerweile in ein Museum integriert, können heute in Weißenfels besucht werden. Ein schöner Ort mit einer schönen Büste des Künstlers! Sein Onkel Hardenberg hat übrigens hier in Ansbach auch eine wichtige Rolle gespielt.

Wo aber war Johannes der Evangelist wieder auf die Erde gekommen? Diese Frage musste doch zu lösen sein! So meine Einschätzung. Ich ging eine Weile mit dieser Frage schwanger, da bekam ich zum Geburtstag eine bemerkenswerte CD geschenkt: Musik des Grafen von Saint Germain, eingespielt vom Ensemble Phoenix, die erste CD. Daraufhin habe ich nachgeforscht und unter anderem in einer Publikation von Paul Regenstreif nachgelesen.[9] Dort stand, dass der Graf von Saint Germain neben Christian Rosenkreutz auch als Evangelist Johannes verkörpert gewesen war. Die Verblüffung wuchs – nein, mich hat es förmlich umgehauen –, als ich erfuhr, dass er, einer der größten Eingeweihten der Welt, wie Steiner sagt -, als Graf von Saint Germain im 18. Jahrhundert hier, nur ein paar Kilometer von Erlangen, meinem Wohnort entfernt, einige Jahre in Ansbach, Triesdorf und Schwabach gelebt hatte, also genau in der Gegend, in der wir uns jetzt befinden. Ein Schlüsselerlebnis für mich und Anlass für meine Hörfunk-Sendungen über den Grafen im Bayerischen Rundfunk und Deutschlandfunk. Wenn Sie so wollen: der Grund, wieso ich hier stehe.

Mieke Mosmuller hat meine erste Sendung über den Grafen 2013 gehört und mich zwei Jahre später in der schönen Schweiz, im Berner Oberland, gefragt, ob ich nicht Interesse an einer Tagung zum Thema Saint Germain hätte. Wie Sie sehen, haben wir das „Kind" irgendwie auf die Erde gebracht. Ohne diese Frage hätte ich nicht im Traum daran gedacht oder gar gewagt, über dieses schwierige esoterische Thema zu reden. Denn wenn Sie ein solches Thema in Angriff nehmen, müssen Sie natürlich mit Widrigkeiten der verschiedensten Art rechnen.

Und so kam es dann auch: Schwierigkeiten en masse. So wurde ich zum Beispiel mit Aufträgen überhäuft, an denen ich beinahe „erstickte" und nicht mehr ein noch aus wusste. Widerstände gab es im technischen Bereich, überraschende Abstürze von Computern, die dann ihren Geist aufgaben. Beinahe hätten mich das Thema und die Elektroteufel aufgefressen. Aber wie Sie sehen, habe ich alles überlebt. Einigermaßen

---

[9] Paul Regenstreif: Christian Rosenkreutz und seine Mission, Verlag Die Kommenden.

wenigstens. Manchmal gab es auch geheimnisvoll schöne Erlebnisse, etwa als beim Einscannen der Schrift von Saint Germain das Bild auf dem Schirm plötzlich voller Regenbogenfarben war, die aber beim Ausdruck, leider, wie der Ihnen vorliegenden Broschüre zu entnehmen ist, wieder verschwanden.

Eines muss ich noch vorausschicken, bevor wir uns dann mit dem eigentlichen Thema beschäftigen: Ich werde hier keine historische Datensammlung präsentieren und auch kein historisches Proseminar abhalten. Um alle geschichtlichen Fakten und Dokumente zu überprüfen und einzuordnen, benötigte man schon einen eigenen Saint-Germain-Lehrstuhl oder mindestens ein Sonderforschungsprojekt. So habe ich aus der Not eine Tugend gemacht. Angesichts der geschichtlich wackligen Fakten und der poetischen Unschärfe der Quellen – was bei allen zitierten Berichten über Saint Germain zu bedenken ist – geht es mir weniger um eine intellektuelle Aufarbeitung oder gar umfassende chronologische Darstellung des Themas. Vielmehr ist es mir wichtig, Schlaglichter zu werfen auf das Gewebe dieser Grafen-Individualität, auf sein Leben, um zu eigenen Forschungen anzuregen, aber auf keinen Fall, um einen Personenkult zu fördern. Mir geht es um ein überzeitliches Porträt, bei dem ich durchaus eines habe, ja haben muss: Mut zur Lücke. Ein Parforceritt durch die Leben von Saint Germain, kein chronologisches Abschreiten mit vielen Orts- und Zeitangaben. Wenn man auf das Überzeitliche blickt, sieht man Motive und Strukturen, in denen die Individualität des Grafen in großen Linien vielleicht ein klein wenig ahnbar wird.

Namen wie Hiram Abiff, der Erbauer des Salomonischen Tempels, Johannes der Evangelist oder Christian Rosenkreutz – als Eingeweihte und frühere Verkörperungen von Saint Germain – spielen dabei natürlich eine wichtige Rolle. Aber auch die älteste Mysterienstätte und das älteste Grab der Menschheit, Kain und Abel oder Johannes der Täufer kommen in meinen Vorträgen und denen von Mieke Mosmuller vor.

In sogenannten „esoterischen Kreisen“ ist Saint Germain seit Jahren ein fester Begriff und ungemein populär. Es gibt sogar ein Raumspray, das nach ihm benannt ist und auch gut riecht. Der Graf gilt für manche als „aufgestiegener Meister“, als „Meister Rakoczy“, als „Meister der violetten Flamme“ und hat besondere Popularität auch durch die sog. „I-Am-Bewegung“ von Godfré Ray King bekommen. Der schildert in seinen Schriften Erlebnisse mit dem Grafen, gibt Imaginationen und Segenssprüche wieder. Auf den Namen Rakoczy kommen wir später noch zurück. Doch eines muss klar sein: wir konzentrieren uns bei dieser Tagung ganz auf anthroposophische Grundlagen, das heißt auf die übersinnlichen Forschungen von Rudolf Steiner, auf Berichte von ihm und seinen Schülern sowie auf die von ihm übermittelten Methoden. Vielleicht gibt es ja Überschneidungen oder Annäherungen mit anderen Gruppen, die Saint Germain ebenfalls schätzen und sich mit ihm verbunden fühlen – wir aber stützen uns in erster Linie auf die umfangreichen Untersuchungen von Rudolf Steiner.

*

Die Herkunft von Saint Germain liegt im sagenhaften Dunkel, ist geheimnisumwittert. War er überhaupt ein Graf, Marquis, Chevalier oder Comte? Oder nur ein Sprössling des Apothekers und Steuereinnehmers Rotondo aus St. Germiano in Savoyen, wie manche meinen? Viel spricht dafür, dass er ein Sohn des rebellischen Fürsten Franz II. Rákóczi von Siebenbürgen war, der gegen die Habsburger opponierte. Der Vater residierte in Transsylvanien auf der Feste Saros Patak, war Haupt der ungarischen Freiheitsbewegung, die sich vom katholischen Kaiserhof in Wien trennen wollte. Von 1703 bis 1711 bezeichnete er sich als König von Ungarn und Siebenbürgen, musste dann aber vor den Habsburgern fliehen und starb im Exil am Marmarameer. Soviel zum Vater.

Saint Germain wurde wohl am 28. Mai 1696 in Klausenburg/Siebenbürgen als Leopold Georg Rákóczi, erster Sohn der deutschen Prinzessin Charlotte Amalie von Hessen-Rheinfels geboren. Andere meinen, er sei bereits früher, und zwar 1691, zur Welt gekommen, seine Mutter sei eine Tekely (Tökely) gewesen, die erste Gattin des Prinzen Rákóczi von Siebenbürgen.[10]

Um 1700 soll der kleine Leopold Georg Rákóczi alias Saint Germain offiziell gestorben sein. Viele glauben aber, dass das bloß eine Finte war, dass er nur für tot erklärt wurde, um ihn vor Nachstellungen der Habsburger zu schützen – er war ja als ältester Sohn der Nachfolger seines Vaters. In Wirklichkeit wurde das Kind offenbar in die Obhut der Medici gegeben, in die Toskana, nach Florenz. Sie sehen: Bei Saint Germain ist vor allem eines klar – dass vieles unklar ist. In Siena soll Saint Germain studiert haben und in die Geheimnisse der Alchemie und der hermetischen Wissenschaften bei einem Goldschmied eingeweiht worden sein. Viele zum Teil widerstreitende Theorien, Vermutungen und Gerüchte gibt es, aber keiner weiß es so ganz genau. Lassen wir das mal so stehen.

Nun aber kommen wir zu unserem eigentlichen Thema: Der Graf als Musiker. Wobei wir Musik in unserer Tagung vor allem im eigentlichen Wortsinn verstehen. Denn Mu-

---

[10] Hella Krause-Zimmer: Christian Rosenkreutz, Verlag am Goetheanum, S. 296.

sik bedeutet ja ursprünglich Musenkunst: von den Musen, also von der übersinnlichen Welt inspiriert. Was natürlich im engeren Sinn Kompositionen meint, aber auch Texte, Lyrik und Handlungen umfasst. Und: Töne im höheren Sinne – Sphärenmusik. Musik als eine Art schöpferisches Grundgesetz, das sich in der Natur ebenso findet wie in der Kultur.

Hauptsächlich verkehrte Saint Germain wohl in Adelskreisen . Dort war es ja üblich – schon von der Erziehung her –, dass man sich mit Musik befasste, dass man also zumindest ein Musikinstrument spielen konnte. Möglicherweise hat er auch den englischen Königshof besucht. London um 1740 war ja ein Zentrum der Musik. Vielleicht sogar das Zentrum der Musik. Da wirkten viele bedeutende Komponisten. Händel lebte zu dieser Zeit noch: der einsame musikalische Höhepunkt damals in London. Aber es gab auch andere Musiker, wie z.B. William Boyce.

Ins Licht der Geschichte eingetreten ist Saint Germain erst im Jahre 1745 in London. Zu dieser Zeit hat er drei Arien für die Oper „L'Inconstanza Delusa" komponiert. Das war im Frühjahr des Jahres 1745. Es waren unruhige Zeiten in London. Denn unter Georg II. hatte die alte Jakobiten-Dynastie versucht, wieder in England Fuß zu fassen. Es hatte dort eine Art Bürgerkrieg gegeben. Unruhen. Ein Augenzeuge, der spätere Musikhistoriker Charles Burny, schreibt, man habe im Jahr 1745 die Opernhäuser geschlossen und es habe nur ganz wenige Aufführungen gegeben. Eine dieser Aufführungen war eben die Oper, von der Charles Burny sagt, dass der aus Prag stammende Prinz Lobkowitz damals in England zu Gast gewesen sei und zusammen mit dem berühmten und rätselhaften Saint Germain die Oper besucht habe. Also es war eine öffentliche Veranstaltung, für die man – wie heute auch – Eintritt bezahlen musste.

Prinz Lobkowitz kam von Prag nach London zusammen mit Christoph Willibald Gluck, dem Erneuerer der Oper, den viele von der Oper „Orpheus und Eurydike" her kennen. Dass es zu einer Begegnung zwischen dem deutschen Komponisten Gluck und Saint Germain gekommen ist, ist keineswegs ausgeschlossen. Gluck hat jedenfalls zu dieser Zeit in London eine Oper komponiert, die dann auch aufgeführt worden ist. Und: Saint Germain kannte Lobkowitz. Es gibt sogar das Statement eines französischen Gluck-Biographen, der sinngemäß sagt: Man präsentiert uns gemeinschaftlich Gluck, Lobkowitz und den Grafen von St. Germain. Was im Einzelnen davon stimmt, muss in der Zukunft noch genauer abgeklärt werden.

Die Arien St. Germains waren in aller Munde und erschienen 1745 im Londoner I. Walsh Verlag unter dem Titel „Favourite Songs From The Opera L' Inconstanza Delusa", also „Lieder über den enttäuschten Wankelmut". Die Oper „L' Inconstanza Delusa" ist in der damals üblichen Pasticcio-Technik geschrieben. Wir kennen das von der Pastete – mit mehreren Schichten –, und diese Pasticcio-Technik besagt, dass durchaus mehrere Komponisten an so einem Werk arbeiteten und ihre Arien mit einbrachten. Diese Arien haben oft sehr banale Texte, was darauf zurückzuführen ist, dass sie, sagen wir mal, eine Art „Moduleigenschaft" besitzen müssen, damit man sie beliebig kombinieren kann. Die Aufnahme in die gehobene Gesellschaft Londons war für St. Germain nach dem Erfolg seiner Pasticcio-Oper kein Problem mehr. Weitere Arien folgten.

Dass St. Germain als Musiker und Komponist in London reüssieren konnte, steht also fest. Als Autodidakt ohne eine fundierte musikalische Ausbildung wäre das allerdings kaum möglich gewesen. Er muss eine musikalische Ausbildung gehabt haben, wenigstens auf seinem Instrument, das er gut beherrschte – der Geige. Dieses Instrument muss er virtuos beherrscht haben, und vielleicht ist er ja über sein Instrument auch zum Komponieren gekommen. Aber es gibt eben keine schriftliche Beschreibung irgendeiner Ausbildung von ihm. Cornelius Kellner, Musikwissenschaftler aus Schleswig-Holstein, sagte dazu in meiner Sendung: „Ich glaube sicher, dass er sogar eine sehr gute musikalische Ausbildung gehabt haben muss. Wo allerdings, weiß man nicht. Vermutlich in Italien. Also Händel hat ihn sicher nicht geprägt. Händel, das war ja schon fast Spätbarock. Er hat also wirklich einen sehr leichten gefälligen Stil, den die Neapolitaner verfolgt haben, besonders Giovanni Battista Pergolesi." Soweit Cornelius Kellner.

Auch wenn Georg Friedrich Händel St. Germain nicht geprägt hat, liegen doch Kontakte zwischen beiden im Bereich des Möglichen. Das macht eine kleine Geschichte deutlich, auf die der St. Germain-Forscher und Richter Hartmut Verfürden bei einem Besuch in London gestoßen ist. „Es gibt dort in der Nähe des Schlosses in Richmond große Häuser. Es sind vier Gebäude, die Maiden House of Honour heißen. Und eines dieser Häuser kaufte zur damaligen Zeit Händels Manager Heidegger. Und dieses Haus kam im letzten Jahrhundert in den Besitz von Edward Croft-Mary. Der hatte eine Funktion als Oberverwalter der königlichen Gemälde, kaufte dieses Haus und sah am Eingangsbereich des Hauses über dem Türsturz Noten gemalt und hat sich natürlich gedacht, das muss was von Händel sein, hier wohnte ja der Agent von Händel, Heidegger. Doch Fehlanzeige: Es handelte sich um Noten von Saint Germain aus der Pasticcio-Oper „L' Inconstanza Delusa", und zwar um die berühmteste Arie daraus: „Per pietà bell'idol mio". Heute Nachmittag werden wir das Stück dann von unseren

Musikern hören. Gab es also – in welcher Art auch immer – Kontakte zwischen dem Grafen von Saint Germain und Händel? Da muss weiter geforscht werden.

Das nächste, was wir dann von Saint Germain erfahren, stammt von einem gewissen Horace Walpole, dem Sohn eines englischen Staatsmannes, der Parlamentsmitglied war und einem gewissen Horace Man in Florenz geschrieben hat. Und zwar am 9. Dezember 1745.

„Wir beginnen Volk aufzugreifen, aber so vorsichtig und zaghaft, wie Frauen von Stand, die zum ersten Mal ihre Juwelen versetzen. Wir haben noch keinen grossen Schlag gewagt. Der Probst von Edinburg ist in polizeilichem Gewahrsam. Kürzlich wurde ein Narr verhaftet, der unter dem Namen Graf Saint-Germain lebt. Er ist zwei Jahre hier gewesen und will nicht sagen, wer und woher er ist. Aber zwei ganz wundervolle Sachen gibt er zu, erstens, dass er nicht unter seinem richtigen Namen lebt, und zweitens, dass er nie mit einem weiblichen Wesen etwas zu tun gehabt hat. … Er singt, spielt wundervoll Violine, komponiert, ist verdreht und nicht sehr feinfühlig. Er soll Italiener, Spanier und Pole sein; ein hergelaufener Mensch, der in Mexiko durch Heirat zu grossem Vermögen kam und mit den Juwelen seiner Frau nach Konstantinopel durchbrannte, ein Priester, ein Fiedler, ein vornehmer Mann. Der Prinz von Wales war unbändig neugierig auf ihn, doch umsonst. Indes ist nichts gegen ihn geschehen. Er ist freigelassen, und – was mich überzeugt, dass er kein Edelmann ist – er bleibt hier und behauptet, er sei als Spion verhaftet worden.“[11]

Es war wohl so seinerzeit, dass alle, die südländische Musiker waren, als Katholiken galten und deshalb als Feinde oder mögliche Spione in diesen unruhigen Zeiten angesehen wurden. In diesem Zusammenhang wurde wohl auch St. Germain verhaftet, nach einem Tag aber wieder freigelassen. Der „London Chronicle“ schreibt Jahre später, im Mai 1760, als Saint Germain wieder einmal in London weilt:

„Mittwoch, 14. Mai. Wie der Herausgeber der ‚Gazette de Bruxelles‘ uns erzählt, ist der hier kürzlich aus Holland angekommene so genannte Graf von Saint-Germain 1712 in Italien geboren. Er spricht ebenso geläufig deutsch und französisch wie italienisch und drückt sich auf Englisch recht gut aus. Er ist in allen Künsten und Wissenschaften bewandert, ein guter Chemiker, Musikvirtuose und zugleich ein sehr angenehmer Gesellschafter.

Im Jahr 1745 kam er in England in eine sehr schlimme Lage. Ein Mann, der wegen einer Liebesgeschichte eifersüchtig auf ihn war, steckte ihm einen falschen Brief des jungen Prä-

[11] Gustav Bertold Volz (Hg.): Der Graf von Saint-Germain, Bohmeier Verlag, S. 77.

sidenten in die Tasche (worin dieser ihm für seine Nachrichten dankte und ihn bat, damit fortzufahren), dann ließ er ihn sofort verhaften. Da die Untersuchung seine völlige Unschuld ergab, wurde er in Freiheit gesetzt und von Lord H… zu Tisch geladen.“[12]

Das bislang bekannte Gesamtwerk von Saint Germain, das von 1745 bis 1760 in London veröffentlicht wurde, umfasst 46 Arien, vier englische Lieder, Stücke, die vielleicht früher auch in Pubs erklangen – Songs wie „Jove, when he saw my Fanny's face“, also ganz normale Liebeslieder –, sechs Trio-Sonaten und sieben Violinstücke. Mehr nicht. Was die Aufführung der Instrumentalstücke des Grafen anbelangt, finden sich nähere Informationen in der „Geschichte der Musik“ von Charles Burny. Er sagt dort, dass die ersten Privatkonzerte von Adeligen in dem Hause bei der Lady Brown stattfanden und dass diese von einem gewissen Grafen St. Germain geleitet wurden. Über diese Ereignisse hat man bis vor kurzer Zeit nicht viel gewusst, und erstaunlicherweise ist es ein texanischer Archivar gewesen, der vor wenigen Jahren bei seinem Studium in englischen Archivalien etwas Neues gefunden hat, und zwar Aussagen einer Lady Genina Grey. Sie berichtet darüber, wie St. Germain dieses Konzert gibt. Sie lobt sehr sein Geigenspiel und sagt, er spiele mit einer Sanftheit und Süße wie mit einer Flöte, aber mit einer Stärke des lautesten Streichinstrumentes – so in etwa. Der Stil von Saint Germain war wahrscheinlich von der sogenannten „Neapolitanischen Schule“ beeinflusst. Diese war gekennzeichnet durch sehr melodiöse Oberstimmen-Melodik, sehr einfach gehaltene Bässe. Also, es war kein Barock mehr, sondern ein völlig neuer Stil, der so um 1730 entstanden ist. Der hat sich dann in der sogenannten „Mannheimer Schule“ fortgesetzt.

Manche der Triosonaten von Saint Germain beginnen noch auf barocke Weise, fast wie eine Fuge, das heißt, dass eine Stimme der anderen nachfolgt, aber es gibt nur eine sogenannte „Durchführung“, und danach ergeht sich das Ganze in melodiösen Terzen, Quarten und Quinten. Also kein reiner Barock mehr, zwar Ansätze barocker Polyphonie, aber in der Leichtigkeit der Frühklassik, vordergründig höfische Unterhaltungsmusik, sagt der Musikwissenschaftler Kellner.

Und dann gibt es da noch Zahlengeheimnisse in dieser Musik. Zumindest meint das Hans-Christian Jaenicke, erster Geiger beim Ensemble Phoenix: „Musikalisch gesehen sind es oft einfache rhythmische Muster, die innerhalb eines Taktes wechseln und die erstmal sich so lesen – wenn man den Text zum ersten Mal in der Hand hat –, als hätte er im zweiten Takt vergessen, was er im ersten sagen wollte. Und dann stellt man aber im Laufe des Stücks fest, dass das nicht so ist, sondern dass er das ganz kunstvoll

[12] Ebd. S. 78.

durchdekliniert." Eine Kombinatorik, so der Musiker, die etwas mit der alchemistischen Denkweise von Saint Germain zu tun haben muss.

Zu seiner musikalischen Wiederentdeckung kam es vor allem durch ein Konzert in Eckernförde zum 700. Jubiläum der Stadt, in der Saint Germain das Zeitliche segnete. Weitere Konzerte mit Musik des Grafen in seiner Bestattungskirche wurden dann allerdings verhindert. Der Grund: Gefahr im Verzug – Esoterik-Tourismus. Federführend bei der Wiederentdeckung der Kompositionen des Grafen war seinerzeit das Ensemble Phoenix, vor allem der Cellist Matthias Hahn-Engel. Er hat sich intensiv mit dem musikalischen Oeuvre von St. Germain auseinandergesetzt.

> „Der Graf von Saint-Germain hat im Vergleich mit seinen Zeitgenossen, wie z.B. den Bach-Söhnen, eine unverwechselbare Handschrift. Ideen, die das kompositorische Handwerk seiner Zeit nicht bereithält – so erscheint z. B. in der Durchführung des schnellen 2. Satzes der Sonata II für Violine unvermittelt das Anfangsmotiv des 2. Themas aus dem langsamen 1. Satz über dem weitereilenden Basso continuo –, diese überraschen den aufmerksamen Hörer ebenso wie der häufige Verzicht auf die Weiterentwicklung begonnener Themen oder der Improvisationscharakter einiger Durchführungen. So, wie er sich in seinem abenteuerlichen Leben über viele Regeln, die er gleichzeitig vollendet beherrschte, hinwegsetzte, um Neues zu erreichen, mag dem Grafen von Saint-Germain das blosse Bedienen der erlernten Kompositionstechnik nicht genügt, die Ausführung der spontanen Idee manches Mal über der Erfüllung der formalen Gesetze gestanden haben. Und seine Kompositionen verfehlen – heute wie zu seiner Zeit – ihre Wirkung nicht. Wir erleben beim Anhören dieser Musik ihre Strahlkraft, ihre entspannende „Einfachheit", in der Humor und Witz wie auch Tiefe und Weite ihren Ausdruck finden. Durch das ganz eigene Zusammenwirken der Melodieführung mit dem rhythmischen Duktus erscheint diese Musik zuweilen, als spräche jemand, als läge dieser Musik ein zu verstehender Text zugrunde."[13]

Hahn-Engel gründete das Ensemble „Phoenix", um mit ambitionierten Kollegen die erhaltenen Werke des Grafen aufzuführen. Inzwischen gibt die Gruppe international Konzerte und hat sogar drei CDs mit Stücken von Saint Germain eingespielt – damit die Kompositionen nicht in Vergessenheit geraten. Einige Noten sind inzwischen im Handel erhältlich. Und, soweit ich weiß, auch an unserer Büchertheke. Beim renommierten „Festival Mitte Europa", einer inzwischen leider eingestellten grenzüberschreitenden Veranstaltungsreihe zwischen Böhmen, Sachsen und Bayern mit dem Schwer-

---

[13] Peter Schraud: Graf Saint-Germain unser Bruder, Novalis, S. 283-284.

punkt E-Musik, waren die Kompositionen vor ein paar Jahren zu hören. Letztes Jahr gastierte das Ensemble Phoenix auch hier in Ansbach bei den „Kaspar Hauser Festspielen" – einem anspruchsvollen Programm, das der liebe Eckhard Böhmer mit kluger Hand seit Jahren auswählt.

Auch für Eurythmisten könnte Saint-Germain-Musik eine schöne Herausforderung sein, ist bis jetzt aber meines Wissens ebenso wenig von Eurythmisten wie von führenden Klassik-Ensembles entdeckt worden. Dennoch kann ein kleines Stückchen der Musik von Saint Germain auch betrachtet werden, und zwar auf einer Postkarte. Denn ausgehend von den Ergebnissen des Physikers Chladni und von Goethes methodischer Suche nach den Urphänomenen entwickelte der Schweizer Naturforscher und Anthroposoph Hans Jenny ab den 1950er Jahren die von ihm so bezeichnete „Kymatik". In seine systematischen Forschungen, die er auf Fotos und Filmen festgehalten hat, bezog er auch Flüssigkeiten mit ein. Dissonanzen führen im Wasser als unmittelbare Reaktion zu ungeordneten Bildern. Harmonische Tonfolgen hingegen ergeben klarere Formen, so das etwas vereinfachte Fazit. Den Klang verstand Jenny als eine Art schöpferisches Grundgesetz. In der Natur sei es ebenso zu finden wie in der Musik. Rudolf Steiner beschreibt in seiner „Geheimwissenschaft" mit Blick auf frühere Erdenzeiten, wie die Harmonien des Weltalls die Menschen einst durchströmten – die Sphärenklänge. Der Verleger und Ingenieur Ralf Tita hat nun mit Hilfe von Computern und potenzierten Pixeln „Tonkreisbilder" von der Musik Saint Germains, aber auch von Mozart erzeugt. Ich habe damals in „Die Drei" darüber geschrieben (Februar 2015). Zarte Graphiken entstanden nach eingespielten Schlüsselstellen. Keine technoid-phantastischen Traumgebilde, sondern wie in der Eurythmie absolut gesetzmäßige Formen von großer Schönheit: Musik des Grafen, die man sogar anschauen kann. Zum Schluss muss ich noch ein Zitat vorlesen, das mir gestern Abend zugefallen ist und von Rudolf Steiner stammt: „Und so kann es einmal dazu kommen – es hängt ja nur von den Menschen ab –, daß gerade im Musikalischen der Christus-Impuls in wahrer Gestalt auch vor die äußere Offenbarung hintritt."[14]

Danke für die Aufmerksamkeit!

---

[14] Rudolf Steiner: GA 243, S. 236.

Es wurde die erste Sonate für Violine und Basso Continuo gespielt

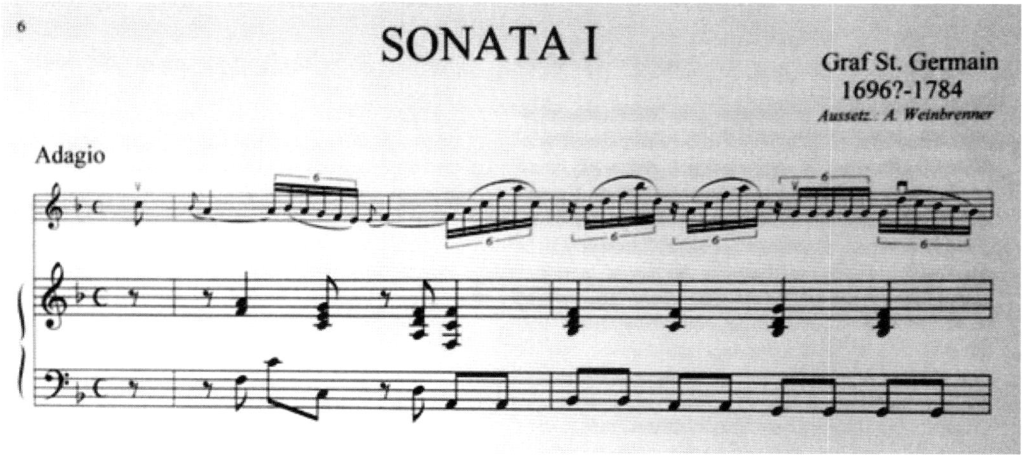

HAHN-ENGEL Konzertagentur & Verlag, www.saintgermain.biz

DER GRAF VON SAINT GERMAIN UND DIE MUSIK

Mieke Mosmuller

Ansbach, 6. Oktober 2017

Der Vortrag wurde mit einer Aufnahme des Rákóczi-Marschs von Hector Berlioz begonnen.

Ja, das war auch eine Art von Zitat, jetzt nicht gesprochen, sondern gespielt. Wenn wir einmal davon ausgehen, dass – vielleicht zuerst mal als Hypothese – der Graf von St. Germain wirklich der Sohn von Franz II. von Rákóczi gewesen ist, dann hat ihm diese Musik in seinem Blut gesessen, der Rákóczi-Marsch. Es wird gesagt, dass dieses Lied ursprünglich um 1730 komponiert wurde und eigentlich als ein Klagelied der Magyaren gesungen wurde, eine Klage über die Unterdrückung durch die Habsburger. Allmählich hat sich dieses Lied dann dahin entwickelt, dass es eine Art von Hymne geworden ist, eine Volkshymne für Transsylvanien, für Siebenbürgen, wo man immer noch hoffte, dass Franz II. zurückkommen würde und die Freiheit wiederherstellen würde.

Diese Musik hat natürlich ganz anders geklungen, als wir sie jetzt hören, denn jetzt ist sie von Hector Berlioz für eine Oper bearbeitet worden, für seine Oper „La damnation de Faust", in der dieser Rákóczi-Marsch vorkommt. Eine andere wunderbare Komposition dieser Musik – davon werde ich am Ende des Vortrags noch etwas hören lassen – wurde von Franz Liszt geschrieben, eine seiner Ungarischen Rhapsodien, die Nummer 15.

Wenn wir davon ausgehen, dass der Graf von St. Germain wirklich der erste Sohn von Franz II. Rákóczi gewesen ist, dann hat etwas, was darin als Volkstypus tönt, in ihm mitgearbeitet, und wir wissen natürlich, dass, wenn ein Mensch geboren wird, er da, wo die Konzeption stattgefunden hat, und sogar noch früher, wenn der Ätherleib gebildet wird, der Lebensleib, dieser Lebensleib ganz stark durch die Umgebung geprägt wird.

Wir haben das in den Niederlanden oft bemerken können. Da gibt es – ja, jetzt nicht mehr so, aber vor einigen Jahrzehnten sehr wohl – Menschen, die in Niederländisch-Indien geboren worden sind, die aber kein indonesisches Blut haben, jedoch dort geboren sind. Und wenn man solchen Menschen begegnet – und man weiß es nicht, hat aber eine gewisse Sensibilität dafür –, dann spürt man, dass da eine ganz andere Lebensart wirksam ist als bei den gewöhnlichen Holländern. Der kann dann ganz holländisch aussehen, auch eine Gestalt wie ein Holländer haben, aber wenn man dann mit ihm umgeht, spürt man etwas – was manchmal später auch hervortritt – von einer anderen ätherischen Komposition. Und so können wir eine solche Musik, diese Musik, wie eine Art musikalisches Zitat aufnehmen, als eine Möglichkeit, dass der Graf von St. Germain diese Volkshymne in sich getragen hat. Es ist bekannt, dass es die Lieblingsmusik von Franz II. gewesen ist und dass damit auch viel Trauer zusammenhängt, weil die Freiheit von Transsylvanien letztendlich verlorengegangen ist.

Wir haben also, Thomas Senne hat das bereits gesagt, vor Jahren eine Radiosendung von ihm gehört, und wir kannten den Grafen von St. Germain schon lange, durch Jahrzehnte hindurch eigentlich, waren uns auch bewusst, welche Individualität das ist, aber wussten absolut nicht, dass er auch Musik komponiert hat. Das war also die erste Begegnung mit der Musik von St. Germain. Und wie es dann oft geht, enthält so eine erste Begegnung dann schon alles, was man später viel mehr suchen muss. Beim ersten Hören ist es unmittelbar da. Und ich will auch nicht den Grafen von St. Germain beweihräuchern, oder so etwas, aber wir können, wir dürfen natürlich wohl versuchen, dem Wesen dieser Individualität auf die Spur zu kommen. Wir fragen uns, was seine Aufgabe ist, die durch die Inkarnationen hindurch immer wieder auflebt, und was die Signatur seines Wesens ist. Und dann ist es natürlich doch etwas Wunderbares, wenn es sich zeigt, dass es sogar Musik von ihm gibt.

Ich selbst kann nicht komponieren, aber ich habe immer sehr stark die Empfindung, dass, wenn man es doch nur könnte, man all diese Worte schweigen lassen könnte und in Musik umsetzen könnte, was man eigentlich sagen will. Das würde einerseits natürlich nicht so deutlich sein, aber andererseits würde es viel wirksamer sein. Und wir können davon überzeugt sein, dass dasjenige, was wir jetzt in diesen drei Tagen an Musik von St. Germain hören dürfen, wirklich ein Geschenk für uns alle ist, denn die Musik hat ihre Resonanz in unserem Ätherleib. Und wenn man sich vorstellt, was einmal geschehen wird, wenn wir sterben, wissen wir, dass sich dieser Ätherleib dann vom physischen Leib loslöst, er wird als eine Gesamtheit frei. Dann wird alles, was wir an Musik erlebt haben, als eine wunderbare Welt für uns hörbar werden, nicht für diese Ohren, aber für die seelisch-geistigen Ohren. Und was für ein Wunder, wenn man in seinem Leben die Musik des Grafen von St. Germain gehört hat. Und nicht nur in den ersten Tagen nach dem Tod, sondern durch lange Zeiten hindurch wird uns die Musik begleiten.

Wir haben uns gefragt: Können wir eigentlich diesen Titel nehmen: „Der Graf von Saint Germain und die Musik“? Denn wir sind keine Musiktheoretiker, wir wissen nicht viel darüber zu sagen. Aber natürlich dürfen wir das, denn es gibt sehr viel Musik, die wir ja hören können. Wir haben uns auch dazu entschieden, nicht in allen Momenten, in denen wir hier die Musik hören, etwas Neues zu bringen, sondern dass es auch viele Wiederholungen geben darf, denn auch das ist in Übereinstimmung mit der Realität des ätherischen Leibes, mit dem Leben, dass der Ätherleib die Wiederholung braucht, um wirklich etwas zu behalten. Und es wäre natürlich am allerschönsten, wenn wir nach drei Tagen hier weggehen würden und alle ganz durchwoben und durchtönt wären von dieser Musik, so dass sie noch lange in uns nachklingen würde und dass sie dann tatsächlich, wenn wir einmal sterben, diesen Übergang klingend begleiten wird.

Nicht jeder Mensch hat einen solchen Ätherleib, der für immer behalten wird. Die meisten Ätherleiber lösen sich nach einigen Tagen auf, aber was für ein Wunder wird es sein, wenn der Ätherleib diese Musik in sich trägt. Und das wird dann nicht nur für uns ein Wunder sein, sondern es wird für die ganze geistige Welt ein Wunder sein.

Wir haben natürlich auch die Frage gehabt: Es gibt so viel, was über den Grafen von St. Germain gesagt wird, wovon man eigentlich unmittelbar spürt, das stimmt nicht, oder wo man zweifelt, oder wo man denkt, vielleicht stimmt es nicht oder vielleicht doch, und manchmal weiß man auch, ja, es stimmt, und dann weiß man doch nicht immer, ob die eigenen Gefühle stimmen – was werden wir hier dann bringen? Das ist natürlich die Schwierigkeit bei diesem Thema: Dass über den Grafen von St. Germain so unglaublich viel bekannt ist, und wenn man sich darin vertieft, muss man sagen, da stimmt vieles nicht – und was stimmt nun eigentlich, und was stimmt nicht?

Dann kommt als erstes die Frage auf: Ist dies wirklich Musik des Grafen von St. Germain? In gewissem Sinn war die Antwort für mich unmittelbar gegeben, indem wir darin – was Jos schon sagte – erlebt haben, dass darin etwas lebt, was man eigentlich gut kennt, was aber in Musik nie in dieser Weise zum Vorschein kommt. Und das Zweite ist, dass innerhalb der Wesenheit von St. Germain selbst ein Urbild schlummert, lebt, das uns etwas an die Hand gibt, wodurch wir unterscheiden lernen können.

Dieses Instrument, das für die Unterscheidung so wichtig ist, ist von Rudolf Steiner als die vielleicht wichtigste Meditation gegeben: Es ist die Meditation des Rosenkreuzes. Wir haben das Rosenkreuz mehr oder weniger in der Hand, um unterscheiden zu können, was „Blutphantasie" ist und was „reiner Rosensaft" ist. Aber da muss man natürlich schon einige Erfahrung damit haben.

Diese Meditation des Rosenkreuzes lehrt uns, dass der Mensch in seinem Blut eine ganze Welt von Trieben und Begierden hat und dass er dadurch auch das Feuer hat und auch die Möglichkeit, sich zu bewegen. Damit, mit diesen Trieben und Begierden, die mit der Bewegung zusammenhängen, geht aber doch die Reinheit der Menschlichkeit verloren. Im Rosenkreuz haben wir das Symbol – das eine Wirklichkeit darstellt –, dass wir dadurch, dass es ein Kreuz gibt, die Fähigkeit haben, diese Triebhaftigkeit, diese Begierdenhaftigkeit des Blutes umzuwandeln in etwas, was so rein ist – und auch so schön – wie die Säfte der Rose.

Und wenn wir dann diese Musik hören, zeigt sich das Wesen dieser Individualität schon sehr deutlich. Denn was hat er mit der Musik gemacht? Er stellt die Musik ganz in seine Zeit hinein, und man kann nicht sagen, dass es ein revolutionärer Stil ist, sie ist vergleichbar mit anderer Musik dieser Zeit. Man könnte sagen, es ist einfach so, wie auch Mozart zum Beispiel komponiert hat, wie Bach dies gemacht hat, früher und auch in der Zeit von St. Germain natürlich noch. Im Übergang des Barocks von Telemann, von all diesen Zeitgenossen, zu Mozart komponierte er dem Stil nach nicht so viel anders. Aber das ist gerade das Wesen des Grafen von St. Germain, dass er seine ganze Arbeit, seine ganze Tätigkeit in das Gewebe der Zeit hineinstellt, dann aber dies, was er dann macht, ganz mit Rosensaft durchwebt, könnte man sagen.

Es gibt da etwas in dieser Musik, was die Zeitverhältnisse sprengt, da geht es ganz über das Übliche hinaus. Und das habe ich das erste Mal unmittelbar gehört – und wenn man das einmal gehört hat, kann man es jedes Mal wieder hören. Ich möchte eigentlich auch hier ein Zitat, ein Musik-Zitat einfügen, damit wir hören können, wie in dieser Zeit St. Germains ähnliche Musik komponiert wurde, und vielleicht können Sie hören, wie dies bei St. Germain in etwas ganz anderes hineinkommt. Man kann sagen: Es gibt Blutsmusik, und es gibt Rosenmusik – und alle Stadien dazwischen. Es gibt auch Musik, die noch unter das Blut hinuntergeht, und es wird wohl auch Musik geben, die über die Rosen hinausgehen wird, in Zukunft. Aber wenn wir zum Beispiel ein Jahrhundert später schauen und hören, was an Musik da ist, finden wir den großen Wagner, zum Beispiel mit seiner Oper „Parsifal“. Da gibt es eigentlich auch so ein Thema, dass die Blutsbegierdenhaftigkeit verwandelt wird in das Höhere. Wenn wir etwa die Verwandlungsmusik im ersten Akt hören, wo sich das Thema der Reue von Amfortas sehr stark zeigt, hören wir die wunderbare Weise, in der Wagner Reue musikalisch hörbar macht.

Aber das, was St. Germain tut, finden wir da doch nicht. Im gewöhnlichen Leben ist der Leib der Führer. Wir leben vor allem anhand unserer Sinne, und diese sind das Leiblichste unserer Existenz. Weil sie im Zusammenhang mit dem Blut stehen, unterliegen die Sinneseindrücke fortwährend dem Blut-Trieb und der Begierde. Für die Erhaltung des Leibes ist das auch notwendig, aber wir wissen ganz ehrlich natürlich alle, dass unsere Triebe und Begierden weit über die Erhaltungsnotwendigkeit hinausgehen. Wir brauchen nur an das „Feinschmecken" zu denken, und wir verstehen, dass die Erhaltung des Leibes diese Gaumengenüsse nicht braucht.

Die Kunst sollte der Aufgabe gewidmet sein, den Sinnen einen Inhalt zu geben, der nicht sinnlich ist, obwohl die Sinne ihn aufnehmen. Das gelingt den wenigsten Künstlern. Meistens ist es ein Hauch davon, was dem Kunstwerk das Künstlerische verleiht.

Dieses Unterscheidungsvermögen brauchen wir also, und ich will durch eine Probe versuchen, zu Gehör zu bringen, wie es solche wunderbare Musik gibt, in dieser Zeit von St. Germain, die auch etwas Ähnlichkeit zeigt, aber eigentlich zwischen Blut und Rose steht, sie ist auf dem Weg, aber diese Reinheit wird nicht ganz erreicht, ist einfach noch nicht da. Der Hauch ist schon ein wenig da, aber drumherum ist gleichsam ein irdischer Rahmen gezimmert worden, wodurch die Musik Blut und Kreuz geblieben ist und die Rosen nicht weitergekommen sind als bis zu einer leicht dahinwehenden Ahnung...

Diese Musik „kam einfach so vorbei", ich kannte sie nicht, hörte sie aber vor einem Jahr oder so. Sie ist aus dem Werk von Mozart. Er hat das „Wohltemperierte Klavier" von J. S. Bach teilweise – die Fugen darin – bearbeitet. Und jedes Mal hat er einen Auftakt zu diesen Bearbeitungen komponiert. Dieser ist von Mozart selbst, und dann kommt die von ihm bearbeitete Fuge von Bach. Einen dieser Auftakte werden wir jetzt hören.

Die Musik wird abgespielt: Larghetto cantabile in D, KV 405, Nr. 5.

Wir haben die Noten gesucht, aber nicht gefunden, sonst hätten wir das hier natürlich viel schöner hören können, aber das ist nicht gelungen.

Ich hoffe, dass ich durch die kommenden Vorträge immer mehr darauf kommen kann, dass immer deutlicher werden wird, was nun eigentlich in dieser Musik von St. Germain das Bedeutsame ist. Dadurch würden wir ein Geschenk bekommen können. Wir können auch durch Studium und Meditation und den Entwicklungsweg zum Spirituellen zu einem solchen Erleben kommen, aber hier ist es einfach Geschenk, da kann man es einfach so bekommen, ohne Weiteres. Und ob es wahr ist, dass es wirklich die Musik einer hohen Individualität ist – ja, das hoffe ich dann, dass dies in den drei Tagen auch erlebbar wird.

Eine Andeutung möchte ich noch geben, und das ist, dass wir, wenn wir das Kreuz mit den Rosen anschauen, erfahren können – wie wir es von großen Meistern hören –, dass diese Rosen eigentlich Tautropfen sind. Diese Tautropfen geben uns eine Erinnerung an eine Zeit, an die wir uns meistens nicht erinnern, in der wir noch nicht so von der göttlichen Welt abgeschlossen waren und in der in allem, was Wasser ist, die Stimme Gottes verständlich war. Diese Tautropfen können wir auch als Fünfstern, als Pentagramm erleben.

Ihr wisst ja, Rudolf Steiner hat als Symbol für die Elemente und eine fünfte Essenz den Fünfstern, das Pentagramm, gegeben.

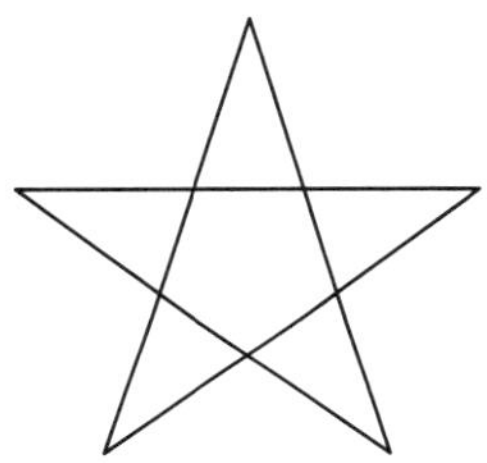

Und wir könnten versuchen, mitzuempfinden, dass wir selbst ein Fünfstern sind. So dass vom rechten Fuß zur Stirn eine Linie geht – und da könnten wir lernen, zu empfinden, dass das die Erde ist. Und von der Stirn zum linken Fuß geht eine Linie, und das ist das Wasser. Dann geht vom linken Fuß zur rechten Hand die Luft, und von der rechten Hand zur linken geht das Feuer. Aber dann bleibt noch eine fünfte Linie übrig, das ist die fünfte Essenz, die geht von der linken Hand zum rechten Fuß, und das ist die Quinta Essentia. Es geht hier um die Ätherkräfte, die über Erde, Wasser, Luft und Feuer hinausgehen, zum Licht, zum Klang und zum Leben.

Und eigentlich könnte man sagen, dass man diese subtile Substanz, die in der Musik von St. Germain erlebbar werden kann, in dieser Linie erleben könnte, von der linken Hand zum rechten Fuß. In den Esoterischen Stunden gab Rudolf Steiner folgendes Wort zu den Linien:

Das Ich spricht zum physischen Leib:
Aus dir bin ich geboren,
Dir gebe ich mein Zeitliches,
Den Samen des Ewigen entnehme ich dir.
Ihn befruchte ich mit meiner Wärme,
Sein Licht beleuchte dein Ende.

Und zum Schluss noch ein kleines Stückchen wilde Musik: der Rakoczy-Marsch von Liszt.

(Der Rakoczy-Marsch wird abgespielt).

Wir müssen also damit rechnen, dass solche Kräfte in dem Grafen von St. Germain dagewesen sind. Ich bin in Amsterdam geboren, „aan het IJ", das ist ein abgeschlossenes Meer, das jetzt IJsselmeer heisst, ganz in die flache Landschaft hinein, auch wunderbar. Aber wenn man diese Musik hört, dann – das ist natürlich Liszt, der es „übersetzt" hat –, dann, ja, dann fühle ich doch eine Art von Beweis, dass St. Germain ein Rákóczi gewesen ist. Diese osteuropäische, noch nicht ganz mitteleuropäische Wucht, die da lebt, die braucht ein solcher Eingeweihter, der diese Vergangenheit hat, den wir dann kennenlernen werden; das braucht er, das ist nicht nur süß und schön, das geht ganz tief in die Wirklichkeit hinein. Und deshalb habe ich es hören lassen, und ich hoffe, dass das, was wir hier gehört haben, und das andere, was in der Musik von St. Germain auch webt, dass wir das als Wesen dieser Individualität verstehen werden.

Das Ensemble spielte die erste Solosonate für Violine des Grafen von Saint Germain

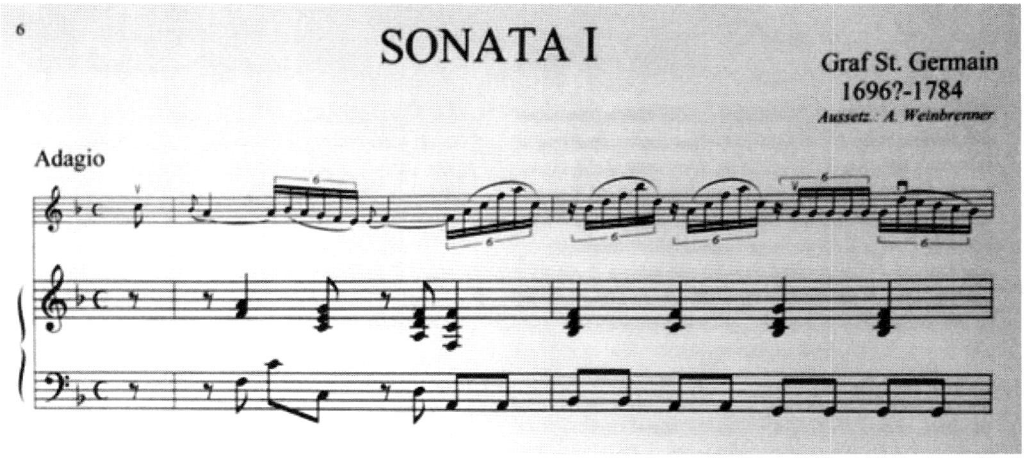

HAHN-ENGEL Konzertagentur & Verlag, www.saintgermain.biz

EINGEWEIHTER IN POLITISCHER MISSION

Thomas Senne

Ansbach, 6. Oktober 2017

Ich hoffe, Sie haben das Mittagessen gut verdaut, denn wir begeben uns jetzt in Bereiche, die einem leicht wieder den Appetit verderben können: in die Politik. Dass Eingeweihte sich nicht zu schade dafür sind, sich in profane politische Ebenen zu begeben, wissen wir nicht zuletzt von Rudolf Steiner, der am Ende des Ersten Weltkrieges, nach dem Zusammenbruch des Kaiserreichs, versucht hat, die soziale Dreigliederung in der Gesellschaft zu verankern. Auch Saint Germain hat sich seinerzeit politisch engagiert. Um als Friedensvermittler die größte Wirksamkeit zu erhalten, hat er sich an die Potentaten und Regenten und Reichen gewandt, blieb also nicht im privaten Kämmerchen, sondern ging bewusst auch an die Öffentlichkeit. Vielleicht mit ein Grund dafür, dass er so berühmt und bekannt wurde und nicht nur bei Esoterikern beliebt ist, sondern auch bei Schriftstellern. Im Oeuvre von Rainer Maria Rilke kommt er beispielsweise vor: in den „Aufzeichnungen des Malte Laurids Brigge", einem Tagebuchroman, eigentlich eher einer Prosa-Collage – der erste moderne Roman Deutschlands. Ein Zitat daraus, in dem von einer Begegnung mit Saint Germain gesprochen wird, aber literarisch:

„Ich saß in der Ecke einmal und hörte, wie er meinem Vater von Persien erzählte, manchmal mein ich noch, mir riechen die Hände danach." Zitatende. Lesen Sie nach bei Rilke, da kann man lesen, wie Rilke ihn einschätzt!

Bei Umberto Eco tritt Saint Germain im „Foucaultschen Pendel" als undurchsichtiger Okkultist auf. Und auch ein Verfasser von Abenteuerromanen, den wir vielleicht aus unserer Kindheit kennen, der Erfinder von Winnetou und Old Shatterhand, hat sich mit Saint Germain beschäftigt – Karl May. „Zauberwasser", so der Titel der Erzählung.

„Kennen Sie seine Abstammung, Madame?" fragte der König.

„Sie ist ein Geheimnis, Sire, über das er tiefste Verschwiegenheit beobachtet, und ich glaube, dass selbst Eurer Majestät Fragen hier ohne Erfolg sein würden", entgegnete die berüchtigte Frau, die ihren Einfluss auf einen minderwertigen und genüsslichen Herrscher so klug zu verwenden verstand, dass sie die eigentliche Gebieterin Frankreichs war.

„Dann hat er sicherlich Gründe, seine Vergangenheit zu verbergen. Er ist aber trotzdem ein sehenswerter Abenteurer."

„Der dem Staat von unendlichen Nutzen sein kann", fügte die Pompadour angelegentlich hinzu. „Es scheint sicher zu sein, dass er edle Steine und Metalle anzufertigen weiß. Er hat während der kurzen Zeit seines Hierseins die bewundernswertesten Kuren vollbracht und besitzt ein Mittel, das die Einwirkungen des Alters aufhebt."

„Also ein Wunderdoktor?"

„Mehr, viel mehr als dies, Sire! Er zeichnet und malt großartig, ist Künstler auf verschiedenen musikalischen Instrumenten, singt zum Entzücken, modelliert gleich einem Künstler und spricht außer Französisch, Englisch, Deutsch, Italienisch, Spanisch, Portugiesisch und den sämtlichen alten Sprachen auch Arabisch, Türkisch, Persisch und Chinesisch. Der Mann ist auf alle Fälle ein Rätsel."[15]

„Eben als man um die Ecke bog, war ein Mann zu erblicken, der eine Rose in der Hand hielt und sie so sorgfältig betrachtete, daß er das Nahen des Hofes nicht zu bemerken schien. Das Auge des Königs glitt forschend über die Gestalt des fremden und leuchtete dann mit zufriedenem Blick auf. Er hatte den Erwartenden erkannt. Gleichwohl aber fragte er mit zorniger Miene:

„Wer ist dieser Mann? Es ist doch bekannt, daß während Unserer Anwesenheit niemand Zutritt finden soll!"

Die Gräfin von Gergy hatte die Lage sofort begriffen.

„Sire", erwiderte sie, „es ist der Graf von St. Germain. Er ist gewohnt, mehr als andre wagen zu dürfen. Gestatten Eure Majestät, ihn vorzustellen?"

Der König nickte zurückhaltend. „Wir wollen Uns geneigt finden lassen, Uns einige Minuten mit ihm zu unterhalten."

Frau von Gergy trat zu dem wunderbaren Mann, begrüßte ihn und führte ihn dann dem König zu.

Der Fremde war von mittlerer Größe und feinem Benehmen, hatte regelmässige Züge, eine tiefbraune Gesichtsfarbe und schwarzes Haar. Seine Kleidung war einfach, aber geschmackvoll. Der einzige Prunk, den er zeigte, allerdings auch ein außerordentlicher, ungewöhnlicher, bestand in einer großen Menge von Diamanten, die er an allen Fingern, an der Uhrkette und statt der Knöpfe trug. Die Schuhschnallen allein würde jeder Kenner auf mindestens 200 000 Frank geschätzt haben.

Ludwig nahm seinen ehrerbietigen Gruß mit freundlichem Kopfnicken entgegen und begann, wie er es fast stets zu tun pflegte, die Unterredung ohne alle Einleitung:

[15] Karl May: Das Zauberwasser, S. 9-10.

„Man sagt, Sie seien mehrere Jahrhunderte alt. Ist das wahr?“

„Sire“, entgegnete St. Germain mit einem Ausdruck in Stimme und Gesicht, wie er nur Leuten von Geist eigen ist, „ich belustige mich zuweilen damit, nicht glauben zu machen, sondern glauben zu lassen, daß ich schon in älteren Zeiten gelebt habe.“

„Doch die Wahrheit, Graf, ist – – –“

„Die Wahrheit ist häufig unergründlich“, (...).[16]

In schönen Worten gibt Karl May die Stimmung wieder, die damals am französischen Hof geherrscht haben mag, und hat sich dabei von den Erinnerungen einer Hofdame inspirieren lassen,[17] von einer gewissen Madame Hausset. Später denunziert May dann Saint Germain als Betrüger. Aber Karl May war ja selber Betrüger und saß wegen seiner Gaunereien mehrmals im Gefängnis. Was heute ein Verschwörungstheoretiker ist, war früher ein Betrüger: ein Totschlagargument.

Zugegeben: Es gab auch Scharlatane, die sich seinerzeit als Saint Germain ausgaben und mit dem Namen Unfug trieben. Ein gewisser Lord Gower in Paris beispielsweise.[18] Auch der berühmteste Liebhaber der Welt, Casanova, hat Saint Germain getroffen und bezeichnete ihn ebenfalls als Betrüger. Dennoch muss Casanova von Saint Germain fasziniert gewesen sein. Casanova, selber ein ausgewiesener Betrüger, der einst aus dem berüchtigtsten Gefängnis von Venedig, den dortigen Bleikammern, geflohen war, war wahrscheinlich ein wenig neidisch auf Saint Germain.

„Saint-Germain gab sich für einen Wundermann aus. Er wollte verblüffen, und das gelang ihm oft. Sein Ton war bestimmt, aber so einstudiert, dass er nicht missfiel. Er war gelehrt, beherrschte die meisten Sprachen, war ein großer Musiker und Chemiker, hatte ein angenehmes Gesicht und verstand alle Frauen zu kirren; denn er gab ihnen zugleich Schminken und Schönheitsmittel und schmeichelte ihnen mit der Hoffnung, nicht, sie zu verjüngen – denn er war so bescheiden, zu gestehen, dass er dies nicht vermöchte – wohl aber, sie in ihrem jetzigen Zustand zu erhalten, und zwar mittels eines Wassers, das er ihnen schenkte, obwohl es ihm selbst, wie er sagte, viel Geld kostete. Er hatte die Gunst der Frau von Pompadour zu erlangen gewusst, die ihm eine Unterredung mit dem König verschaffte, und diesem hatte er ein hübsches Laboratorium eingerichtet. Denn der liebenswürdige Monarch, der sich überall langweilte, glaubte etwas Unterhaltung oder doch Zerstreuung beim Herstellen von Farben

---

[16] Ebd., S. 14.

[17] Gustav Bertold Volz (Hg.): Der Graf von Saint-Germain, Bohmeier Verlag, S. 82f.

[18] Peter Schraud: Graf Saint-Germain unser Bruder, Novalis, S. 28.

zu finden. Der König hatte ihm eine Wohnung im Schloss Chambord angewiesen und ihm 100.000 Franken zum Bau eines Laboratoriums gegeben. Wie Saint-Germain behauptete, wollte der König durch seine chemischen Produkte die französischen Fabriken in Blüte bringen. Dieser eigentümliche Mann, der zum Betrüger großen Stiles geschaffen war, sagte in selbstgewissem Ton und gleichsam beiläufig, er sei dreihundert Jahre alt, besitze das Allheilmittel, mache mit der Natur, was er wolle, besitze das Geheimnis, Diamanten zu schmelzen und aus zehn bis zwölf kleinen einen großen von reinstem Wasser zu machen, ohne dass ein Gewichtsverlust einträte. Alle diese Operationen waren für ihn ein Kinderspiel. Trotz seiner Aufschneidereien, offenkundigen Lügen und maßlosen Wunderlichkeiten brachte ich es doch nicht über mich, ihn unverschämt zu finden. Achtbar fand ich ihn auch nicht, aber unwillkürlich und fast unbewusst fand ich ihn verblüffend; denn er verblüffte mich... Der seltsame Mann erschien oft in den besten Häusern der Hauptstadt zum Diner, rührte aber keinen Bissen an und behauptete, sein Leben hinge von seiner Ernährungsweise ab, die niemand außer ihm kennen könne. Mit dieser Wunderlichkeit fand man sich ab, denn man war nur auf seine Erzählerkunst erpicht, die ihn tatsächlich zur Seele aller von ihm besuchten Gesellschaften machte."[19]

Ende der 1750er Jahre taucht Saint Germain in Frankreich auf und kann in Paris Fuß fassen, durch einen Zufall – einen „Zaubertrank". Wohl eher eine Art Abführmittel, wie es noch heute in Eckernförder Apotheken als „Saint-Germain-Tee" verkauft wird. Damit kann er die Lieblingsmätresse Ludwigs XV. von quälenden Stuhlproblemen befreien: Madame Pompadour.

Der Graf musiziert und komponiert nicht nur, sondern ist im Auftrag des französischen Königs in Den Haag sogar in einer geheimen Friedensmission als Geheimdiplomat unterwegs. Was in der Zeit des Siebenjährigen Krieges bald zu ernsthaften Verwicklungen und zur Flucht von Saint Germain nach England führt. Später kehrt er dann wieder zurück – inkognito.

Vielleicht ist hier jetzt eine gute Gelegenheit, einmal die Rolle der Pseudonyme im Leben von Saint Germain genauer unter die Lupe zu nehmen. Er nannte sich mal Graf Surmont, mal Comte de Welldone, Marquis von Aymar, Chef de Bien, Marquis von Belmar oder Rakoczy und benutzte viele andere Pseudonyme mehr. Damals war das durchaus üblich, damit man als Prominenter ungestört, inkognito, als Privatmann reisen konnte. So war Goethe in Italien als Kaufmann Möller unterwegs, Prinz Heinrich

[19] Casanova, in: Volz, a.a.O., S. 79.

von Preußen als Graf Oels und Kaiser Joseph II. als Graf Falkenstein.[20] Was bei Saint Germain noch dazukommt: Er war in geheimer diplomatischer Mission unterwegs – auf Befehl des Königs, nach dem „Secret de Roi", mit dem der König unabhängig von seinen Ministern Politik machen konnte.[21]

1756 hatte Friedrich der Große – gestützt auf sein Bündnis mit England – Sachsen besetzt, um einer Einkesselung zu begegnen, und kämpfte mit seinen Soldaten an mehreren Fronten unter anderem gegen Franzosen, Schweden, Russen und Österreicher. Höchste Zeit für Friedensverhandlungen also. Einer, der als Friedensstifter in Europa, als Geheimdiplomat des französischen Königs agiert, ist eben Saint Germain. Und der begibt sich 1760 in die neutralen Niederlande, nach Den Haag, um eine Annäherung der verfeindeten Staaten, insbesondere Frankreichs und Englands, zu erreichen – quasi hinter dem Rücken des französischen Außenministers Choiseuil,[22] der keinen Frieden mit England wünscht – anders als der König und Madame Pompadour, der Saint Germain 1760 in einem streng geheimen Brief schreibt:[23]

> „Gnädige Frau. Meine reinen und aufrichtigen Wünsche für die Wohlfahrt Ihres verehrten Volkes und für Sie selbst werden, wo ich auch in Europa weile, unverändert bleiben. Doch will ich nicht unterlassen, Ihnen Beweise dafür in aller Reinheit, Aufrichtigkeit und Stärke zu geben. Ich bin jetzt im Haag und wohne beim Grafen Bentinck, Herrn van Rhoon, zu dem ich enge Beziehungen habe. Ich war so erfolgreich, dass ich glaube, Frankreich hat keinen verständigeren, treueren und beständigeren Freund. Des seien Sie versichert, gnädige Frau, wenn Sie auch das Gegenteil davon hören sollten. Herr von Bentinck ist hier ebenso allmächtig wie in England, ein großer Staatsmann und vollendeter Ehrenmann. Er ist mir gegenüber völlig offen. Aus der Fülle meines Herzens sprach ich ihm von der reizenden Marquise von Pompadour. Meine Gefühle gegen Sie, gnädige Frau sind Ihnen längst bekannt und gewiss der Herzensgüte und Seelenschönheit wert, die diese Gefühle erweckten. Er war ganz begeistert davon, dass er ganz bezaubert ist; mit einem Wort, Sie können sich auf ihn verlassen wie auf mich.
>
> Ich glaube mit gutem Grund, dass der König angesichts seiner Macht, seiner Aufrichtigkeit und Redlichkeit große Dienste von ihm erwarten kann. Wenn der König glaubt, dass meine

[20] Peter Schraud: Graf Saint-Germain unser Bruder, Novalis, S. 208.

[21] Ebd., S. 40.

[22] Ebd., S. 38.

[23] Saint Germain an Madame Pompadour, in: Volz, a.a.O., S. 92.

Beziehungen zu ihm irgendwie von Nutzen sein können, so will ich mich aufs Äußerste bemühen, ihm zu dienen. Meine freiwillige, selbstlose Hingebung an seine heilige Person muss ihm ja bekannt sein. Sie kennen die Treue, die ich ihnen geschworen habe, gnädige Frau. Befehlen Sie, und ich gehorche. Sie können Europa ohne die Verdrießlichkeiten und Schwierigkeiten eines Kongresses den Frieden geben. Ihre Befehle werden mir völlig sicher zukommen, wenn Sie sie an den Grafen von Rhoon im Haag senden oder, wenn Sie es für besser halten, an die Herren Thomas und Adrian Hope, bei denen ich in Amsterdam wohne. Was ich Ihnen zu schreiben habe, erscheint mir so bedeutsam, dass ich mir schwere Vorwürfe machen müsste, gnädige Frau, wenn ich es Ihnen verschweigen wollte, da ich nie etwas verborgen habe, noch verbergen werde. Wenn Sie keine Zeit haben, mir selbst zu antworten, so bitte ich Sie, es durch eine sichere, vertrauenswürdige Person zu tun. Aber verlieren Sie keinen Augenblick; ich beschwöre Sie bei aller Liebe und Zueignung für den besten und würdigsten aller Könige."

Der Brief wird abgefangen und gerät in falsche Hände: in die Hände des französischen Außenministers Choiseuil. Der ist erbost, schickt das abgefangene Schreiben an den französischen Botschafter in Den Haag, den Grafen d'Affry:[24]

„Ich sende Ihnen einen Brief des Herrn von Saint-Germain an die Marquise von Pompadour, der die unglaubliche Art dieses Mannes hinreichend beweist. Er ist ein Abenteurer ersten Ranges und zudem, soweit ich sehen kann, sehr töricht. Ich bitte Sie, ihn sofort nach Empfang meines Briefes zu sich kommen zu lassen und ihm zu sagen, ich wisse zwar nicht, wie man im Finanzdepartement über ihn dächte, gäbe Ihnen aber den Befehl, ihm zu eröffnen: sobald ich erführe, dass er sich irgendwie im Großen oder im Kleinen in die Politik einzumischen wage, so könne er sich darauf verlassen, ich werde beim König den Befehl erwirken, ihn bei seiner Rückkehr nach Frankreich für den Rest seiner Tage in einem Kerkerloch einzusperren. Sie wollen hinzusetzen, er möge ganz sicher sein, dass diese meine Absichten ebenso ernst sind, wie dass sie bestimmt ausgeführt werden, falls er mir Anlass dazu gibt, mein Wort zu halten.

Nach dieser Erklärung werden Sie ihn auffordern, nie wieder einen Fuß in Ihr Haus zu setzen, und Sie werden gut daran tun, allen fremden Gesandten sowie den Amsterdamer Bankiers das Kompliment bekannt zu geben, dass Sie diesem unausstehlichen Abenteurer in meinem Auftrag gemacht haben."

Der Außenminister möchte also den Grafen von Saint Germain – immerhin der Vertraute der Ersten Dame Frankreichs damals und im geheimen Auftrag des Königs unter-

[24] Außenminister Choiseul an Graf d'Affry, in: Volz, a.a.O., S. 93.

wegs – für den Rest seiner Tage in den Kerker werfen, da er die politischen Absichten des Ministers durchkreuzt hat.[25] Am 11. April 1760 schreibt der französische Außenminister Choiseul erneut an den französischen Botschafter im Haag, den Grafen d'Affry:[26]

> „Aus meinem besonderen Schreiben über den Grafen Saint-Germain haben Sie ersehen, welche Meinung ich von diesem unausstehlichen Abenteurer habe. Ich kann Ihnen versichern, dass alle Minister Seiner Majestät ebenso denken, und der König lässt Ihnen ausführlich befehlen, Sie sollen den so genannten Grafen Saint-Germain nicht nur bei allen Personen in ganz Holland, von denen Sie annehmen können, dass sie diesen Halunken kennen, mit Schimpf und Schande in Verruf bringen, sondern Seine Majestät wünscht auch, dass Sie mit Berufung auf die zwischen ihm und Holland bestehende Freundschaft die Verhaftung dieses Burschen durchsetzen, damit er nach Frankreich überführt und gemäß der Schwere seines Vergehens bestraft wird. Es liegt im Interesse aller Herrscher und der öffentlichen Moral, dass mit solcher Unverschämtheit aufgeräumt wird, die sich in die Angelegenheiten einer Macht wie Frankreich einzumischen wagt, ohne dazu ermächtigt zu sein. Nach meiner Meinung ist das Auslieferungsverlangen in diesem Fall ebenso berechtigt, wie sonst bei Verbrechern. Somit hofft der König nicht ohne Grund, dass Saint-Germain auf Ihren Antrag verhaftet und mit sicherem Geleit nach Lille gebracht wird."

Und der französische König? Er lässt Saint Germain bald fallen wie eine heiße Kartoffel. Daraufhin nennt der französische Botschafter Graf d'Affry ihn in einem Schreiben an die Generalstaaten einen „Schwindler" und befiehlt im Namen des Königs die Auslieferung und Inhaftierung von Saint Germain.[27] So kann es also selbst einem hohen Eingeweihten gehen. Trotzdem gibt es ein Happy End, denn: Saint Germain kann fliehen. Der „London Chronicle" schreibt:[28]

> „Freitag, 2. Mai 1760
> Haag, 26. April. Ein gewisser Graf Saint-Germain, von dem seit über drei Monaten viel gesprochen wurde, ist verschwunden. Auf Antrag einer benachbarten Macht sollen die Generalstaaten einen Verhaftsbefehl gegen ihn genehmigt habe. Er ist nach London entflohen, der Abfallgrube von Paris und Rom.

---

[25] Peter Schraud: Graf Saint-Germain unser Bruder, Novalis, S. 47, 66-72.

[26] Außenminister Choiseul an Graf d'Affry, in: Volz, a.a.O., S. 96.

[27] Volz, a.a.O., S. 99-100.

[28] London Chronicle, in: Volz, a.a.O., S. 130.

Montag. 5. Mai 1760

Der Graf Saint-Germain, der in unserer letzten Nummer als aus Holland hier angekommen gemeldet wurde, ist ein Ausländer, dem der König von Frankreich in seinem Land Zuflucht gewährt hat. Da er fand, dass die Freiheit, mit der er von den öffentlichen Angelegenheiten sprach, ihn in eine schiefe Lage bringen konnte, verließ er Paris und ging nach Holland, wo er angeblich mit ganz geheimen Unterhandlungen zwischen Frankreich und der Republik betraut war. Herr d'Affry stellte einen förmlichen Antrag, ihn zu verhaften und ihn unter guter Bedeckung nach Antwerpen zu schicken, von wo er nach Frankreich gebracht werden sollte. Aber der angebliche Graf bekam rechtzeitig Wind davon und entfloh nach England.

Freitag, 9. Mai 1760

Der Mann, der in Holland unter dem Namen Graf Saint-Germain auftrat … und kürzlich in England eingetroffen ist, wurde in seiner Wohnung in London ermittelt und in polizeilichen Gewahrsam gebracht.

Montag 26. Mai 1760

Rotterdam, 18. Mai. Der Graf Saint Germain ist in London in Freiheit gesetzt worden und hier eingetroffen. Noch während seiner Gefangenschaft hatte er zahlreiche Unterredungen mit mehreren Mitgliedern des Geheimen Rats, die zu noch weiteren Mutmaßungen Anlass gegeben (Gazette de Bruxelles).

5. Juni 1760

Geschickt erfasst er die Lieblingsneigung jeder Nation, bei der er sich zeigt; dadurch hat er sich überall anziehend und angenehm zu machen gewusst. Bei seiner ersten Reise nach England fand er eine große Vorliebe für Musik vor und entzückte uns durch sein Geigenspiel. Seine Begabung für dies Instrument ist so hervorragend, dass man mit einem unserer Dichter sagen könnte, er sei mit der Violine in der Hand geboren. Italien fand ihn seinen Virtuosen ebenbürtig, ebenso seinen feinsten Kennern der alten und neueren Kunst. Deutschland stellte ihn auf die gleiche Stufe mit seinen geübtesten Chemikern.

Bei seinen umfangreichen und mannigfaltigen Kenntnissen bildete es eine besondere Empfehlung, dass er sich niemals mit einer anderen Kunst beschäftigt zu haben schien als eben der, in der er hervorragen wollte. So trat er in der Musik als ausübender Künstler, wie als Komponist stets, mit der gleichen Virtuosität und dem gleichen Erfolg auf, und seine Unterhaltung drehte sich stets um diese Kunst, der er tausend bildliche Ausdrücke entlehnte.

Aus Deutschland brachte er nach Frankreich den Ruf eines perfekten Alchimisten mit, der den Stein der Weisen und die Universalmedizin besaß. Er sollte Gold machen können, eine Behauptung, die sein glänzendes Auftreten und seine Ausgaben zu rechtfertigen schienen. Die

Sache kam selbst dem Minister zu Ohren, der lächelnd sagte, er werde schon herauskriegen, aus welcher Mine er sein Gold bezöge. Doch vergebens stellte er die genauesten Nachforschungen über das Papiergeld und die Wechselbriefe an, in denen er jene Mine erblickte. Während dieser zweijährigen Nachforschungen lebte Saint-Germain wie gewöhnlich, bezahlte überall in klingender Münze, ohne dass man entdecken konnte, dass ein Wechselbrief für ihn nach Frankreich gelangt wäre. Dadurch wurden die Gerüchte bestärkt, er sei im Besitz des Steines der Weisen, und man schrieb ihm nun auch ein Allheilmittel, selbst ein Elixier gegen das Altwerden und seine Folgen zu."

Soweit das englische Presse-Echo auf den Grafen von Saint Germain. Ein interessanter Kontrast zu demjenigen, was Mieke Mosmuller in ihrem Vortrag ausgeführt hat. Die Denunziationen seiner Gegner erzielten allerdings ihre Wirkung. Durch die Diskreditierung von Saint Germain gibt es erst 1763 einen Friedensschluss, allerdings zu ungünstigen Bedingungen für Frankreich.[29] Interessant ist, dass Friedrich der Große in einem seiner Briefe schreibt, es sei eigentlich belanglos, ob Saint Germain einen Auftrag gehabt habe oder nicht. Sein Auftreten hätte jedenfalls die Friedenspartei in Versailles doch deutlich gestärkt. Man sieht hier klar, wie Gegenkräfte in der Realpolitik gute Absichten in Kriegszeiten konterkarieren. Manchmal sogar vor dem Ausbruch von Kriegen. Denn oft gab es vor kriegerischen Auseinandersetzungen geistige Impulse, Initiativen spiritueller Kreise, die allerdings nicht aufgenommen wurden. So trat etwa Saint Germain vor der Französischen Revolution mahnend am Pariser Hof auf und riet, dem Volk Freiheit, Gleichheit und Brüderlichkeit zu gewähren. Der Adel reagierte nicht. Das Resultat: Guillotinen-Gemetzel und blutige Unruhen, Mord und Totschlag. Vor dem Ersten und Zweiten Weltkrieg waren es Theosophen um Blavatsky und Steiner, die spirituelle Impulse aussendeten. Aber weder Regierende noch die Bevölkerung verstanden diese oder setzten sie um. Die Folge: unsägliches Leid und Millionen Tote. Das etwas fragwürdige Jubiläum, das wir im nächsten Jahr feiern, illustriert dies ebenfalls: Der Beginn des 30-jährigen Krieges jährt sich zum 400. Mal – eine Mahnung.

Auch am Anfang des 17. Jahrhunderts, also noch vor dem Ausbruch des 30-jährigen Krieges, gab es hohe Botschaften aus der geistigen Welt. Erinnert sei nur an Christian Rosenkreutz und die von ihm inspirierten Schriften und Impulse oder an die Werke eines mystischen Schusters: die Texte des Jakob Böhme, des „Philosophus Teutonicus". Der wohl beste Kenner seiner Arbeiten, den ich vor Jahren einmal besucht habe, wohnt

[29] Peter Schraud: Graf Saint-Germain unser Bruder, Novalis, S. 74, 81.

übrigens ganz hier in der Nähe, in Schwarzenbruck – Gerhard Wehr. Soweit also der Blick in die Vergangenheit. Und wie sieht es heute aus?

Unser beispielhafter Ausflug in die Politik mit Saint Germain, den Voltaire einmal als „unsterblich und allwissend" bezeichnet hat, zeigt, dass selbst ein Eingeweihter, über den es natürlich auch zahlreiche Anekdoten gibt, nicht allmächtig ist.[30]

> ‚König Friedrich der Große liebte nach der Überlieferung seines Kammerhusaren Schöning folgende Anekdote zu erzählen: „Der bekannte Graf Saint-Germain gab vor, dass er über 2.000 Jahre alt sei und sich unter anderem viel im Gelobten Land aufgehalten habe. „Sie müssen also Herrn Jesus Christus gesehen haben?", frug ihn jemand. – ‚Ich habe ihn wohl gekannt. Man konnte sehr gut mit ihm auskommen. Aber seit der Geschichte mit dem Tempel hatte ich ihn aus den Augen verloren.' Dieser wandte sich darauf an Saint-Germains Bediensteten, um zu sehen, ob der auch so gut wie sein Herr lügen könnte: ‚Ist es denn wahr, lieber Freund, dass Ihr Herr so alt ist? ' –‚Ach, mein Herr, das kann ich Ihnen nicht sagen; denn ich bin erst 300 Jahre in seinen Diensten."

Begeben wir uns nun gedanklich nach Franken, wo wir uns auch mit unseren Körpern gerade befinden, in die Metropolregion Nürnberg, einen geistig-kulturellen Raum der in der Vergangenheit durch verschiedene Persönlichkeiten geprägt wurde. Jos hat schon darauf hingewiesen, dass hier ganz in der Nähe der Dichter des „Parzival", Wolfram von Eschenbach, zur Welt gekommen ist. Kaiser Karl IV., der ein spirituelles Kaisertum anstrebte, wirkte hier und natürlich auch der wohl berühmteste Maler Deutschlands, Albrecht Dürer. Dass er sehr wahrscheinlich auch Kontakt mit Christian Rosenkreutz gehabt hat, wissen wenige. Ein Bild des Künstlers scheint das zu belegen. Doch davon später mehr.

Dass Saint Germain einst, wie seine Biographin Irene Tetzlaff behauptet – sie soll ja der Legende nach sehr intensiv Kontakt mit Saint Germain gehabt haben –, am Musenhof der Lieblingsschwester Friedrichs des Großen, bei Wilhelmine von Bayreuth geweilt hat – wie übrigens auch Voltaire –, ist zwar durch Dokumente nicht belegt, aber durchaus im Rahmen des Möglichen. Der Mann von Wilhelmine war nämlich Leiter der dortigen Freimaurerloge und ließ das prunkvolle markgräfliche Opernhaus bauen, das Richard Wagner überhaupt erst dazu veranlasst hat, nach Bayreuth zu kommen. Nicht um dort seine geplante „Buddha-Oper" aufzuführen, zu der es dann leider nicht kam, sondern

[30] Volz, a.a.O., S. 57.

um seine Bühneweihespiele zu präsentieren – u.a. „Lohengrin“ und „Parsifal“: ein weiterer Einfluss der Gralsströmung sowie der Artusritter mit dem geheimnisvollen Merlin. Richard Wagner hat Anfang 1833 in Bamberg auch einen Mann getroffen, der wenige Monate später ermordet wurde, und zwar ganz in der Nähe von unserem Tagungsort, nur etwa 150 Meter davon entfernt: Kaspar Hauser, der „versprengte Atlantier“, wie Rudolf Steiner ihn einmal in einem Gespräch genannt haben soll. Also viele interessante Menschen, die diesen Raum hier geprägt haben, die Metropolregion Nürnberg, für die natürlich der Besuch Saint Germains ein Highlight, das Tüpfelchen auf dem i ist.

1774 hielt sich in Schwabach ein Fremder auf, der sich als russischer Offizier ausgab und in einem Gebäude logierte, das heute das evangelische Vereinshaus Wittelsbacherstraße 4 ist. Der Fremde war kein anderer als der Graf von Saint Germain, der unter dem Namen Tzarogy – also ein Anagramm seines Namens Rákóczi – im Winter dieses Jahres den Ansbacher Markgrafen Karl Alexander im sogenannten „Gesandtenhaus“ kennenlernte, wo seinerzeit die Schauspielerin Clairon wohnte. Ob dort auch die in England veröffentlichte Musik von Tzarogy alias Saint Germain erklang, ist nicht überliefert. Später konnte Saint Germain dann in Triesdorf in einem Flügel des Weißen Schlosses, in dem regelmäßig gekrönte Häupter verkehrten, eine Parterrewohnung beziehen, rund 13 Kilometer von hier. Wenn man davor steht, muss man den linken Teil anschauen. Dort betrieb er auch ein alchemistisches Labor,[31] wie Freiherr Reinhard von Gemmingen-Guttenberg schildert.[32]

> „Der Fremde schien damals ein Mann zwischen 60 und 70 Jahren zu sein, von mittlerer Größe, mehr hager als stark, der seine grauen Haare unter einer Perücke verbarg und vollkommen einem gewöhnlichen alten Italiener gleich sah. Sein Anzug war so einfach als möglich; sein Ansehen verkündigte nichts Außerordentliches.
>
> Nachdem er dem Markgrafen in französischer Sprache (der Akzent verriet einen Italiener) für die Erlaubnis gedankt hatte, sich in seinen Landen ungestört aufhalten zu dürfen, sagte er ihm viel Schönes über seine Regierung, sprach über große Reisen, die er gemacht hatte, und endigte damit, zu versichern, dass er zu Bezeugung seiner Dankbarkeit dem Markgrafen Geheimnisse anvertrauen wolle, welche geeignet seien, das Glück und den Wohlstand seines Landes zu befördern. Natürlich mussten Äußerungen dieser Art Aufmerksamkeit erregen, die bald aufs höchste gespannt wurde, als er eine Menge sehr schöne Steine vorzeigte, die man für Diamanten ansehen konnte, und die, wenn sie echt waren, von ungeheurem Wert sein mussten.

[31] Volz, a.a.O., S. 171.

32 Freiherr Reinhard von Gemmingen-Guttenberg auf Bonfeld, in: Volz, a.a.O., S. 172f.

Der Markgraf lud ihn nun ein, auf das Frühjahr nach Triesdorf, dem Sommeraufenthalt des Fürsten, zu kommen, und Graf Tzarogy– denn unter diesem Namen hatte er sich vorstellen lassen – nahm diese Einladung unter der Bedingung an, wenn man ihm gestatten wolle, dort nach seiner eigenen Weise, ganz unbemerkt und in der Stille leben zu dürfen.

Zu Triesdorf wurde er in die unteren Zimmer des Schlosses logiert, dessen oberen Teil Mademoiselle Clairon bewohnte. Der Markgraf und dessen Gemahlin wohnten im Falkenhaus. Er hatte keinen Bedienten, speiste nur auf seinem Zimmer, das er selten verließ, und dies so einfach als möglich. Seine Bedürfnisse waren mehr als eingeschränkt. Er vermied allen Umgang, und nur die Abendstunden brachte er in der Gesellschaft der Mademoiselle Clairon, des Markgrafen und derjenigen Personen, die dieser Herr gern um sich haben mochte, zu. Man konnte ihn nicht bewegen, an der fürstlichen Tafel zu speisen, und nur einige Male sah er die Frau Markgräfin, die auch begierig war, den sonderbaren Menschen kennen zu lernen.

In Gesprächen war er äußerst unterhaltend, verriet viele Welt- und Menschenkenntnis und ließ hier und da einige mysteriöse Reden fallen, von denen er ebenso geschickt abzuspringen und den Discours auf andere Gegenstände zu lenken wusste, wenn man etwas Näheres zu wissen verlangte. Vorzüglich sprach er gerne von den Jahren seiner Kindheit und von seiner Mutter, die er nicht ohne scheinbare Rührung und bisweilen mit Tränen in den Augen nannte. Ihm zu glauben, hatte er fürstliche Erziehung genossen.

Er war absprechend, aber nie unhöflich. Dass er, wie der sonst so wahrheitsliebende Baron Gleichen sagte, „zu Triesdorf nach Belieben gehaust, dass er den Markgrafen wie einen Schulknaben behandelt", ist weder wahr noch wahrscheinlich. So leutselig der Markgraf in dem gesellschaftlichen Umgang war, so gut wusste dieser Fürst die Achtung zu behaupten, die man seiner Geburt, seinem Rang und seinen guten moralischen Eigenschaften schuldig war. Er würde es nicht gelitten haben, dass man ihm beföhle; viel weniger würde er dies einem Unbekannten übersehen haben.

Womit sich dieser Sonderling den ganzen Tag über beschäftigte, war schwer zu bestimmen. Er hatte keine Bücher bei sich als eine verschmutzte Ausgabe von dem Pastor fido. Man wurde selten bei ihm vorgelassen, und dann fand man ihn meistenteils den Kopf in ein schwarzes Tuch gehüllt. Seine vorzüglichste Beschäftigung mag wohl in Bereitung allerlei Farben bestanden haben; denn die Fenster seines in den Garten hinausgehenden Zimmers waren so mit Farben allerlei Art überschmiert, dass man nicht durchsehen konnte. Bald nach seiner Ankunft zu Triesdorf fing er an, dem Markgrafen Anweisung zu verschiedenen Zubereitungen zu geben, die den Grund zu einträglichen Fabriken legen sollten. Unter diesen zeichneten sich vorzüglich allerlei Arten von Saffian, Korduan und Juchten aus, die aus dem schlechtesten Schafleder hervorgebracht werden sollten, die Zubereitung des schönsten türkischen Garns usw.

Der Markgraf ließ die Rezepte durch den Verfasser dieser Beiträge aufnehmen, und nun ging man an die Versuche selbst, die nach seinem Verlangen mit dem größten Geheimnis angestellt werden sollten. In einem besonders dazu bereiteten Laboratorium wurde die Arbeit angefangen, und die Versuche wurden bei verschlossenen Türen angestellt.

Lebhaft erinnert sich noch nach so manchen Jahren der Verfasser der lustigen Auftritte dieser Versuche, und wie oft und herzlich er mit dem Markgrafen darüber gelacht, den Fürsten und seinen Vertrauten in einer Werkstatt zum Gerber und Färber umgeformt zu sehen. Man wollte alles versuchen und das Gute behalten. Allein die Hoffnung sank bald unter näherer Prüfung. Schon hatte man mit leichter Mühe und geringen Kosten den schönsten Korduan hervorgebracht, und in der Freude seines Herzens ließ sich der Verfasser Schuhe daraus verfertigen, die sehr gut ausfielen, aber in den ersten 24 Stunden in Stücke zersprangen. So unhaltbar war das türkische Garn, und so war es mit mehreren Artikeln. Tzarogy schob, wenn man ihn zu Rate zog, die Schuld auf fehlerhafte Manipulation, die doch sicher in den Ingredienzien lag, deren man sich bediente. Er versprach von Zeit zu Zeit, selbst die Hand anzulegen, um die wahren Vorteile zu zeigen, und so vergingen einige Wochen, während welcher der Unbekannte abwechselnd sich zu Triesdorf und Schwabach aufhielt."

Während seines Aufenthaltes in Triesdorf hat sich Saint Germain zusammen mit dem Ansbacher Markgrafen auch in Nürnberg mit dem russische Grafen Alexej Orlow getroffen, der unter dubiosen Umständen zusammen mit seinem Bruder Katharina der Großen auf den Thron verholfen hatte.[33] Welche Rolle Saint Germain – wenn überhaupt – in Russland gespielt hat, darüber gibt es verschiedene Spekulationen. Dass er aber durchaus Kontakte nach Russland gehabt haben könnte, belegt ein Hinweis, dass der berühmte Komponist Peter Tschaikowsky sogar signierte Noten von Saint Germain besessen haben soll.[34]

Zwischen dem Markgrafen Karl Alexander und Saint Germain kam es schließlich zum Zerwürfnis: Als der Regent erfuhr, dass der russische Offizier Tzarogy niemand anderer war als Saint Germain.[35] Dennoch fällt das Urteil von Freiherr Reinhard von Gemmingen-Guttenberg über Saint Germain milde aus:[36]

„Lieblos würde es sein, diesen Mann für einen Betrüger zu erklären. Hierzu gehören Beweise, und diese hat man nicht. Solange er im Verhältnis mit dem Markgrafen stand, hat er nie

[33] Schraud, a.a.O., S. 103, 108, 133, 135; Volz, a.a.O., S. 174, 178.

[34] Schraud, a.a.O., S. 32.

[35] Volz, a.a.O., S. 175f.

[36] Freiherr Reinhard von Gemmingen-Guttenberg auf Bonfeld, in: Volz, a.a.O:, S. 178.

etwas begehrt, nie etwas von dem mindesten Wert erhalten, nie sich in etwas eingemischt, das ihn nicht anging. Bei seiner äußerst einfachen Lebensart waren seine Bedürfnisse sehr eingeschränkt. Hatte er Geld, so teilte er's den Armen mit. Dass er irgendwo Schulden hinterlassen, ist nicht bekannt (...)."

Auch mit Färbereien hat sich der Graf von Saint Germain beschäftigt, wie wir vorhin gehört haben, und sich so ganz im Sinne der Kain-Menschen der Meisterung des irdischen Daseins hingegeben. Dazu war sich dieser Eingeweihte nicht zu schade. In Baden-Baden soll er bei der Gründung des Bades mitgewirkt haben. Vielleicht auch in Bad Kissingen, denn dort gibt es nicht nur einen Rakoczy-Brunnen, sondern sogar ein Rakoczy-Fest, das angeblich nach dem Vater von Saint Germain, Franz II. von Rákóczi, benannt ist. Möglicherweise ist dies aber nur eine verkappte Reminiszenz an die einstige Tätigkeit von Saint Germain dort, der ja ein geborener Rákóczi war.

Mehr über die eher profanen Aktivitäten des Grafen folgt in meinem nächsten Vortrag. Dann auch Informationen darüber, welcher Art die Kontakte waren, die er mit dem ins Nirwana eingegangenen Gautama Buddha unterhielt.

Das Ensemble spielte:

Aria „Per pietà bell'idol mio" des Grafen von Saint Germain

Ine Blom (Sopran)
Raphaela Kühne (Violine)
Renate Kroese (Violine)
Samara Bertsch (Cello)
Bert Verschoor (Fagott)
Peter Rippen (Spinett)

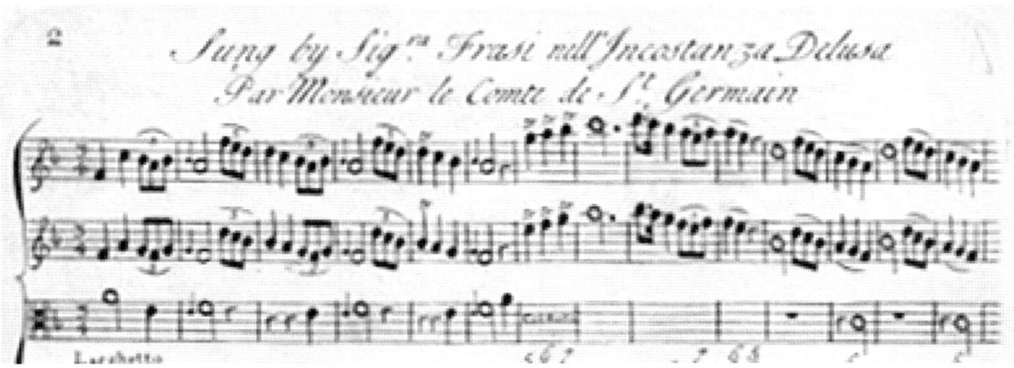

DER GRAF VON SAINT GERMAIN UND DIE TEMPELLEGENDE

Mieke Mosmuller

Ansbach, 6. Oktober 2017

Wir bauen wie gesagt auf die Erkenntnisse von Rudolf Steiner, aber das heißt nicht, dass wir selbst dabei nicht denken oder denken könnten. Ich will also in diesen drei Tagen mittags die drei bekannten Inkarnationen von St. Germain, die vorangegangen sind, zeigen – und ich hoffe, dass ich das so tun kann, dass es mit dem eigenen Denken auch wirklich nachzuvollziehen ist, dass Rudolf Steiner diese drei Inkarnationen gefunden hat. Dass es also nicht etwas ist wie: Er sagt es, und wir glauben es, weil er es gesagt hat – sondern dass auch ein wirklich tiefer Sinn darin liegt, und diesen Sinn können wir wirklich auch selbst erkennen.

In den alten Sagen, Mythen und Legenden finden wir die großen Geheimnisse der Menschheitsgeschichte. Und wir können eigentlich sagen, dass die Bibel mehr oder weniger auch dazugehört. Man kann das immer so sehen, dass man sagt: Es ist Bild für etwas, für ein Geschehen oder eine Bedeutung. Aber man muss dabei natürlich immer auch bedenken, dass es Wirklichkeiten sind, die da beschrieben werden, und dass wir dadurch, dass wir diese Dokumente aufnehmen, auch mit den Wesenheiten in Berührung kommen, die beschrieben werden.

Wenn wir uns bewusst werden wollen, welche Individualität in dem Grafen von St. Germain verkörpert war, dann müssen wir wirklich zurück zum Anfang der irdischen Entwicklung. Wir nehmen das Erste Buch von Moses, 4. Kapitel. Da ist schon eine ganze menschheitliche Tragödie geschehen, Adam und Eva sind aus dem Paradies verjagt worden und müssen als Mann und Weib auf der Erde weiterleben.

> „Und Adam erkannte sein Weib Eva, und sie ward schwanger und gebar den Kain und sprach: Ich habe einen Mann gewonnen mit dem HERRN. Und sie fuhr fort und gebar Abel, seinen Bruder. Und Abel ward ein Schäfer; Kain aber ward ein Ackermann. Es begab sich nach etlicher Zeit, daß Kain dem HERRN Opfer brachte von den Früchten des Feldes und Abel brachte auch von den Erstlingen seiner Herde und von ihrem Fett. Und der HERR sah gnädig an Abel und sein Opfer; aber Kain und sein Opfer sah er nicht gnädig an. Da ergrimmte Kain sehr, und seine Gebärde verstellte sich. Da sprach der HERR zu Kain: Warum

ergrimmst du? und warum verstellt sich deine Gebärde? ist's nicht also? Wenn du fromm bist, so bist du angenehm; bist du aber nicht fromm, so ruht die Sünde vor der Tür, und nach dir hat sie Verlangen; du aber herrsche über sie.

Da redete Kain mit seinem Bruder Abel. Und es begab sich, da sie auf dem Felde waren, erhob sich Kain wider seinen Bruder Abel und schlug ihn tot.

Da sprach der HERR zu Kain: Wo ist dein Bruder Abel? Er sprach: Ich weiß nicht; soll ich meines Bruders Hüter sein? Er aber sprach: Was hast du getan? Die Stimme des Bluts deines Bruders schreit zu mir von der Erde. Und nun verflucht seist du auf der Erde, die ihr Maul hat aufgetan und deines Bruders Blut von deinen Händen empfangen. Wenn du den Acker bauen wirst, soll er dir hinfort sein Vermögen nicht geben. Unstet und flüchtig sollst du sein auf Erden. Kain aber sprach zu dem HERRN: Meine Sünde ist größer, denn daß sie mir vergeben werden möge. Siehe, du treibst mich heute aus dem Lande, und ich muß mich vor deinem Angesicht verbergen und muß unstet und flüchtig sein auf Erden. So wird mir's gehen, daß mich totschlage, wer mich findet. Aber der HERR sprach zu ihm: Nein; sondern wer Kain totschlägt, das soll siebenfältig gerächt werden. Und der HERR machte ein Zeichen an Kain, daß ihn niemand erschlüge, wer ihn fände.

Also ging Kain von dem Angesicht des HERRN und wohnte im Lande Nod, jenseit Eden, gegen Morgen.

Und Kain erkannte sein Weib, die ward schwanger und gebar den Henoch. Und er baute eine Stadt, die nannte er nach seines Sohnes Namen Henoch. Henoch aber zeugte Irad, Irad zeugte Mahujael, Mahujael zeugte Methusael, Methusael zeugte Lamech. Lamech aber nahm zwei Weiber; eine hieß Ada, die andere Zilla. Und Ada gebar Jabal; von dem sind hergekommen, die in Hütten wohnten und Vieh zogen. Und sein Bruder hieß Jubal; von dem sind hergekommen die Geiger und Pfeifer. Die Zilla aber gebar auch, nämlich den Thubalkain, den Meister in allerlei Erz- und Eisenwerk. Und die Schwester des Thubalkain war Naema.

Und Lamech sprach zu seinen Weibern Ada und Zilla: Ihr Weiber Lamechs, hört meine Rede und merkt, was ich sage: Ich habe einen Mann erschlagen für meine Wunde und einen Jüngling für meine Beule; Kain soll siebenmal gerächt werden, aber Lamech siebenundsiebzigmal.

Adam erkannte abermals sein Weib, und sie gebar einen Sohn, den hieß sie Seth; denn Gott hat mir, sprach sie, einen andern Samen gesetzt für Abel, den Kain erwürgt hat. Und Seth zeugte auch einen Sohn und hieß ihn Enos. Zu der Zeit fing man an, zu predigen von des HERRN Namen."

Damals fing man an, den Namen Jahve anzurufen. So wird es im ersten Buch Moses erzählt.

Aus der „Geheimwissenschaft" wissen wir, dass wir die Trennung der Geschlechter im lemurischen Zeitalter vorzustellen haben und dass zuvor eigentlich der Mensch noch Mann und Weib in einem war. Das war der Adam Kadmon, der nicht vereinzelt auf der Erde wohnte, nicht als ein Mensch auf der Erde, sondern da war Adam Kadmon selbst die Erde.

Es gibt aber eine Legende – und nach Rudolf Steiner hat Christian Rosenkreutz diese Legende gegeben und liegt sie der rosenkreuzerischen Weisheit zugrunde, aber auch der Freimaurerei. Zwei Wege also ist diese Legende gegangen. Und wir werden das auch verstehen, wenn wir die Legende aufnehmen; dann verstehen wir, dass beide Motive darin liegen.

In dieser Legende wird damit gerechnet, dass der Leser eine weitere Einsicht hat, eine weiter sich erstreckende Einsicht in die Entwicklung der Erde. Es wird davon ausgegangen, dass die „Geheimwissenschaft" bekannt ist und dass man weiß, dass die Erde die vierte Verkörperung einer Wesenheit ist, die letztendlich sieben Verkörperungen durchmachen wird.

Die erste Verkörperung wird in der „Geheimwissenschaft" der Alte Saturn genannt, damals wurde der physische Leib entwickelt. Die zweite Verkörperung ist die „Alte Sonne", da wurde der Lebensleib hinzugefügt und bis zu einem gewissen Grad von Vollkommenheit entwickelt. Die dritte ist der Alte Mond, hier wird der eigentlichen Seele der astralische Leib hinzugefügt und entwickelt. Nun müssen wir uns vorstellen, dass am Ende dieser Entwicklung des Alten Mondes sich eine Wesenheit entwickelt hatte oder entwickelt worden war, die aus physischem Leib, Ätherleib und Seele bestand. Am Ende dieser Entwicklung der drei Verkörperungen könnte die ganze Mondenentwicklung mit einem Namen zusammengefasst werden. Man kann also sagen: Was am Ende der Mondenentwicklung entstanden war, das war auch wiederum eine Wesenheit, und diese Wesenheit könnte man „Eva" nennen. Die Tempellegende beginnt mit einer viel tiefer gehenden Idee über Eva, als wir sie aus der Bibel kennen.

Dann soll die vierte Verkörperung beginnen, das ist eigentlich der Anfang der Bibel, der „Genesis". Die Tempellegende erzählt es jedoch so, dass einer der Elohim – und Rudolf Steiner sagt an einer Stelle, dass es ein Elohim war, der ein wenig zurückgeblieben war, was darauf hindeutet, dass ein luziferischer Zug dabei ist – sich mit Eva verbindet und Kain zeugt. Das ist noch vor dem Zeitpunkt, wo die Erde entsteht. Es ist also schon eine Wesenheit da, und diese ist von ganz kosmischem Ursprung.

Ein anderer Elohim, und das ist Jahve, formt den Menschen Adam; er formt ihn nach seinem Bilde. Und da wirkt Eva nicht mit, das ist wichtig. Wenn wir ein Seminar machen würden, würden wir darauf eingehen – uns darin vertiefen, in diesen Unterschied, der hier gegeben wird –, dass Kain ein Sohn von einem Elohim und Eva ist und dass Adam von Jahve gebildet worden, gezeugt worden ist, gleichsam ungeschlechtlich. Und als Adam dann gezeugt worden ist, verbindet er sich mit Eva, und die Bibel sagt dann: Kain und Abel werden geboren. Die Tempellegende sagt es anders: Kain ist schon da, und der Sohn von Adam und Eva ist Abel. Abel ist nicht mehr ein Göttersohn, er ist ein Menschensohn, geboren von einem Mann und einem Weib.

Man hat diesen Unterschied, und man hat noch die Tatsache, dass es zwei verschiedene Elohim sind, die da mit der Zeugung verbunden sind. Und wir können es so auffassen, dass Jahve für Abel einen Vorzug hat. Er ist das Kind seiner Schöpfung, und Abel liegt also in der Linie Jahves. Jahve versteht auch, was Abel tut. Abel hütet das Vieh, und er braucht nichts zu schaffen, das Vieh ist da, pflanzt sich selbst fort, und Abel kann in einer gewissen Passivität arbeiten.

Kain aber ist Bauer des Ackers, und er muss in gewissem Sinne schon eine Technik haben, um mit der Erde arbeiten zu können. Dafür hat Jahve kein Verständnis.

Rudolf Steiner sagt, dass dies die eigentliche Hauptursache dafür ist, dass Jahve das Opfer von Kain abweist. Er hat dazu keine Verbindung, hat damit nichts zu tun, Kain tut vieles selbst, und das ist nicht die Welt von Jahve.

Wir kennen in der griechischen Mythologie eine gleichartige Erzählung, das ist die Erzählung von Epimetheus und Prometheus. Hier kann man in Prometheus viele Züge von Kain und in Epimetheus viele Züge von Abel wiederfinden.

So entstehen also zwei Menschenarten: eine Menschenart, die mehr Abel gleicht, und eine, die mehr Kain gleicht. Und die Abelmenschen, das sind die Menschen mit viel Ehrfurcht und zugleich mit einer großen inneren Passivität; sie nehmen dasjenige, was gegeben ist. Die Kainsmenschen dagegen sind die aktiven Menschen, die nicht so ehrfürchtig sind, aber ein starkes Feuer des Enthusiasmus in sich tragen und mit diesem Feuer und mit dem Wissen, das sie erlangen, die Urväter von Wissenschaft, Kunst und Technik werden.

Die Abellinie ist also die priesterliche Linie, die Kainslinie ist die Linie von Wissenschaft, Kunst und Technik. In der Bibel wird eigentlich auch beschrieben, dass die Söhne von Kain alle dazu beitragen, dass der Mensch auf Erden tüchtig wird. Die Virtus, dasjenige, was das Vermögen ist, alles Irdische zu meistern, das ist Kain.

In der Zeit Salomos finden wir diese zwei Menschenarten wieder. Da haben wir Salomo, der die Weisheit hat. Eine wunderbare, allumfassende Weisheit besitzt er. Und er kann mit dieser Weisheit ganz genau ausführen, wie der zu bauende Tempel beschaffen sein soll. Seine Weisheit ist dazu da, dass er den Plan eigentlich ganz und gar entwerfen kann; aber bauen kann er den Tempel nicht, er hat keine Technik, er hat nicht das Wissen, wie man baut. Dafür muss er dann jemanden kommen lassen, von dem bekannt ist, dass er das kann. Und so kommt der Kainssohn an den Hof Salomos.

Es sind wirklich tiefgreifende Geschehnisse, und sie sind wirklich nicht nur Bild, sondern haben sich auch zugetragen. Aber zugleich sind sie für uns das Lehrmaterial, um uns selbst zu verstehen.

Im Ersten Buch der Könige, Kapitel 7, finden wir in der Bibel das Folgende:

„Und der König Salomo sandte hin und ließ holen Hiram von Tyrus, einer Witwe Sohn aus dem Stamm Naphthali, und sein Vater war ein Mann von Tyrus gewesen; der war ein Meister im Erz, voll Weisheit, Verstand und Kunst, zu arbeiten allerlei Erzwerk. Da er zum König Salomo kam, machte er alle seine Werke.

Und machte zwei eherne Säulen, eine jegliche achtzehn Ellen hoch, und ein Faden von zwölf Ellen war das Maß um jegliche Säule her. Und machte zwei Knäufe, von Erz gegossen, oben auf die Säulen zu setzen und ein jeglicher Knauf war fünf Ellen hoch. Und es war an jeglichem Knauf oben auf den Säulen Gitterwerk, sieben geflochtene Reife wie Ketten. Und machte an jeglichem Knauf zwei Reihen Granatäpfel umher an dem Gitterwerk, womit der Knauf bedeckt ward. Und die Knäufe waren wie die Lilien, vor der Halle, vier Ellen groß. Und der Granatäpfel in den Reihen umher waren zweihundert, oben und unten an dem Gitterwerk, das um den Bauch des Knaufs her ging, an jeglichem Knauf auf beiden Säulen. Und er richtete die Säulen auf vor der Halle des Tempels. Und die er zur rechten Hand setzte, hieß er Jachin, und die er zur linken Hand setzte, hieß er Boas. Und es stand also oben auf den Säulen wie Lilien. Also ward vollendet das Werk der Säulen.

Und er machte ein Meer, gegossen von einem Rand zum andern zehn Ellen weit, rundumher, und fünf Ellen hoch, und eine Schnur dreißig Ellen lang war das Maß ringsum.“

Und so wird Seite um Seite ganz genau beschrieben, was da alles geschaffen wurde. Das ist, was die Bibel sagt, und die Tempellegende erzählt etwas Gleichartiges. Aber was nicht in der Bibel steht, wie der Guss des Meeres nun wirklich vor sich geht, das steht ebenfalls in der Tempellegende. Und dies wird für uns eigentlich eine Möglichkeit, zu verstehen, wer diese Kainswesenheit Hiram ist, was seine Aufgabe ist und wie wir ihn in späterer Zeit immer weiter entwickelt wiederfinden.

Zwischen beide, Salomo und Hiram, tritt die Königin von Saba. Sie bewundert die allumfassende Weisheit Salomos und alle Besitztümer, die er hat, und verlobt sich mit ihm. Aber dann will sie gerne doch auch den Baumeister sehen, Hiram.

Zuerst möchte Salomo das lieber nicht, aber sie fährt fort, ihn zu bitten, und letztendlich gibt er nach, und die beiden begegnen einander, das ist Tempellegende.

Hiram wirft der Königin einen Blick zu, und dieser Blick ist so geartet, dass ihre Liebe für ihn entflammt. Sie hat sich aber mit Salomo verlobt, und Salomo wird sehr, sehr eifersüchtig.

Nun gab es dieses große Werk am Ende des Tempelbaus, das sollte einen feierlichen Abschluss bilden: der Guss des ehernen Meeres. Es sollte ein Kunstwerk werden, aber nicht nur ein Kunstwerk, sondern auch ein Kunststück. Denn Hiram musste genau so vorgehen, dass er exakt genügend Feuer und Wasser hinzufügte, damit dasjenige, was in der flüssigen Metallmasse in Bewegung gebracht wurde, wenn es gegossen wurde, auch diese Form annehmen würde. Man kann sich dabei schon etwas vorstellen.

Hiram hatte sich nun drei Gesellen zum Feind gemacht, weil er sich geweigert hatte, diesen den Meistergrad zu verleihen. Also drei Feinde in der Arbeit und einen Feind in Salomo. Und diese drei Feinde schmiedeten einen Plan, um das große Werk Hirams zu einem Misslingen zu bringen. Ein Lehrling Hirams hörte davon und ging zu Salomo. Er setzte ihn davon in Kenntnis und warnte ihn, dass etwas gemacht werden würde, wodurch der Guss nicht gelingen würde. Und Salomo entschied sich dafür, dies einfach zu vergessen! So geschah es, dass bei diesem feierlichen Abschluss der Guss ganz misslang. Hiram hat noch versucht, etwas zu retten, indem er mehr Wasser hinzufügte. Aber dies verursachte ein gewaltiges Feuer, so dass es auch für das Publikum, das dabei war, gefährlich wurde, es war wirklich eine Katastrophe.

Da hörte Hiram eine Stimme, die Stimme von Tubal-Kain, einem seiner Vorfahren. Der rief ihm zu: „Tauche unter in das Feuer!“ Das hat er getan...

Er wurde zum Mittelpunkt der Erde geführt, wo Kain in all seiner Herrlichkeit saß. Hier lernte er, wie er den Guss in der richtigen Weise vollenden müsse, könnte, und zugleich bekam er, als er wieder nach oben geführt wurde, einen Hammer und ein goldenes Dreieck. Als er dann wieder auf der Erde war, wusste er, was zu tun war, und er hat dann den Guss vollenden können.

In der Tempellegende wird weiter beschrieben, dass die Königin von Saba es zustande bringt, durch eine List den Verlobungsring von Salomos Finger zu nehmen, und mit Hiram zu flüchten. Zuvor aber geht Hiram noch einmal in den Tempel, und da warten die drei Gesellen auf ihn, und sie töten Hiram.

Rudolf Steiner beschreibt, dass diese Tempellegende in dem Guss des ehernen Meeres das Geheimnis zwischen Wasser und Feuer zeigt und dass man dies eigentlich so auffassen muss, dass es ein menschliches Geheimnis ist. Das Feuer ist der Wille und das Wasser ist die Weisheit.

Die Menschheit wird erst an ein gewisses Ziel kommen, wenn sie verstehen wird, wie sie Wille und Weisheit in die richtige Mischung bringen kann. Wie wird die Weisheit befeuert und wie wird das Feuer weise – das ist es eigentlich, worauf es ankommt.

Aber das eherne Meer hat noch eine zweite Bedeutung, dass es ein Bild dafür ist, dass der Mensch letztendlich so weit kommen wird, dass er das Wesen aller Materie verstehen wird, also mit der Weisheit auch tatsächlich vordringen wird zu demjenigen, was irdischer Stoff ist. Das gelingt nicht in der Zeit der Tempellegende, letztendlich schon, aber nicht durch Hiram, sondern erst, nachdem er Hilfe bekommen hat.

Und warum gelingt es nicht? Es gelingt nicht, weil drei Kräfte im Wege sind, und das sind diese drei Gesellen. Was sind diese drei Kräfte? Es sind der Zweifel, der Aberglaube und die Illusion, vor allem bezüglich der eigenen Persönlichkeit. Diese drei Gesellen hat der Mensch immer bei sich, und sie verhindern fortwährend, dass er sein Ziel erreicht.

In der Zeit von Hiram war es noch nicht an der Zeit; es musste noch viel, viel in der Menschheitsentwicklung geschehen, bevor die Zeit kommen könnte, dass der Mensch das Geheimnis von Weisheit und Feuer, Wasser und Feuer, so durchschaut, dass er es auch in seiner eigenen Wesenheit handhaben kann.

Es gibt nun noch eine Episode in der Tempellegende, die wichtig ist. Hiram begegnet der Königin von Saba und wirft ihr einen Blick zu. Aber sie will auch sehen, wie er ans Werk geht. Und das ist das Zweite, was für sie so wirkt, dass sie eigentlich doch nur einen Mann will – Hiram. Er muss nämlich alle Arbeiter zur Arbeit versammeln, und sie sind überall zerstreut, er hat aber ein Zeichen, das er macht. Auf dieses Zeichen hin kommen alle Arbeiter heran. Es ist, so sagt die Legende, das Tao-Zeichen.

Rudolf Steiner hat es so beschrieben, dass in der atlantischen Zeit, als die ganze Welt, die ganze Erde, noch eine Nebelmasse war, in allen Wassergeräuschen die Stimme Gottes ertönte. Der Mensch war imstande, dies zu hören und zu verstehen, und das war die Weisheit von Atlantis. Und diese Weisheit von Atlantis ist, in einem Zeichen zusammengefasst, das Tao-Zeichen.

Wenn wir jetzt, in unserer Zeit, früh aufstehen und in die Natur oder den Garten gehen und uns die Pflanzen anschauen, dann sehen wir auf den Blättern Tautropfen. Und Rudolf Steiner sagt, in diesen Tropfen sehen wir die alte Weisheit der Atlantis immer und immer wieder, wir haben sie nicht mehr, aber wir sehen sie. Und in diesen zwei Gebilden, im Tao-Zeichen, das eigentlich ein Kreuz ist, und in dem Tropfen, da finden wir schon ein Vorzeichen für die spätere Inkarnationen dieses Menschen Hiram.

Tao ist ein Kreuz, und auf Lateinisch heisst es „crux". Tropfen ist auf Lateinisch „ros". Wir sehen in diesem Bild von der atlantischen Weisheit als Tautropfen also ein Bild von einem Kreuz mit Rosen oder Wasser, Weisheit und geläutertes Feuer, erscheinen.

So kann man in der Tempellegende eigentlich schon die Vorverkündigung der Inkarnation dieser Individualität nach Christus sehen. Das ist die Inkarnation als Christian Rosenkreutz. Aber dazwischen liegen, soweit es mir bekannt ist, noch drei Inkarnationen, die werden wir dann noch besprechen.

Wichtig für jetzt ist, dass wir versuchen, festzuhalten, was der Unterschied zwischen der priesterlichen Linie in der Menschheit und der wissenschaftlich-technisch-künstlerischen Linie in der Menschheit ist. Es sind einerseits die Menschen, die verehrend die göttliche Weisheit haben, aber passiv sind – und andererseits die Menschen, die befeuert sind, selbst zu erzeugen. Diese zwei verschiedenen Menschenarten finden wir auch wieder in Mann und Frau. Man kann sagen, die Frau hat mehr die passive Neigung, ist aber sehr intuitionsfähig, und der Mann hat mehr die Anlage, sich wirklich aktiv mit der Erde zu verbinden, hat aber das Risiko, dass er dabei den Geist verliert.

Wir dürfen das natürlich nicht so sehen, dass wir jetzt, so wie wir zusammen sind, in allen Männern Kainsmenschen und in allen Frauen Abelmenschen haben. So darf man das nicht sehen, es ist eine Charakteristik einer Innerlichkeit, die sich natürlich auch äußerlich zeigt, und jeder Mensch ist in einer männlichen Inkarnation wohl mehr kainartig, und jede Frau ist mehr abelartig, aber in einer Frau kann eine richtige Kainswesenheit verkörpert sein, und in einem Mann kann eine wirkliche Abelwesenheit verkörpert sein.

Hieran kann man also einige Differenzierungsfähigkeit entwickeln, so dass man nicht dazu kommt, zu sagen: Ah, nun verstehe ich das, nun weiß ich, wie es ist, so ist es, und nun weiß man es für immer... So ist es natürlich nicht. Es ist etwas, was man eigentlich zuerst in sich selbst suchen kann, bevor man dazu kommt, um sich herum zu schauen und zu sagen: Ah, der ist passiv und verehrungsvoll, das wird wohl ... und so weiter.

Wenn wir die Inkarnation dieses Kainssohns Hiram als Lazarus-Johannes, der Evangelist, besprechen, werden wir die Umwandlung durch die Christustat erleben können. Ich werde es wiederum so zu tun versuchen – ich hoffe, dass das jetzt einigermaßen gelungen ist –, dass wir die Charakteristik, die dieser Mensch Hiram hat, wiederfinden können, damit wir nicht einfach nur glauben, dass es wohl so sein wird, oder einfach nur nicht glauben, weil wir es nicht glauben wollen oder können – sondern etwas mehr Einsicht darin bekommen, dass wir in jedem Menschen, also auch in uns allen, eine durchgehende Linie entdecken können. Und natürlich entwickelt sich diese Anlage, diese Fähigkeit, diese Aufgabe, durch die Inkarnationen hindurch, in der Zeit – und das kann die Aufmerksamkeit ablenken. Aber wenn man einmal verstanden hat – in so einer großen Individualität wie Hiram, St. Germain –, wie man das, was da die Charakteristik ist, immer wiederfindet, in einer neueren Form und weiteren Entwicklung, dann hat man wirklich etwas für das Verständnis von Reinkarnation und Karma gewonnen.

Es gibt eine schöne, ausführliche Erzählung, „Die Tempellegende“ von Gerard de Nerval, und interessant ist, dass sie von Manfred Krüger ins Deutsche übersetzt wurde, einem Mann, der auch hier in der Gegend, in Nürnberg, zuhause ist. Das Buch kann ich sehr empfehlen, es ist sehr lesenswert: Gerard de Nerval, „Die Tempellegende“. Daraus werden wir dann noch ein kleines Stückchen hören:

„Hiram, Hiram, Hiram, aufblickend sah er hoch in der Luft eine Riesengestalt schweben, die ihn ansprach: ‚Sei ohne Furcht, mein Sohn, denn ich habe dich unverbrennbar gemacht, stürze dich in die Flammen.’ Er betrat den Schmelzofen, ohne sich zu verletzen. Ja, er empfand ein unbeschreibliches Entzücken, als er von einer unwiderstehlichen Kraft angetrieben immer weiter vordrang. ‚Wohin führest du mich?’, fragte er. ‚In den Mittelpunkt der Erde, in die Seele der Welt, ins Reich des grossen Kain, wo die Freiheit herrscht. Dort hört der tyrannische Neid Adonais auf, dort können wir seines Zornes spottend die Frucht vom Baum der Erkenntnis kosten. Dort ist das Heim deiner Väter.’ ‚Wer bin ich und wer bist du?’ ‚Ich bin der Vater deiner Väter, ich bin Tubal-Kain, der Sohn Lamechs.’“

Also Bibel und Legende. Und morgen werden wir unsere Suche weiterführen.

Zum Abschluss des ersten Tages wurde die erste Triosonate
von Saint Germain erneut gespielt

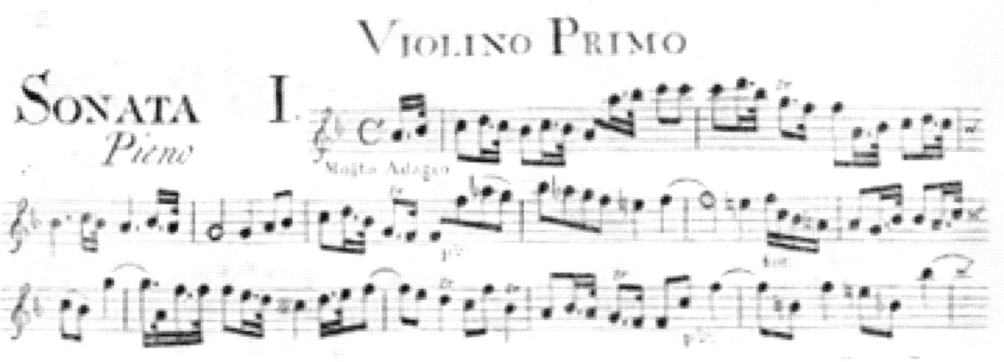

HISTORISCHE EINFÜHRUNG: SAINT GERMAIN UND DIE POLITIK

Jos Mosmuller

Ansbach, 7. Oktober 2017

Herzlich willkommen zum zweiten Tag dieser Tagung!

Ich möchte Ihnen eine Einleitung über die historischen Hintergründe der Zeit, in der der Graf von Saint Germain lebte und arbeitete, geben.

Es war die Zeit des 18. Jahrhunderts, die auch die Epoche der Aufklärung genannt wird. Die Zeit der Ratio, der Vernunft, die sich gegen Tradition und Vorurteile wandte, und die Zeit, in der zuerst eine starke Hinwendung zur Naturwissenschaft und zur Philosophie von Emmanuel Kant stattfand. Diese Zeit folgte auf die „goldene Epoche" des 17. Jahrhundert, wie sie in den Niederlanden und in Flandern genannt wird.

In diesem Jahrhundert fanden der Achtzigjährige Krieg der Niederlande und der Dreißigjährige Krieg in Deutschland statt. Es waren Glaubenskriege zwischen Katholiken und Protestanten; zwischen den Habsburgern und den übrigen Königshäusern.

Diese Kriege änderten die geopolitische Lage in Europa für immer. Die Habsburger verloren ihre dominante Position in Europa. Die Verbindung zwischen Spanien und Österreich wurde gelöst. Spanien verlor auch Portugal und die Niederlande. Es entstand die Republik der Niederlande. Flandern kam durch den Spanischen Erbfolgekrieg 1713 zu Österreich und später, 1795, zu Frankreich. Es entstand eine französische Dominanz in Europa, die bis ins 19. Jahrhundert anhielt. Nun ging es darum, das Machtgleichgewicht durch Diplomatie zu halten. Die Sprache der Diplomatie war französisch.

Der Absolutismus entstand, vor allem in Frankreich, unter Kardinal Richelieu und Kardinal Mazarin.

In England unter König Karl I. misslang dies, und es kam Cromwell auf. Auch in Holland, mit den Gebrüdern de Witt, gelang es nicht. In Preußen, Russland und Österreich kam es teilweise zustande.

Es trat dann vorerst eine Zeit der Ruhe ein, in der die Kirche und der Adel immer mehr Macht erlangten. Die Städte, Bürger und Bauern wurden immer abhängiger und ärmer, durch hohe Steuern, von denen Kirche und Adel freigestellt waren. Nur der erste und zweite Stand hatten ein Wahlrecht zum Parlament. Der dritte Stand hatte kein Wahlrecht.

In der Zeit Ludwigs XIV. war der Absolutismus in Frankreich vollkommen, er regierte nach dem Droit Divin, dem von Gott gegebenen Recht, die Parlamente wurden ganz ausgeschaltet.
Aber sein Nachfolger Ludwig XV., der anfänglich Le Bien-Aimé genannt wurde, verlor den Absolutismus immer mehr. Seine lockere Lebensweise, der Verlust der südlichen Niederlande, der Verlust der Kolonien in Kanada, Amerika und Indien, sein Streit mit den Parlamenten, sein Unvermögen in der „Öffentlichkeitsarbeit", machten ihn letztlich zum Le Mal-Aimé.

Das christlich geprägte Weltbild fängt in dieser Zeit an, sich zu ändern. Die Zeit der Aufklärung bringt viele Freidenker wie Kant, Rousseau und Voltaire hervor und damit eine eigensinnige und freiere Anschauung des Göttlichen. Sie stellten ein von Gott vorbestimmtes Leben in Frage.

Das ganze Staatssystem geriet in Chaos, dies machte es für den Nachfolger, Ludwig XVI., unmöglich, das „Ancien Régime" zu reformieren.
Zu Beginn seiner Regierung, 1774, kam der Graf von Saint Germain nach Versailles und erbat bei der Hofdame Madame d'Adhemar, den König zu sprechen. Er wurde von Königin Marie Antoinette empfangen und warnte sie vor einer kommenden Revolution. Der König müsse sachverständig reformieren, sagte er. Der König aber war unerreichbar, wegen seines Ministers Maurepas, der ein Feind Saint Germains und unfähig und unwillig war, richtig zu reformieren.
Am 14. Juli 1789, dem Tag der Erstürmung der Bastille, kam Saint Germain, obwohl er 1784 in Eckernförde gestorben zu sein schien, nochmals zu Madame d'Adhemar und sagte ihr, dass er jetzt nichts mehr tun könne. „Es gibt Zeiten, dass man noch zurückweichen kann, aber jetzt ist nun einmal das Los gefallen. Er (der Herr) hat das Urteil gesprochen."[37]

Goethe sah in Voltaire den Anstifter der Revolution. Napoleon nannte den Philosophen Rousseau den Verursacher der Revolution. Doch Diderot mit seiner großen international anerkannten Enzyklopädie und auch Montesquieu mit seinem einflußreichen Werk De l'esprit des lois (Lehre der Trias politica) haben die französische Revolution vorbereitet.
Wie auch immer, viele Philosophen, Künstler, Adlige und auch die Kirche widersetzten sich der Monarchie, und man wurde von vielen Seiten gegen diese absolutistische

[37] Karl Heyer, Aus dem Jahrhundert der Französischen Revolution.

Monarchie aufgestachelt. Aus der Sehnsucht nach Freiheit, Gleichheit und Brüderlichkeit heraus führte dies schließlich zur Französischen Revolution (1789-1799). Durch das Schreckensregime der Jakobiner, von Robespierre, Murat und Danton, wurden dann viele Menschen als Landesverräter zur Guillotine verurteilt. Auch König Ludwig XVI. endete letztlich wegen Landesverrat als einfacher Bürger Louis Capet am 21. Januar 1793 unter der Guillotine. Königin Marie Antoinette folgte ihm am 16. Oktober 1793.

Im Jahr 1799 kam Napoleon Bonaparte an die Macht.

Im Hintergrund der äußeren Geschichte spielen immer einflussreiche Gesellschaften eine Rolle, so zum Beispiel die Großlogen der Freimaurer, die Mitglieder in adligen, künstlerischen und philosophischen Kreisen hatten. Von den Künstlern und Philosophen waren dies zum Beispiel Montesquieu, Voltaire, Goethe, Herder und Mozart. Von den regierenden Häuptern Europas waren das damals in Holland Prinz Wilhelm IV. mit seinem Berater Graf Wilhelm Bentinck van Rhoon (Freimaurer), in England König George III. von Hannover (Freimaurer), in Preußen Friedrich II. der Große (Freimaurer), in Österreich Franz I. von Lothringen (Freimaurer) und Maria Theresia von Habsburg (katholisch), in Russland Zar Peter III. und Katharina die Große (unterstützte die Freimaurer), in Rom Clemens XIV. und ab 1775 Papst Pius VI. (Freimaurer), in den Vereinigten Staaten ab 1783 Georg Washington (Freimaurer).

Der Graf von Saint Germain, der, wie man annimmt, der älteste Sohn Leopold Georg des Fürsten Franz II. von Rákóczi war und aus dem adeligen Geschlecht der Rákóczi aus Siebenbürgen, Transsylvanien, stammte, wollte anfänglich eine Gralsgemeinschaft mit den verschiedenen Königshäuptern Europas gründen, so, wie auch die Malteser, die Templerorden und die Freimaurergesellschaft existierten.

Vom Heiligen Stuhl unter Papst Pius VI. bekam Saint Germain 1775 eine Vollmacht, die wahre Religion wiederherzustellen und mit den Logen der Freimaurer zu verbinden.

Sait Germain besaß weiter eine Kopie eines Manuskripts, das sich in der Vatikanischen Bibliothek befindet, das sorgfältig behütet wird, was das Pfingstfest im tieferen Sinn bedeutet.[38]

Er wollte eine Sozialisierung Europas erreichen, durch einen allmählichen friedlichen Übergang des „Ancien Regime“ in eine soziale Dreigliederung von Freiheit, Gleichheit und Brüderlichkeit im christlichen Sinn.

---

[38] Rudolf Steiner, Die Tempellegende, GA 93.

Aber durch Eitelkeit, nationalen Stolz und den Unglauben der führenden Elite gelang dies letztendlich nicht und musste über eine Katastrophe, die Französische Revolution, eine neue äußere Sozialisierung erreicht werden. Dies mündete dann in den neuen Code Civil Napoleons (das einheitliche Staatssystem), den dieser ganz Europa aufzwang.

Wahre Menschlichkeit fordert eine Harmonisierung durch das Ich in den Seelen der individuellen Menschen. Das Gleichgewicht zwischen den verschiedenen Staaten könnte erreicht werden, wenn die führenden Persönlichkeiten dies in sich selbst zustande bringen würden.

Diese Harmonisierung kann nur erreicht werden, wenn das Ich des Menschen sich durch die Erkraftung des Denkens findet und dann von da aus in die Wirklichkeit der alltäglichen Welt seine Impulse der Freiheit und Liebe hineinbringt. Nicht nur in der Politik, sondern auch in allen Gemeinschaften. Dann sind die Iche in Harmonie, und die Staaten und Gemeinschaften werden hierin folgen.

EXPERIMENTE UND FÄRBEREIEN DES GRÄFLICHEN BUDDHA-FREUNDES

Thomas Senne

Ansbach, 7. Oktober 2017

Einen wunderschönen guten Morgen zusammen! Ich hoffe, Sie haben alle gut geschlafen und unsere gestrigen Vorträge gut aufgenommen. In meinem Vortrag am heutigen Vormittag geht es vor allem um diese beiden Herren (eine Statuette von Buddha und eine Ikone von Johannes werden gezeigt). Um Buddha und um Johannes, den Evangelisten, in seiner Inkarnation als Saint Germain. Dass der Graf ein „guter Physiker und ein großer Chemiker“ gewesen ist, schreibt die Gräfin Genlis in ihren „Denkwürdigkeiten“ über Saint Germain, den sie 1759/60 persönlich kennengelernt hat. Er habe in Öl im Stil der Historienmalerei gemalt und „Geheimverfahren für wirklich prachtvolle Farben“ entwickelt.[39] Vor allem hatte es ihm offensichtlich das Reinigen und Herstellen von Diamanten sowie das Färben von Textilien angetan – damit die Menschen Arbeit und Beschäftigung bekamen.

Wir haben gestern auch gehört, dass er sich in Triesdorf mit der Gerberei und mit dem Färben von Tuch auseinandergesetzt hat. Verschieden bearbeitete Lederproben beschriftete der Graf mit Hinweisen wie: „Sehr billige Lederarten, die ganz allein ohne den geringsten Kunstgriff aus Abfällen hergestellt wurden.“ Oder auf Tuchmuster schrieb Saint Germain beispielsweise: „Bei allen diesen Farbproben lässt sich immer größere Schönheit, Feinheit und Haltbarkeit erzielen, ich glaube bis ins Grenzenlose.“[40] 1763 wollte er eine Fabrik in Belgien gründen, damals politisch zu den österreichischen Niederlanden gehörig. Bevollmächtigter war der Minister Karl Graf Cobenzl in Brüssel, auf den Saint Germain einen guten Eindruck gemacht hatte.[41]

> Brüssel, 8. April 1763
>
> Vor etwa drei Monaten ist der unter dem Namen Saint-Germain bekannte Mann hier durchgekommen und hat mich aufgesucht. Ich fand in ihm den seltsamsten Menschen, der mir im Leben begegnet ist. Seine Herkunft kenne ich noch nicht genau; ich glaube jedoch,

[39] Gustav Bertold Volz (Hg.): Der Graf von Saint-Germain, Bohmeier Verlag, S. 48.

[40] Ebd., S. 173, 177.

[41] Ebd., S. 135.

dass er einer heimlichen Verbindung aus einem mächtigen und berühmten Haus entsprossen ist. Er ist im Besitz großer Mittel, lebt aber äußerst einfach. Er weiß alles und zeigt eine bewundernswerte Rechtschaffenheit und Seelengüte.

In einem zahlreichen Bekanntenkreis hat er vor meinen Augen einige Versuche gemacht, von denen ich Eurer Exzellenz einige Proben senden werde. Die wesentlichsten bestehen in der Verwandlung von Eisen in ein Metall, das ebenso schön ist wie Gold und sich wenigstens ebenso zu allen Goldschmiedearbeiten eignet, ferner in der Färbung und Bearbeitung von Leder in einer solchen Vollkommenheit, dass es alle Maroquins der Welt und die vollkommensten Gerbverfahren übertrifft. Auch die Seiden- und Wollfärberei hat er zu einer bisher unbekannten Vollendung gebracht. Hölzer färbt er in den lebhaftesten Farben, und zwar durch und durch, ohne Indigo oder Cochenille, mit den einfachsten Zutaten und somit sehr billig. Er stellt auch Malfarben her, das Ultramarin so tadellos wie das aus Lapislazuli gewonnene. Schließlich nimmt er den zum Malen verwendeten Ölen den Geruch und stellt aus Rüböl und anderen noch schlechteren Stoffen das beste Provencer Öl her."

In Tournai, dem belgischen Doornik, 85 Kilometer südwestlich von Brüssel, konnte der Graf von Surmont, wie sich Saint Germain jetzt nennt, mit Hilfe einer Bankierswitwe sogar Manufakturen einrichten: eine penible Ausgabenliste für eine Färberei nebst Lager für eine Gerberei und Hutfabrik verrät das. Der Clou dabei: Es handelte sich um ein Geheimverfahren, durch das die Seide schöner, stärker, voller wirkte und die Farbe besser aufgenommen werden konnte. Aber auch Verbesserungen beim Färben von Tuch, Wolle, Ziegenhaar oder Holz gelangen Saint Germain. Seine Prognose: Rund 24.000 Hüte pro Jahr herstellen und dabei einen Gewinn von mindestens 20.000 Gulden Kurant machen. Doch die österreichische Kaiserin Maria Theresia und ihre Diplomaten bleiben skeptisch, haben Misstrauen. Die österreichische Kaiserin spricht in diesem Zusammenhang sogar von einer „Torheit", und ihr Kanzler Graf Kaunitz schreibt an Maria Theresia:[42]

„Wien, 22. April 1763

In der Generalverwaltung der Niederlande bereitet sich eine Szene vor, deren Ausgang mir so zweideutig erscheint, dass ich mich verpflichtet fühle, Eure Kaiserliche und Apostolische Majestät schon jetzt darauf vorzubereiten, wie ich diese Komödie ansehe. Aus dem beiliegenden Auszug eines Berichtes des Grafen Cobenzl ersehen E. M., welche Wunder

[42] Ebd., S.138.

ein seltsamer Mann, der vor vier Jahren unter dem Namen eines Grafen Saint-Germain in Frankreich auftrat, zur Bereicherung Ihrer Finanzen und Untertanen vollbringen will. Graf Cobenzl spricht mit solcher Zuversicht von dem völligen Gelingen mehrerer unter seinen Augen gemachter Versuche. Mehr noch: Frau Nettine geht so hitzig darauf ein, dass ich die Möglichkeit der Sache nicht abzustreifen wagte, obgleich ich versucht bin, das Ganze als bloße Vision oder Betrügerei anzusehen. Ich habe den Grafen Cobenzl also aufgefordert, äußerst vorsichtig zu sein, keine Staatsgelder aufs Spiel zu setzen und Nachforschungen über die Reichtümer seines angeblichen Orakels anzustellen, von denen er und Frau Nettine mit solcher Begeisterung, indessen ohne nähere Angaben, sprechen. Zu dem Zweck habe ich dem Grafen Cobenzl die gleichfalls beiliegende Antwort erteilt und die Anekdoten über das Leben des angeblichen Grafen Saint-Germain beigefügt, die zu meiner Kenntnis gelangt sind.

Damit habe ich ihre großen Pläne weder verworfen noch gebilligt. Möglicherweise befinden sich unter der großen Zahl von Geheimmitteln, deren Ausbeutung so glänzende Erfolge verspricht, auch ein paar recht brauchbare. Möglicherweise aber löst sich auch alles in Dunst auf."

Merkantile Interessen klingen in diesen Worten an. Der Kanzler Graf Kaunitz ist nicht ganz abgeneigt, lehnt aber letztlich das Unternehmen doch ab. Doch der Bevollmächtigte für Belgien, der Minister Karl Graf Cobenzl, gibt nicht auf und schickt 1763 Proben.[43] Schließlich wird das Unternehmen abschlägig beschieden.[44] Aber Saint Germain wirft die Flinte nicht ins Korn und wendet sich Jahre später unter dem Pseudonym Graf Welldone auch an Friedrich den Großen, überreicht dem preußischen Gesandten in Dresden 1777 eine Aufstellung, was er zu tun gedenkt.[45] Sogar persönlich schreibt Saint Germain an Friedrich II.:[46]

„Dresden, 25. Juni 1777

Sire. Von sich selbst anders zu reden als durch Taten, ist durchaus unpassend, wenn man das Glück hat, sich an einen so großen König zu wenden. Eure Majestät werden mir also die Befehle schicken, mit denen Sie mich zu beehren geruhen.

Eurer Majestät
Untertänigster und gehorsamster Diener
Graf von Welldone"

---

[43] Ebd., S. 142.

[44] Peter Schraud: Graf Saint-Germain unser Bruder, Novalis, S. 92-94.

[45] Gustav Bertold Volz (Hg.): Der Graf von Saint-Germain, Bohmeier Verlag, S. 186

[46] Ebd., S. 188.

Saint Germain, der nach seinem Dresdener Aufenthalt in Ostrau Station macht – dem Ort, an dem Baron Hans Hasso von Veltheim auf seinem Schloss später ein Zimmer nach ihm benennen und einen noch heute zu besichtigenden anthroposophischen Andachtsraum errichten sollte – ist auch bei Friedrich dem Großen kein Erfolg beschieden, ebensowenig bei anderen Adeligen wie etwa dem Prinzen Friedrich August von Braunschweig.[47] Trotz dieser starken irdischen, ja merkantilen Verankerung zeichnet sich die Individualität des Grafen von Saint Germain als jemand aus, der Anbindung an höchste geistige Welten hat. Nach Aussagen Steiners war Saint Germain in seiner Verkörperung als Christian Rosenkreutz nicht nur ein Freund Buddhas, der Anfang des 17. Jahrhunderts natürlich in geistigen Welten weilte, sondern sogar ein Lehrer des großen Buddha, über den sich der Begründer der Anthroposophie folgendermaßen äußert.[48]

„Niemals wird von irgendeinem, der aus dem Quell der Rosenkreuzer-Weisheit und -Forschung heraus spricht, gesagt werden, daß irgend etwas bekämpft werden soll vom Inhalt der Schriften des großen Buddha, daß irgend etwas nicht wahr sei in den Schriften des großen Buddha. Jeder, der aus dem Quell der Rosenkreuzerei heraus spricht, teilt die Überzeugung Buddhas und der gesamten östlichen Weisheit, keine negiert er. Er sagt: Jawohl, was du, großer Buddha, durch deine Erleuchtung in deinem Inneren geschaut hast von den großen Wahrheiten vom Leide des Lebens, es ist restlos wahr; wahr ist es bis zum letzten Häkchen und Jota. – Nichts, aber auch gar nichts wird davon genommen. Es bleibt alles stehen. Und gerade aus dem Grunde, weil alles stehenbleibt, weil es wahr ist, was Buddha gesagt hat, daß Geburt Leid, Krankheit Leid, Alter Leid, Tod Leid und so weiter ist, deshalb ist uns der Christus-Impuls jenes mächtige und wichtige Heilmittel – weil er es ist, der dieses Leid aufhebt, weil es eben wahr ist, daß die Leiden da sind, wenn nicht ein großer Impuls die Welt darüber hinaushebt. Warum hat Christus gewirkt? Weil Buddha die Wahrheit gesprochen hat. Die Menschheit mußte heruntergeführt werden aus geistigen Höhen, wo die Urweltsweisheit in reiner Gestalt gewirkt hat; zur Selbständigkeit mußte die Menschheit geführt werden, herunter ins physische Dasein, und damit wurde Leben Leid und Krankheit Leid; aber ebenso mußte in der Fortentwickelung das große Heilmittel kommen gegen diese unumstößlichen Tatsachen."

„Oh, in den Höhen des Daseins, wo wir sie aufsuchen müssen, die Sphären der geistigen Hierarchien, da heißt es nicht: Buddhismus gegen Christentum, Christentum gegen Bud-

---

[47] Gustav Bertold Volz (Hg.): Der Graf von Saint-Germain, Bohmeier Verlag, S. 190, 192, 195.

[48] Rudolf Steiner: GA 110, S. 17, 14.

dhismus, da reicht der Buddha dem Christus und der Christus dem Buddha die Hand. Aber jedes Verkennen der menschlichen Entwickelung, jedes Verkennen des Aufstieges ist zu gleicher Zeit ein Verkennen der geistigsten Tat, die in unserer Erdenentwickelung geschehen ist, der Christus-Tat.“

Sie kennen ja diese Klangschale, die ich hier in den Händen halte und die Margrit Mandana Fischer freundlicherweise immer wieder vor unseren Vorträgen erklingen lässt, von den Pausen her. Und Klangschalen kann man ja bekanntlich durch Oktavieren nach den Planeten stimmen. Auf den Ton der Venus ist diese Klangschale allerdings nicht gestimmt, sondern – manche wird das vielleicht überraschen – auf den Mars, der ja – in früheren Zeiten – als Kriegsgott galt. Wir haben uns mit dem Einsatz der Mars-Klangschale natürlich etwas gedacht. Denn Christian Rosenkreutz soll Buddha einst den Auftrag gegeben haben, auf dem Mars, dem kriegerischen Planeten, eine Friedensmission durchzuführen. Was zunächst ein klein wenig absurd, ja abstrus klingt, versucht Rudolf Steiner folgendermaßen zu erklären:

„Christian Rosenkreutz hatte erkannt, was es für das ganze Weltall bedeuten würde, wenn Buddha dort wirkte, und was des Buddha Lehre vom Nirwana, die Lehre, daß sich der Mensch von der Erde loslösen solle, dort auf dem Mars zu bedeuten hätte. Um die auf das Praktische gerichtete Erdenkultur zu fördern, war die Lehre vom Nirwana ungeeignet. Das zeigte sich am Schüler des Buddha, Franz von Assisi, daß diese Lehre ihre Adepten zu weltfremden Menschen macht. Was aber im Buddhismus nicht geeignet war, um das praktische Leben des Menschen zu fördern zwischen Geburt und Tod, das war von hoher Bedeutung für die Förderung seiner Seele zwischen Tod und neuer Geburt. Das sah Christian Rosenkreutz ein, daß für dasjenige, was auf dem Mars als Läuterung zu geschehen hatte, die Lehre des Buddha das Geeignetste sei. Wie einstmals das göttliche Liebewesen, Christus, auf der Erde weilte in einer Zeit und unter einem Volk, das diesem Liebewesen nicht gerade nahestand, so stieg der Friedensfürst Buddha im siebzehnten Jahrhundert auf den Mars hinauf, wo Krieg und Kampf herrschten, um dort seine Mission zu erfüllen. Dort waren die Seelen vor allem kriegerisch gestimmt. Eine große Opfertat vollzog der Buddha, gleich jener des Trägers des göttlichen Liebewesens im Mysterium von Golgatha. Eine kosmische Opfertat war es, Buddha zu sein auf dem Mars. Dort war er gleichsam das Opferlamm, und man kann es als eine Art von Kreuzigung für den Buddha bezeichnen, daß er sich hineinversetzen ließ in diese kriegerische Umgebung. Buddha hat diese Tat auf dem Mars vollbracht im Dienste des Christian Rosenkreutz. So wirken zusammen im Weltenall die großen führenden Wesenheiten, nicht nur auf der Erde, sondern von einem Planeten zum andern hin.“

Buddha war also der Erlöser für den Mars, wie Christus der Erlöser für die Erde war. Diese Analogie besteht. An diese Opfertat Buddhas sollten wir auch denken, wenn wir in sechs Tagen an den Tod des Buddha erinnern, der in einer wunderbaren Mondnacht, nämlich am 13. Oktober 483 vor Christus, das Zeitliche gesegnet haben soll, also vor genau 2500 Jahren.[49] Wenn aber – wie Rudolf Steiner sagt – der „im Geistleib lebende Buddha" einen Auftrag von Christian Rosenkreutz bekommt, ja Buddha sogar als „intimster Schüler" und Freund von Christian Rosenkreutz, also dem späteren Saint Germain, bezeichnet wird, dann muss es sich bei ihm um eine hohe Individualität handeln. Wie anders wäre dies sonst möglich? Ein Ansporn für mich, dieser Sache und den verschiedenen Inkarnationen von Christian Rosenkreutz bzw. Saint Germain nachzugehen.

Eine Verkörperung von Saint Germain war wohl vor Hosea gewesen, dem Propheten aus dem achten vorchristlichen Jahrhundert. Hoseas Ausspruch: „Wer Wind sät, wird Sturm ernten", ist ja bekannt. Wann genau vor Hosea diese Verkörperung aber war, sagt Rudolf Steiner nicht. Zumindest meint er, dass es sich um eine „sehr hohe Inkarnation" gehandelt habe.[50]

Dann erfahren wir, dass Saint Germain als Hiram Abiff den Salomonischen Tempel erbaut hat, worüber Mieke gestern mit Blick auf die Tempellegende schon gesprochen hat. „Boas" und „Jakin" waren die Säulen vor dem Tempel bezeichnet. Als Knotensäulen sind sie auch im Würzburger Dom zu finden und tragen genau diese Namen: Boas und Jakin. Knotensäulen befinden sich ebenfalls im Ostchor des Bamberger Doms. Die Form von Doppel-Kirchtürmen überhaupt scheint ebenfalls eine Metamorphose von Jakin und Boas zu sein, den beiden Säulen des Salomonischen Tempels. Die Säulen sind übrigens auch auf dem vierten apokalyptischen Bild beim Theosophischen Kongress in München gezeigt worden, vor genau 110 Jahren, 1907.

Mit den Säulen hat es eine besondere Bewandtnis. Die rote Säule, mit einem J bezeichnet, steht im Meer, während sich die blau-violette Säule, mit einem B versehen, auf dem Land befindet, überwölbt von einem Regenbogen, mit Wolken, einem strahlenden Antlitz und einem Folianten. Das empfehlenswerte Buch „Anthroposophie wird Kunst"[51] hat sich intensiv mit der Theosophen-Tagung von 1907 und mit diesem Motiv beschäftigt, das ein Symbol ist – für den Übergang zwischen unschuldigem Pa-

[49] Rudolf Steiner in Hermann Beckh (Übersetzer): Der Hingang des Vollendeten, Perseus Verlag Basel, Seiten 231-232.

[50] Hella Krause-Zimmer: Christian Rosenkreutz, Verlag am Goetheanum, S. 91f.

[51] Karl Lierl, Florian Roder (Hg.): Anthroposophie wird Kunst. Der Münchner Kongress 1907 und die Gegenwart, S. 320.

radieszustand und der Vertreibung aus dem Paradies. Der Baum der Erkenntnis, von dem in der Bibel gesprochen und von dem dann auch gegessen wird, findet sich in unserem Blutkreislauf wieder. Er ist zum verästelten Blutbaum in uns mit hellrotem, sauerstoffreichem Blut geworden. Jakin ist gewissermaßen in unser Inneres gewandert, damit wir Eigenbewusstsein erreichen – freilich auf Kosten von Boas, dem ewigen Leben. Denn der Baum des Lebens aus dem Paradies, Boas, hat sich nach dem Sündenfall in einen Todesbaum verwandelt, in dem venöses, sauerstoffarmes Blut transportiert wird. Geheimnisse, von denen vielleicht einst auch die Templer wussten, die den Salomonischen Tempel als Bild für den Menschen betrachteten.

Gehen wir von Hiram Abiff und seinem Salomonischen Tempel weiter zu einer bekannteren Inkarnation der Saint-Germain-Individualität: dem Evangelisten und Apokalyptiker Johannes bzw. Lazarus, den wir als weitere Verkörperung von Saint Germain anfangs der Tagung schon kurz erwähnt haben. Dann soll es erstaunlicherweise bereits im 7. Jahrhundert Vorläufer der späteren Rosenkreutzer gegeben haben, was in den Liedern von Rhapsoden zu Zeiten von Karl Martell ablesbar seinen Niederschlag findet.[52] Und in der provenzalischen Sage von Floire oder Flor und Blancheflor, die zwischen Orient und Okzident angesiedelt ist und offenbar auf eine Inspiration des Gralskönigs Titurel zurückgeht, gibt es einen weiteren Einfluss des Wirkens von Johannes, dem späteren Saint Germain.

Flor ist die Rose, das Symbol für die menschliche Seele, die den Ich-Impuls in sich aufgenommen hat, und die Lilie, Blancheflor, ist die Seele, die ihre höhere Ichheit findet. Flor, der Junge einer sarazenischen Königin, und Blancheflor, die Tochter einer Christin – sie wachsen der Legende nach gemeinsam auf, werden dann getrennt und finden sich wieder. Happy End. Von den beiden sagt man zwar, sie seien später die Großeltern von Karl dem Großen gewesen, aber möglicherweise handelt es sich bei ihnen nicht unbedingt um ein äußerliches Paar, sondern um innerseelische Vorgänge im Menschen – nach außen gespiegelt. Vielleicht aber auch um beides.

Flor – oder auch Flos – soll sich allerdings im 13. und 14. Jahrhundert tatsächlich wiederverkörpert haben: nämlich als Christian Rosenkreutz.[53] Die Folge: eine neue Mysterienschule, das Rosenkreuzertum. In dieser Schule werden die tieferen Weisheiten des esoterischen Christentums gepflegt.[54]

---

[52] Hella Krause-Zimmer: Christian Rosenkreutz, Verlag am Goetheanum, S. 117, 120.

[53] Ebd., S. 99-100.

[54] Paul Regenstreif: Christian Rosenkreutz und seine Mission, Verlag Die Kommenden, S. 17-18.

Im 13. Jahrhundert, um 1250, gab es eine Verfinsterung der geistigen Welt. Zwölf weise Männer hatten sich daraufhin um ein Kind mit besonderen Herzenskräften versammelt: die frühere Inkarnation von Saint Germain. Sieben der Zwölf waren Repräsentanten der alten indischen Rishis, in denen wiederum die Weisheit der Lenker atlantischer Mysterienstätten lebendig war. Die restlichen Personen waren jeweils ein Vertreter der nachatlantischen Kulturen, darunter auch die Individualitäten von Meister Jesus und Mani, dem Begründer des Manichäismus – allesamt Mitglieder der sogenannten „weißen Loge". Auch Buddha, Hermes und Pythagoras wirken in ihr.

Die Zusammenkunft fand an einem Ort statt, der bis jetzt nicht bekannt ist. Ob es sich dabei um die Kapelle von Drüggelte handelt, einem kleinen Kirchlein mit zwölf Säulen bei Soest, wie vermutet wird, darauf gehe ich jetzt nicht ein. Das Kind war also die Reinkarnation des Evangelisten und Apokalyptikers Johannes. Die zwölf zurückgezogen lebenden Meister ließen ihre Weisheit in den Jüngling fließen, wodurch dessen Seele harmonisch geformt wurde. Er nahm das übermittelte Wissen in sich auf und hob es auf eine höhere Ebene. Eine Art Damaskus-Erlebnis scheint der Jüngling zu haben, wodurch es ihm möglich ist, den versammelten Zwölf das wahre Christentum jenseits aller Konfessionen zu offenbaren: als eine Synthese aus allen Religionen.

Bald darauf stirbt der Jüngling. Dann taucht Christian Rosenkreutz im 15. Jahrhundert wieder auf, und zwar in Deutschland. Übrigens erstmals unter dem Namen Christian Rosenkreutz, wovon die „Fama Fraternitatis" berichtet. Er wird von seiner Familie getrennt – wie später auch Saint Germain –, lebt in einem Kloster, reist in den Orient, kommt nach Damaskus, wo sich das Damaskus-Erlebnis wiederholt, und gelangt schließlich über Ägypten nach Fes, Marokko. Nach zwei Jahren kehrt er wieder nach Europa zurück, belehrt seine Schüler und gründet eine verschwiegene Bruderschaft, die Fraternität Rosae crucis,[55] die Kranke heilt. 1459 wird er eingeweiht und zum Ritter des Goldenen Steins erhoben und stirbt schließlich 1484 im hohen Alter von 106 Jahren.

Ende des 16. Jahrhunderts findet dann eine hochkarätige spirituelle Konferenz statt, um 1604 die zweite. Christian Rosenkreutz ist dabei laut Steiner mit von der Partie, ob physisch oder nur geistig, bleibt unklar. Eine Supernova am Himmel begleitet das Ganze. Rudolf Steiner:

> „Gegen Ende des 16. Jahrhunderts fand daher eine jener Konferenzen statt, wie wir sie hier vor einem Jahr kennengelernt haben: als nämlich im 13. Jahrhundert Christian Rosenkreutz

[55] Hella Krause-Zimmer: Christian Rosenkreutz, Verlag am Goetheanum, S. 137.

selbst eingeweiht wurde. Diese okkulte Konferenz der führenden Individualitäten vereinigte Christian Rosenkreutz mit jenen zwölf Individualitäten von damals und noch einigen anderen bedeutsamen Individualitäten der Menschheitsführung. Es waren dabei anwesend nicht nur Persönlichkeiten, die auf dem physischen Plan inkarniert waren, sondern [...]" unter anderem auch der nicht mehr verkörperte frühere Gautama Buddha.[56]

Zu guter Letzt verkörpert sich Christian Rosenkreutz als Saint Germain wieder, dessen Leben wir eingangs ja bereits ein klein wenig gestreift haben. Eventuell gab es vorher noch eine holländische Verkörperung. Aber das lassen wir jetzt mal beiseite. Ebenso wie die Reinkarnation im 19./20. Jahrhundert. Im letzten Vortrag unserer Tagung von mir mehr dazu.

Zunächst aber wollen wir einen Blick auf die geheimnisvolle letzte Ansprache von Steiner vom 28. September 1924 werfen, die ein Rätsel aufwirft. Denn dort sagt er, dass die „Wesenheit, welche in Elias da war", wiederum erschienen ist in „Lazarus-Johannes", was ja ein und dieselbe Gestalt ist. Eine merkwürdige Aussage, die Anthroposophen ins Grübeln gebracht hat. Denn einerseits kannte man bislang die Inkarnationsreihe von Lazarus-Johannes, dem Hiram Abiff voranging, und andererseits die von Johannes, dem Täufer, dem Elias voranging und dem später der Maler Raffael und der Dichter Novalis folgten.

Rudolf Steiner aber hat diese beiden Reihen miteinander verwoben, weshalb findige Leute wie etwa Hella Krause-Zimmer von einem „Inkarnationskreuz" der beiden Linien sprechen.[57] Verfolgen wir das ein wenig.

Auch das Johannes-Evangelium ist Ausdruck dieser Verbindung. Anfangs bis zur Auferweckung des Lazarus wird die Sicht des Täufers geschildert, ist damit also ein „Zeugnis des alten Johannes", des Täufers, eines Angehörigen der Abel-Strömung. Was aber nach der Auferweckung des Lazarus folgt, der nach der Einweihung durch Christus ab dem 13. Kapitel Johannes genannt wird, ist Zeugnis des neuen Johannes, des Evangelisten und Apokalyptikers, eines Angehörigen der Kain-Strömung. Der Beginn der Vereinigung der abelitischen und kainitischen Richtung drückt sich in dieser Verbindung der beiden Johannes-Figuren aus, was heute einmal mehr angesagt ist.

---

[56] Rudolf Steiner, in: Hella Krause-Zimmer: Christian Rosenkreutz, Verlag am Goetheanum, S. 163.

[57] Hella Krause-Zimmer, a.a.O., S. 47, 67, 10.

Der Ausdruck „der Jünger, den der Herr lieb hatte" für Johannes den Evangelisten ist übrigens ein Terminus technicus für den in geistigen Dingen am weitesten vom Hierophanten Eingeweihten.[58] Bei der Auferweckung vom Tode durch Christus wurde Lazarus-Johannes von oben bis zur Bewußtseinsseele von der Wesenheit des Täufers durchdrungen.[59] Die Seele von Johannes dem Täufer – oder Elias, ganz wie Sie wollen – wurde außerdem für die Jünger zu einer Art Gemeinschaftsseele.[60] Eine Art Wesensübertragung hat also stattgefunden.

Die Inkarnationsreihe von Johannes dem Täufer und dem Propheten Elias wird aber von Steiner noch weiter differenziert. Und dabei fällt der Name eines gewissen Naboth, bekannt aus dem Alten Testament als jener Nachbar des Königs Ahab, der einen Weinberg besitzt, den der Monarch gerne haben möchte.[61]

> „Da setzt nun die okkulte Forschung ein und zeigt, was der Tatbestand ist: dass wir es in Elias zu tun haben mit einem umfassenden Geiste, der gleichsam unsichtbar im Lande des Ahab umgeht, dass aber dieser Geist zuzeiten seinen Einzug hält in die Seele des Naboth, gleichsam die Seele des Naboth durchdringt, sodass Naboth die physische Persönlichkeit des Elias ist … Elias ist die unsichtbare Gestalt im Sinne der Bibel, Naboth sein sichtbarer Ausdruck in der physischen Welt … so können wir sagen: In Elias tritt uns überhaupt zugleich der Geist des ganzen althebräischen Volkes entgegen …. Als den Volksgeist des althebräischen Volkes können wir ihn ansprechen … er ist das irdische Abbild dieser Gottheit [Jahve], er ist jenes irdische Abbild, das zugleich die Volksseele des althebräischen Volkes ist…
>
> So angesehen, illustriert sich uns die Tatsache noch ganz besonders, dass derselbe Geist, der in dem Elias-Naboth lebt, nun wiedererscheint in Johannes dem Täufer."

Der enthauptete Johannes der Täufer ist wie eine Aura, ein umschwebender Geist, auch bei den Jüngern anwesend. Ein Engel, ein Volksgeist, haben wir gerade gehört. Ein Erzengel durchdringt ja auch einen Bodhisattva, was Gautama Buddha ja einst auch war. Weiter geht Rudolf Steiner bei den Inkarnationvorläufern von Johannes dem Täufer und verweist mit Blick auf das vierte Buch Mose, 25. Kapitel, auf einen gewissen

---

[58] Hella Krause-Zimmer, a.a.O., S. 85. Rudolf Steiner, GA 103, Vortrag vom 22.5.1908.

[59] Hella Krause-Zimmer, a.a.O., S. 72. Rudolf Steiner, GA 265, S. 431.

[60] Hella Krause-Zimmer,, a.a.O., S. 86

[61] 1. Könige, 17-19; Rudolf Steiner, in: Hella Krause-Zimmer, a.a.O., S. 47.

Pinehas als den Vorgänger von Elias.[62] Mit einem Spieß tötet Pinehas ein unmoralisches Paar und beseitigt so kurzentschlossen die Ursache für die damals herrschende Plage von Unzucht und Abgötterei. Vom HERRN wird Pinehas für seine Tat mit dem „Bund des Friedens" ausgezeichnet, wie es in der Bibel heißt. Andere Länder und Zeiten, andere Sitten.[63] Pinehas gehört der abelitischen Linie an, ausgezeichnet mit dem „Bund eines ewigen Priestertums".

Es gibt noch weitere Andeutungen Steiners, die eigentlich erst so richtig verstehen lassen, wieso Rosenkreutz, also die Individualität des Saint Germain, Buddha im 17. Jahrhundert Anweisungen geben konnte – als hohe geistige Persönlichkeit. Und damit meint Steiner u.a. – und nun geht es wirklich weit zurück –, dass Johannes der Täufer der wiedergeborene Adam war. Und zwar jenes Ich, das durch den Sündenfall hindurchgegangen ist. Im Unterschied zu dem anderen Teil Adams, der nicht aus dem Paradies ging, sondern im Paradies verblieb und sich dann mit dem lukanischen Jesus verband. Hören wir aber jetzt, was Steiner über das Ich von Johannes dem Täufer sagt:[64]

> „Ein solches Ich wie das Ich Johannes' des Täufers wird hineingeboren in einen Leib unmittelbar unter der Lenkung und Leitung der großen Mutterloge der Menschheit ... Aus derselben Stätte stammte das Johannes-Ich, aus der auch das Seelenwesen für das Jesuskind ... stammte, nur dass dem Jesus mehr jene Eigenschaften übergeben wurden, die noch nicht durchdrungen waren von dem egoistisch gewordenen Ich ...
>
> ... dasselbe Ich, das im Grunde genommen dem Jesus des Lukas-Evangeliums vorenthalten wird, das wird dem Körper Johannes' des Täufers beschert ... das steht von Anfang an in einer innerlichen Beziehung ... Hier ... bei dem Johannes, haben wir es mit einem Ich zu tun, das in Zusammenhang steht mit der Seelenwesenheit des nathanischen Jesus."

Wenn wir sogenannte Deesis-Darstellungen von Golgatha sehen, mit Maria und Johannes dem Evangelisten, wie sie auf religiösen Gemälden vielfach zu finden sind, die Personen gewordene Fürbitte für die Menschheit – „Fürbitte" meint nämlich „Deesis" –, wenn wir also das Gebet an der Schädelstätte, Golgatha, nehmen, dann sollten wir uns wieder in Erinnerung rufen, dass Johannes der Evangelist früher als Hiram Abiff verkörpert war, also ein Nachkomme des Kain und durch seine Wesensverbindung mit

---

[62] Rudolf Steiner, GA 139.

[63] Aber durch diese Tat muss die Individualität zweimal selbst einen gewaltsamen Tod erleiden, nämlich als Naboth und als Johannes der Täufer. (nach Rudolf Steiner).

[64] Rudolf Steiner in Hella Krause-Zimmer: Christian Rosenkreutz, Verlag am Goetheanum, a.a.O., S. 50.

Johannes dem Täufer bis zu Adam zurückreichend.[65] Mit Blick auf die „Goldene Legende" schildert Steiner, dass Seth, der Sohn Adams, ein aus dem Paradies stammendes Samenkorn von den in den Kronen zusammengewachsenen zwei Bäumen des Lebens und der Erkenntnis in den Mund seines verstorbenen Vaters legte. Daraus wuchs ein Baum mit drei Stämmen. Sein Holz wurde der Legende nach für Moses Zauberstab ebenso verwendet wie für den Salomonischen Tempel, eine Brücke über den Teich Bethesda oder das Kreuz von Golgatha.[66] Albrecht Dürer hat ja zum Beispiel eine Deesis-Szene mit Christus, Johannes und Maria 1489/90 mit der Feder gezeichnet und das Ganze zu einem Dreieck angeordnet. Unten am senkrechten Kreuzbalken, unter den Füßen des am Holz hängenden Christus, liegt ein Totenkopf, ein einsamer verblichener Schädel. Wem aber gehörte er einst? Auf was bezieht sich das Bild?

Es gibt nun eine alte esoterische Schrift aus dem vierten Jahrhundert, die „Schatzhöhle" betitelt, die diese Frage zu beantworten scheint. Die Erzählung stammt aus einer Sammlung althebräischer Sagen und Legenden und besagt, dass sich im Innern von Golgatha, was soviel wie Schädelstätte bedeutet, das älteste Grab der Menschheit befindet, nämlich das Grab des alten Adam,[67] also desjenigen Teils von Adam, der aus dem Paradies ging. Der Überlieferung nach, wie Hans Gsänger in seinem Buch über Golgatha ausführt, handelt es sich dabei auch um die älteste Mysterienstätte der Menschheit nach der Sintflut. Wenn wir also Maria und Johannes an diesem Ort vor dem neuen Adam, nämlich Jesus Christus, der am Kreuz hängt, sehen, wird uns klar, dass es sich bei Maria und Johannes um besondere Vertreter der Menschheit handeln muss und um den Beginn neuer Mysterien.

In der christlichen Esoterik wird der gereinigte, geläuterte astralische Leib nach der Erleuchtung als reine, keusche „Jungfrau Sophia" angesehen. Weil diese Reinheit bei Maria offenbar vorlag, kann sie zum einen als Personifikation von Weisheit und Reinheit angesehen werden und in dieser Hinsicht als Jungfrau Sophia gelten – mit geläutertem Astralleib. Das heißt, als eine menschliche Seele, die in sich das Göttliche, den Heiligen Geist empfangen, zur Welt gebracht, geboren hat. Zum anderen ist Maria aber auch – wenn man so will – die christliche Weiterentwicklung der Urmutter, der Eva. Eva ist – in Ergänzung zur biblischen Geschichte von Adam und Eva – auch ein Ausdruck für die Menschheit der polarischen Rasse, also den ersten Abschnitt

---

[65] Rudolf Steiner: GA 93.

[66] Rudolf Steiner: GA 104a.

[67] Hans Gsänger: Golgatha, Verlag Die Kommenden, S. 7.

des vierten Formzustandes der vierten planetarischen Verkörperung: der Erde. In sich enthält sie die Entwicklung vom Alten Saturn bis zum Alten Mond, dem „Kosmos der Weisheit“.

Ein wenig erinnert die Szene auf Golgatha mit der lilienhaft weißen Maria-Sophia-Eva und dem rosenrot gewandeten Johannes-Kain-Adam auch an die Figuren von Blancheflor und Flor. Ein Zufall? Auf jeden Fall ein schöner Meditationsstoff, eine kraftvolle Imagination. Vor allem auf dem herrlichen, heute in Colmar stehenden Isenheimer Altar von Mathias Grünewald wird das deutlich. Auch die Geheimnisse, die mit den beiden Johannes-Figuren verbunden sind und von denen wir vorhin andeutungsweise gesprochen haben – von dem Täufer und dem Evangelisten –, werden auf dem Gemälde angedeutet. Denn der Täufer, der ja längst vor der Kreuzigung gestorben war, ist auf Grünewalds Golgatha-Darstellung merkwürdigerweise anwesend. Grünewald hieß ja eigentlich Mathis Gothart-Nithart und stammte aus dem Würzburg-Aschaffenburger Raum, also aus Franken. Vermutlich hat er Dürer kennengelernt und sich beim wunderbaren Lichtkreis der Auferstehungsszene des Christus im Innern des Altars von Dürer inspirieren lassen, und zwar von dessen mitternächtlicher Sonne auf dem Paumgartner-Altar, auf dem die Geburt des lukanischen Jesus dargestellt ist.[68]

Kehren wir aber nochmals nach Golgatha zurück:[69]

> „Da steht also Kain-Adam, wie er geworden ist als Lazarus-Johannes, neben Eva, wie sie als Maria-Sophia geworden ist. Die Mondenmutter wurde Erdenmutter und zeigt hier unter dem Kreuz ihre Zukunftsgestalt, die Weisheit, die auf dem Jupiter da sein wird. Sie ist die reine Seele, die den Heiligen Geist aufnehmen kann, wodurch die Erleuchtung, das Manas eintritt. Der Mensch, Johannes der Evangelist, der Apokalyptiker, der den ersten Adam verwandelt in sich trägt, steht unter dem Kreuz, das den zweiten Adam gebiert. Die vollständige bisherige Menschheitsentwicklung in ihrer schönsten Form steht in Lazarus-Johannes mit Sophia dem Gott gegenüber. Der heutige Mensch wird selbst mit den sieben Gaben des Heiligen Geistes erfüllt, wenn er dieses Urbild des Mysteriums von Golgatha kraftvoll imaginiert. Allmählich wird die Seele zur Sophia, das Ich zum Johannes, in dem die Liebe des Christus zur Geist-Erkenntnis wird.“

Das sagt die erfreulicherweise ja hier anwesende Mieke Mosmuller zu dem Thema

[68] Manfred Krüger: Albrecht Dürer. Mystik, Selbsterkenntnis. Christussuche, Freies Geistesleben, S. 226.

[69] Mieke Mosmuller: Rudolf Steiner. Eine spirituelle Biographie, Occident Verlag, S. 304.

in ihrem Buch „Rudolf Steiner. Eine spirituelle Biographie". Vor diesem Hintergrund wollen wir nochmals Buddha und seinen gräflichen Freund, wenn ich das so etwas salopp, die Zeiten überquerend sagen darf, betrachten. Apropos Buddha: Schon früh gab es von ihm mit dem Westen Berührungen. Als Wotan-Individualität soll er früher in den Mysterien der germanischen Völker gelehrt haben.[70]

Als Nirmanakaya-Buddha, also im Geistigen seiend, mit einem zu Manas, Geistselbst, umgewandelten Astralleib, erschien Buddha den Hirten dann übersinnlich in der Form der himmlischen Heerscharen mit dem Gloria.[71] Der Nirmanakaya-Buddha hat nach Steiner auch auf Johannes den Täufer gewirkt, als er sich noch als Embryo im Leib der Elisabeth befand.[72] Gewissermaßen waren also Johannes und Buddha so etwas wie alte Bekannte. Da kann es nicht weiter überraschen, dass sogar in Steiners Kultbuch „Wie erlangt man Erkenntnisse höherer Welten?" Bemerkungen zu dem Menschheitsführer aus Asien zu finden sind. Rudolf Steiner führt darin unter anderem aus, wie sich durch die Geistesschulung beim Meditanten Hellseherorgane öffnen, mit denen er neue Erfahrungen macht.[73]

> „Buddhas Reden und die Evangelien z. B. wirken jetzt in einer neuen Art auf ihn ein. Sie durchströmen ihn mit einer Seligkeit, die er vorher nicht geahnt hat. Denn der Ton ihrer Worte folgt den Bewegungen und Rhythmen, die er nun selbst in sich ausgebildet hat. Er kann es jetzt unmittelbar wissen, daß ein solcher Mensch wie Buddha oder die Evangelien-Schreiber nicht seine Offenbarungen, sondern diejenigen ausspricht, welche ihm zugeflossen sind vom innersten Wesen der Dinge."

Wir sehen also, wie eng die Verbindungen zwischen Orient und Okzident im Geistigen sind, wie stark sich die Einflüsse durchdringen. Auch das Christentum nahm ja vom Orient einst seinen Ausgang. Trotz aller Unterschiede zwischen der westlichen und östlichen Zivilisation – insbesondere bei den Wegen in die höheren Welten – gibt es offenbar ein übersinnliches Zusammenwirken von östlichen und westlichen spirituellen Lehrern und Meistern – zum Heile der Menschheit, der Erde und des Kosmos.

---

70 Rudolf Steiner: GA 105.

71 Rudolf Steiner: GA 130, S. 316.

72 Rudolf Steiner: GA 114.

73 Rudolf Steiner: Wie erlangt man Erkenntnisse der höheren Welten?, GA 10, S. 144.

Nach der Pause wurde die zweite Solosonate für Violine und Basso continuo von Saint Germain gespielt

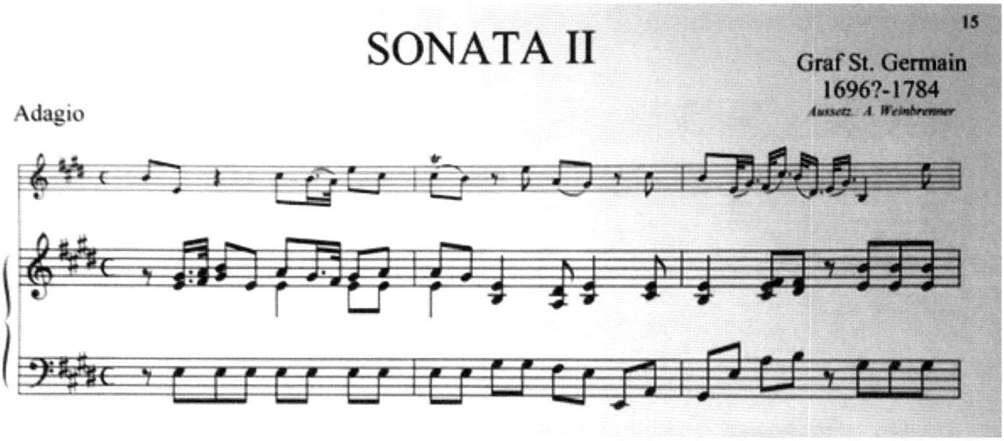

HAHN-ENGEL Konzertagentur & Verlag, www.saintgermain.biz

ÜBER DIE SPIRITUELLE BEDEUTUNG VON SAINT GERMAIN

Mieke Mosmuller

Ansbach, 7. Oktober 2017

Wie gesagt, haben wir die Initiative zu dieser Tagung durch eine Radiosendung von Thomas ergriffen, wo wir zum ersten Mal erfahren haben, dass der Graf von St. Germain auch Musik geschrieben hatte. Und in dieser Sendung gab es auch einige Proben der Musik, kleine Stückchen. Da konnte man hören – ja, kurz –, was eigentlich darin lebt. Und wir haben jetzt, wie soll ich es sagen, eine Art Gnade, dass wir diese Musik auch hören können, dass es Menschen gibt, die den Willen aufgebracht haben, mehr als ein Jahr lang immer wieder zusammenzukommen und diese Musik einzustudieren. Es ist nicht ein Ensemble, das zuvor schon existierte, wir haben also nicht ein Ensemble gefragt, sondern wir haben Freunde gefragt.

Wenn wir den Namen des Grafen von St. Germain fühlen – man sagt, dass er diesen Namen selbst gewählt hat, bei seiner Konfirmation –, dann sagt der Name eigentlich: Ich bin der heilige Bruder. Germain, Germanus auf lateinisch, hermana, oder hermano auf spanisch. Und ich glaube, dass, wenn wir uns in die spirituelle Bedeutung von St. Germain vertiefen wollen, es sehr wichtig ist, dass wir wissen, dass er ein heiliger Bruder sein wollte.

So haben wir auch versucht – nicht so zielgerichtet, aber trotzdem doch wirklich versucht –, diese Tagung so zu gestalten, dass wir das so zusammen als Brüder oder Freunde gemacht haben, vorbereitet haben und auch hier machen.

Wenn sie die Violinistin Renate Kroese sehen und ihr zuhören, dann sehen sie nicht eine Berufsgeigerin, sondern sie sehen eine Hausärztin, die, ich glaube, am Mittwoch noch am Schreibtisch in der Sprechstunde saß und das wahrscheinlich Dienstag fortsetzen wird. Nun ist es nicht ungewöhnlich, dass Ärzte auch gut musizieren können, es gibt viele Ärzteorchester. Aber ich fand es wichtig, das einmal zu sagen: Es ist auch eine St.-Germain-Äußerung, dass jemand, der Ärztin ist, es aufbringt, die Energie aufbringt – mit der großen Anlage zur Geige natürlich –, bei so etwas, was wir jetzt machen, mitzumachen.

Die Cellistin, Samara Bertsch, und auch Renate kennen wir schon seit ihrer Kindheit.

Sie kamen wirklich als kleine Kinder auf die Geburtstagsfeier von unseren Kindern, waren zusammen in der Waldorfschule, und wir haben deshalb eine starke lebenslange Verbindung. Der Vater von Renate war ein bekannter Maler in Den Haag, wo wir damals wohnten. Wir wohnten fast im Friedenspalast, nicht ganz, aber fast. Der Vater war bekannter Maler, Aquarellist, in Den Haag, und er hat dann als Freund, als Bruder, den Umschlag für das erste Buch, das ich geschrieben habe, gemalt, die Abbildung von „Suche das Licht". Diese Abbildung ist jetzt auch Abbildung unserer Freundeskreiszeitschrift. Samara ist Musiktherapeutin, auch Pianistin, spielt auch Klavier.

Raphaela Kühne ist eigentlich Eurythmistin und hat schon viele Veranstaltungen mit uns zusammen durch ihre Eurythmie vergeistigt, aber jetzt hat sie ein kleines Baby, wie Sie sicher gesehen haben, und spielt Violine.

Dann haben wir Peter Rippen, der am Spinett sitzt, er ist Musiklehrer, spielt aber auch in der Kirche und komponiert und arrangiert auch. Wir haben die Musik für die Triosonate auf schwierigen Wegen bekommen, letztendlich in der Bibliothek in London, und wenn ich mich recht erinnere, sind es zwei Violinpartien und eine Cellopartie oder Bass, Basso, aber nicht ein ganz ausgeschriebener Basso continuo. Wenn sie das hören, hören sie also auch ein Arrangement.

Dann haben wir Ine Blom, die gestern zum ersten Mal hier gesungen hat und das noch zweimal tun wird. Wir kennen sie auch als Schwester, als Freundin, aus Rotterdam, wo sie immer die Seminare mitmacht, aber auch mit organisiert, und vor allem haben wir da von Anfang an immer am Anfang und am Ende der Tagesteile gesungen. Sie ist Chordirigentin und macht das dann immer mit uns, wodurch es einigermaßen etwas wird. Sie selbst singt natürlich auch, und sie ist auch Musiklehrerin.

Und dann haben wir Bert Verschoor, der auf dem Fagott den Basso continuo mitmacht. Er ist Waldorflehrer gewesen, viele Jahre hindurch, und organisiert die Seminare in Rotterdam mit, auch wiederum schon seit Jahren, und er ist derjenige, der damals, als wir in Rotterdam angefangen haben, gefragt hat: Kannst du uns nicht lehren, wie man eigentlich das Denken lernt? Inzwischen ist es etwa sechs Jahre später, und wir sind immer noch mit dem Lernen beschäftigt. Er ist in der Musik sehr zuhause, und wenn Ine nicht da ist, dann ist er der Dirigent, macht das ganz anders, aber dadurch wird es ebenfalls etwas.

Ich hatte das Bedürfnis, das doch einmal zu erzählen, weil wir hier auf einer Tagung zusammen sind, wo wir die spirituelle Bedeutung von St. Germain zu verstehen versuchen – was er alles geleistet hat, oder auch, was alles an ihm kritisiert wird. Nicht nur dasjenige, was wir finden können, durch die Inkarnationen hindurch, versuchen wir zu verstehen, sondern eigentlich darin lesend versuchen wir auch zu verstehen, was seine spirituelle Bedeutung ist, die wir in jeder Inkarnation verwandelt wiedersehen. Eine Essenz der Wesenheit, könnte man sagen. Und eine Essenz ist: der Bruder.

Gestern habe ich über die Tempellegende gesprochen, und da kam Hiram als Tempelbauer zum Vorschein, der das Zeichen der atlantischen Weisheit besaß und der wirklich die Erde bebauen kann, der die Elemente der Erde so verwenden kann, der weiß, wie man das macht, sodass er die Idee des Tempels auch in eine Wirklichkeit umgesetzt hat. Und ich glaube, dass wir da das Allerwichtigste von dieser Individualität erfassen, und das ist, dass er seine Weisheit nicht auf eine innerliche Vergeistigung beschränkt, sondern dass diese vergeistigte Weisheit immer wieder mit der Erde in Verbindung gebracht wird.

Wenn wir dann auf Johannes, den Lieblingslehrling, schauen – ich werde heute Mittag versuchen, noch von einer anderen Seite diese Individualität zu besprechen, wie wir schon gehört haben –, wenn wir ihn anschauen, dann finden wir dieses großartige Bild, das Thomas Senne schon geschildert hat, nämlich: Der Erlöser am Kreuz wird der zweite Adam. Und unter dem Kreuz steht die Eva-Maria-Sophia, die eine Wesenheit ist, die eine sehr umfassende Bedeutung hat. Aus der Tempellegende haben wir gelernt, dass sie die ganze menschliche Entwicklung darstellt, vor dem Einschlag des Ich. Dass durch die Verbindung von Eva mit einem Elohim Kain gezeugt wurde, dass sie mit Adam Abel geboren hat. Diese Eva hat mit Persephone, mit Sophia, eine gleiche Wesenheit, auch mit Demeter.

Wir dürfen Eva-Maria-Sophia nicht nur als Mutter von Jesus ansehen wollen, sondern auch als die Mutter Erde. In diesem Sinne ist sie die jungfrauliche Stoffmutter. Ich werde darauf noch weiter eingehen, in anderen Vorträgen. Jetzt stelle ich es nur so hin, dass wir uns vorstellen: am Kreuz Christus-Jesus und unter dem Kreuz Maria, die wir auch sehen können als die allerreinste Stofflichkeit, die noch nicht materiell geworden ist. An der anderen Seite Johannes, der durch Christus selbst auferweckt wurde, der auch in dieser Auferweckung durch Christus selbst eingeweiht worden ist. Und der in dieser Einweihung seine höheren Wesensglieder aufgenommen hat, die noch nicht entwickelt sind, also noch nicht eigen sind, sondern die von Christus kommen. Er brauchte da gleichsam ein Zwischenglied, das erst in unserer Zeit ausgebildet wird, es ist das Glied der Bewusstseinsseele.

Rudolf Steiner hielt am Ende seiner Tätigkeit diese merkwürdige letzte Ansprache, wo die Kreuzung der Individualitäten in Hiram, in Elias, in Johannes dem Täufer, in Lazarus-Johannes und dann noch in Raffael und Novalis ineinander übergeht. Nachdem er diese Ansprache abbrechen musste, weil er nicht mehr sprechen konnte – und er hat nachher auch nicht mehr weiter sprechen können, es war wirklich die letzte Ansprache –, hat er mit einem seiner Ärzte darüber gesprochen. Das war Ludwig Noll, und der hat dann beschrieben, was eigentlich noch hätte folgen müssen. Das war Folgendes.

Für die Einweihung von Lazarus-Johannes durch Christus war es notwendig, dass die Bewusstseinsseele zwischen den Gliedern physischer Leib, Ätherleib, Astralleib, Ich bis Verstandes-Gemütsseele einerseits und andererseits dem hohen Aufbau, Manas, Buddhi und Atma, da sein musste, das Wesensglied also, das erst in unserer Zeit entwickelt wird. Da trat Johannes der Täufer ein, als Bewusstseinsseelen-Repräsentant. Und wenn wir dann dieses Bild von dem Kreuz mit Johannes und Maria darunter sehen, haben wir wirklich in Johannes schon eine Vorvereinigung zwischen dem Abelstrom und dem Kainsstrom. Und Christus würde diese Extreme, diese beiden Pole, letztendlich ganz zum Ausgleich bringen.

Die ganze Erdenentwicklung steht eigentlich da unter dem Kreuz. Christus vereinigt die beiden, Maria und Johannes, miteinander indem er Maria dazu aufruft, Johannes zu sich zu nehmen, und umgekehrt soll Johannes Maria zu sich nehmen, was sie dann auch gemacht haben, äußerlich. Aber zu gleicher Zeit ist es auch – und das versteht man eigentlich erst richtig, wenn man sich so tief mit dieser Kainswesenheit einlässt – ein Aufruf, dass Johannes dasjenige, was er durch die Einweihung durch Christus empfangen hat, in die Substanz der reinen Stoffmutter einschreibt, in den Akasha-Stoff.

Rudolf Steiner fasst es zusammen und sagt, hier sagt Christus eigentlich zu Johannes: Schreibe das Evangelium. Aber wir verstehen das erst richtig, wenn wir uns weiter in dasjenige vertiefen können, was sich wirklich unter dem Kreuz ereignet. Da stehen also die jungfräuliche Erde, neben allem, was sie sonst noch ist, und der Kainssohn, der eingeweiht ist und die Fähigkeit hat, den Logos so zu verstehen, dass er darüber in der Akasha schreiben kann.

Dann versteht man, dass er sein Evangelium begonnen hat mit: Im Anfang war das Wort ... und weiter. Und man fühlt da, dass der Mensch die Aufgabe hat, nicht nur unverbunden auf der Erde herumzugehen, sondern dass er sich so mit der Erde verbinden soll, dass er letztendlich wirklich das eherne Meer gießen kann. Das aber heißt, dass er bis in die innigste materielle Substanz nicht nur wissend eintritt, sondern auch wirklich tätig eintreten kann. Es bedeutet, dass er die Fähigkeit erlangt, mit dem Stoff so umzugehen, wie er es jetzt nur ab und zu mit seinen Gedanken vermag. Ab und zu ist der Mensch imstande – und kann das entwickeln –, dass er seinen Gedanken selbst die Richtung gibt. So nahe, muss man sich vorstellen, wird der Mensch einmal dem Stoff sein: dass der Stoff so nahe kommt, wie die Gedanken es jetzt sind. Und die Gedanken sind es nicht einmal, denn sie tun in uns, was sie wollen, und nur in Momenten, wo wir uns im Ich zusammenfassen und sagen: Jetzt will ich selbst meine Gedanken hervorbringen – dann haben wir ein Beispiel dessen, was in Zukunft einmal möglich sein wird. Und der Mensch, die Individualität, die die Aufgabe hat, die Menschheit so weit zu bringen, das ist Hiram, Johannes, Christian Rosenkreutz, St. Germain.

Natürlich bin ich auch darauf gekommen, dass es nach der Johannes-Inkarnation eine Inkarnation gegeben hat, die nur in der Dichtung bekannt ist, obwohl einigermaßen auch in legendarischer Form. In dieser wird erzählt, dass es zwei Kinder gegeben hat, die an demselben Tag in demselben Haus geboren worden sind, die keine Geschwister waren, die von Geburt an einander geliebt haben, die dann durch eine böse Tat auseinandergebracht wurden, letztendlich aber doch wiederum zusammenkommen. Ihre Liebe verwirklichen sie durch eine Hochzeit, durch eine Heirat, und letztendlich sterben sie auch am selben Tag. Das sind Flor und Blanchefleur. Es gibt auch ein Gedicht in niederländischer Sprache. Flor ist die Blume mit den roten Blättern, was darauf deutet, dass er im Ich sich selbst ganz in sich trägt. Und Blanchefleur ist die Blume mit den weißen Blättern, die mit dem Ich ganz außerhalb von sich zu leben weiß. Und man kann nicht sagen, die Rose soll Lilie werden, oder die Lilie soll Rose werden, wir müssen sie beide entwickeln, und auch das sehen wir wieder, später im Leben von Christian Rosenkreutz, vor allem auch im Leben von St Germain.

Flor, die Rose, und Blanchefleur, die Lilie. Flor wird als ein Mensch gesehen, der es in seiner Zeit – das ist etwas vor Karl dem Großen gewesen, denn man sagt, sie wären die Großeltern von Karl dem Großen – vermag, das ursprüngliche esoterische Christentum bis in diese Zeit weiterzutragen. Und Rudolf Steiner sagt, er konnte die ursprünglich esoterischen Unterweisungen, die christlichen Unterweisungen von Dionysius Areopagita, noch ganz in sich wachrufen. Und er behütete diese frühchristliche esoterische Weisheit.

Wir wissen auch von Rudolf Steiner, dass Johannes der Täufer, auch als er noch lebte, eigentlich so groß war, dass er nicht ganz in sich selbst hineinpasste und eigentlich außerhalb von sich selbst in den anderen Menschen da war. Man würde sagen, er ist eine Liliengestalt, er hat als Lilie außerhalb seiner selbst sein Leben geführt. Und man bekommt dann doch vorsichtig den Eindruck, dass in dem Zusammengehen von Rose und Lilie in Flor und Blancheflor eine Heirat, eine Hochzeit zwischen den zwei Johannes' stattgefunden hat, zwischen der Rose, Johannes der Apokalyptiker, und der Lilie, Johannes der Täufer.

Dann kommt die Zeit von Christian Rosenkreutz. Thomas hat schon einen Vorblick gegeben, ich werde morgen Mittag weiter darauf eingehen, aber jetzt ist es wichtig, dass wir uns bewusst werden, dass die Inkarnation von Christian Rosenkreutz in imaginativer Form in dem Buch von Valentin Andreae, „Die Chymische Hochzeit von Christian Rosencreutz", zu finden ist.

In dem Werk Rudolf Steiners wird immer wieder der Unterschied zwischen zwei Hochzeiten gemacht, die der Mensch feiern kann: Einerseits gibt es die mystische Hochzeit, wo der Mensch sich ganz mit sich selbst verheiratet, könnte man sagen, mit seinem eigenen Sein verbindet und da das Göttliche findet, nachdem eine strenge, eine sehr strenge Erziehung durchgemacht worden ist, worin der Egoismus völlig überwunden wird, damit er sich nicht mit dem Ego verheiratet.

Und andererseits gibt es die chymische Hochzeit, die eine Hochzeit mit dem Wesen des Makrokosmos darstellt. Da geht das Ich aus sich heraus. Und das ist es, was in der Inkarnation von Christian Rosenkreutz das Wesentliche ist. In der Einweihung in seiner zweiten Inkarnation als Christian Rosenkreutz, als er dann 106 Jahre alt geworden ist, ist von einer chymischen Hochzeit die Rede. In der ersten Inkarnation im 13. Jahrhundert, als die spirituellen Fähigkeiten in der Menschheit ganz verschwunden waren, wurde er nicht alt. Er wurde von einem hohen Kollegium eingeweiht und starb jung. Die zweite Initiation, die nicht durch dieses Kollegium der Zwölf erfolgt ist – sie waren in dieser Inkarnation sogar seine Schüler, um ihn herum –, die nach Rudolf Steiner in der „Chymischen Hochzeit" beschrieben wird, wurde von Mani vollzogen. Mani war der Hierophant, könnte man sagen, in der zweiten Inkarnation von Christian Rosenkreutz, in der er so alt geworden ist und in der er die Grundlage für die umfassende Weisheit der Rosenkreuzer gelegt hat. Mani gab ihm auch das Wissen von Gut und Böse, das aber noch lange Zeit geheim gehalten werden muss, weil die Menschheit nicht reif ist, es zu ertragen.

Und nun, wenn wir dann verstehen wollen, wer nun eigentlich dieser Hiram, eigentlich sollte ich sagen, die Kain-Hiram-Johannes-Flor-Christian Rosenkreutz-St. Germain-Wesenheit ist, was seine Bedeutung ist, dann müssen wir zurückschauen, denn es wurde schon tätig gezeigt in dem Guss des ehernen Meeres.

Aber wenn man darüber nachsinnt, braucht man weitgehende Erkenntnisse, um dies verstehen zu können.

In der Medizin haben wir gelernt, dass, wenn ein Mensch eine Lähmung hat, die motorischen Nerven für das Gebiet, wo sich die Lähmung befindet, nicht mehr wirksam sind – durch ein Trauma oder was auch immer. Rudolf Steiner lehrt uns, dass wir, wenn wir diese Ansicht nicht überwinden können, nicht zu einer Spiritualisierung der

Menschheit kommen können. Diese Auffassung über das Nervensystem und die Muskeln verhindert die Spiritualisierung. Wir sollten es ganz anders auffassen, wir sollten wissen, dass im Sinnes-Nerven-System alles Wahrnehmung ist und dass das Nervensystem keine einzige Reizung für die Muskeln geben kann, es kann nur wahrnehmen. Also das tut das Sinnes-Nerven-System wohl. Wenn ein Trauma da ist, dringt es nicht mehr zum Bewusstsein durch, dass das Gebiet, das gelähmt ist, zu mir gehört – das kann ich nicht mehr wahrnehmen. Und weil ich das nicht mehr wahrnehme, kann ich das Glied auch nicht mehr verwenden. Ich bin also blind und taub und sinneslos für meine gelähmten Glieder geworden.

Auch wenn wir gesund sind, kennen wir diese Lage sehr gut, denn wir sind in eine Natur hineingestellt, die für uns so ist wie ein gelähmtes Glied für einen gelähmten Patienten. Die ganze Natur um uns herum ist für uns nicht mit dem Willen zu erreichen. Ich kann nicht von hier aus sagen, ich lasse den Gong erklingen, ich kann Margrit fragen, ob sie es tut. Verstehen Sie – ich kann nicht dahin, es geht nicht, ich bin gelähmt für alles, was außerhalb von mir Dasein ist.

Die Individualität, die in St. Germain gelebt hat, hat die Aufgabe, uns so weit zu bringen, dass wir bis in die Materialität der Natur hinein mit dem Willen und der Weisheit tätig werden können. Das würden wir jetzt noch als Zauberei ansehen. Der Gaukler zum Beispiel kann uns etwas davon vorführen, dann scheint es schon soweit zu sein... Das muss man eigentlich versuchen, zu fühlen: wie lahm wir in Bezug auf die uns umgebende Welt eigentlich sind. Wir sind eigentlich nur im Denken bewusst fähig, etwas selbst zustande zu bringen. Sobald es darüber hinausgeht, sind wir gelähmt, da können wir das nicht. Wir können natürlich etwas tun, aber wir können nicht mit dem Bewusstsein bis in das Tun wachend hinuntergehen. Deshalb wissen wir auch nicht, dass wir keine motorischen Nerven haben, dass all unsere Nerven sensitiv sind, sensibel. Aber letztendlich wird es soweit kommen, dass wir die Fähigkeit zurückerlangen, dass wir ganz wollend, aber dann weise, in die Materie, die dann nicht mehr hart, grobstofflich sein wird, sondern schon etwas ätherisiert werden wird, hineinkönnen.

Und wenn wir uns dann, von dieser Einsicht geführt, in St. Germain und in diejenigen Dinge vertiefen, die er gemacht hat, wird auch deutlich, was er da fortwährend versucht hat. Dann wird deutlich, wie er versucht hat, den menschlichen Leib in seinen Prozessen in die Hand zu bekommen. Dann ist der „Stein der Weisen“ nicht so sehr ein Ding, sondern ein Prozess, und diesen Prozess kann man äußerlich vollziehen. Das tun, taten die Alchemisten, aber St. Germain war auch auf dem Weg zu der Fähigkeit, in sich selbst diesen Stein der Weisen zu bilden.

Es gibt zwei Möglichkeiten, das zu tun. Es gibt eine Rosenmöglichkeit, und es gibt eine Lilienmöglichkeit, die Prozesse der Alterung und des Sterbens im menschlichen Leib aufzuhalten. In der Rosenmöglichkeit bleibt der Mensch mit seinem Ich ganz in sich, führt sich aber selbst so weit, dass bildhaft gesprochen sein begierdenhaftes Blut in Rosensaft verwandelt wird. Dafür braucht der Mensch nicht außerhalb von sich zu sein, darf das sogar nicht sein, da muss man es wagen, im Leib darinnen zu sein, und da fortwährend eine Verwandlung zustande bringen. Diese ist eigentlich die rosenkreuzerische Verjüngung.

Aber es gibt auch eine „freimaurerische" Verjüngung. Die hat Rudolf Steiner sehr ausführlich beschrieben und auch ausgeführt in der Zeit, als er eine Freimaurerloge innerhalb der Theosophischen Gesellschaft führte.

In dieser wurde der Adept, der Schüler, soweit geführt, dass er oder sie – es durften bei Rudolf Steiner auch Frauen sein – wenigstens versteht, dass diese Schüler zuerst verstanden und dann später vielleicht auch vermögen würden, den bewussten Standpunkt außerhalb des Leibes einzunehmen, also die Lilienposition einnehmen zu lernen und dann die eigene Seele als Zuschauer, als Beobachter anzuschauen. In diesem Sinn musste die Seele ganz außerhalb von sich sein, wodurch sie endlich einmal Ruhe findet, wie es auch nachts ist. Dann kann die Seele allmählich die eigentliche Form annehmen, die nicht tödlich ist, die nicht zum Tod führt. Diese eigentliche Form der Seele macht es dann möglich, dass der ganze Chor der himmlischen Hierarchien Inhalt der Seele wird. Das wird von Rudolf Steiner als eine Art von Prophetie gegeben, zugleich aber als Anregung für die Schüler, die den dritten Grad in der Freimaurerei anstrebten. Sie sollten sich intensiv, meditativ, Vorstellungen über diesen zukünftigen Zustand machen.

Und dann zum Schluss: Denken wir an Rudolf Steiner selbst. Er ist in hohem Maße durch die Wesenheit von Christian Rosenkreutz, St. Germain, Johannes, Hiram inspiriert gewesen. Und es gibt einen dramatischen Augenblick in der Entwicklung der Anthroposophischen Gesellschaft – das ist der 31. Dezember 1922, Silvesterabend, -Nacht, in der das Goetheanum ganz in Flammen aufgegangen ist. Und wenn man das so in der Rückschau liest und nachempfindet, war am Abend das Feuer bereits zwischen den Mauern da. Und während der Brand schon zu lodern anfing, hatte Rudolf Steiner noch einen Vortrag über die Verlebendigung der Natur durch den kosmischen Kultus gehalten. Später, nach dem Brand, hat er wieder viel über den kosmischen Kultus gesprochen, aber hier tut er es in einer sehr bemerkenswerten Weise und gibt an, dass, wenn der Mensch sein Denken spiritualisiert, er das Feuer des Willens in das Wasser der Weisheit hineinbringt, und mit diesen befeuerten weisheitsvollen Gedanken kann er die Natur denken. Das ist ein kosmischer Kultus, dass dann dasjenige, was spiritualisiertes, lebendiges Denken ist, sich mit der Natur neu verbindet, wodurch die Natur Auferstehungskräfte bekommt.

An dieser Schwelle zur Katastrophe hat er einen Spruch gegeben, eigentlich zwei Sprüche, die zusammengehören. Er spricht über den Stoff. Und wenn wir Christian Rosenkreutz in dem Werk Rudolf Steiners suchen, dann ist hier eine solche Stelle. Da spricht eigentlich Kain, Hiram, Johannes, Christian Rosenkreutz, St. Germain durch Steiner hindurch. Er spricht selbst, aber das ist die Wesenheit die da spricht:

Es nahet mir im Erdenwirken,
In Stoffes Abbild mir gegeben
Der Sterne Himmelswesen.
Ich seh' im Wollen sie sich liebend wandeln.

Es dringen in mich im Wasserleben
In Stoffeskraftgewalt mich bildend
Der Sterne Himmelstaten.
Ich seh' im Fühlen sie sich weise wandeln.

Ich hatte noch ein anderes Zitat vor, aber ich werde es jetzt hierbei belassen.

Ich lese es noch einmal. Wenn Sie es suchen wollen: es ist aus dem Vortrag vom 31. Dezember 1922.

Es nahet mir im Erdenwirken,
In Stoffes Abbild mir gegeben
Der Sterne Himmelswesen.
Ich seh' im Wollen sie sich liebend wandeln.

Es dringen in mich im Wasserleben
In Stoffeskraftgewalt mich bildend
Der Sterne Himmelstaten.
Ich seh' im Fühlen sie sich weise wandeln.

Nach der Mittagspause wurde die zweite Solosonate für Violine und Basso continuo gespielt

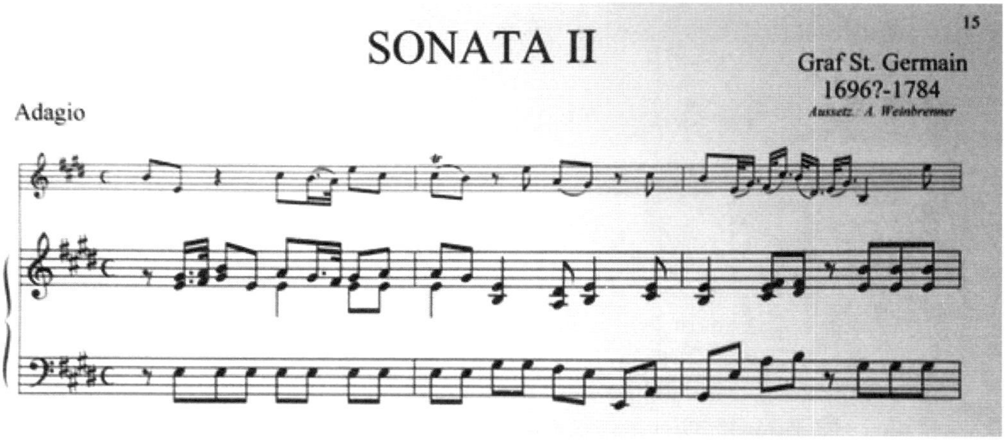

HAHN-ENGEL Konzertagentur & Verlag, www.saintgermain.biz

SAINT GERMAIN ALS AUTOR UND „CÉLÈBRE ALCHIMISTE“

Thomas Senne

Ansbach, 7. Oktober 2017

Bei unserem überzeitlichem Porträt der Individualität von Saint Germain wollen wir uns nun seine Rolle als Autor bzw. geistigen Inspirator von Schriften anderer ansehen. Freilich kann das nur ein kurzer Überblick sein, keine gründlichen Interpretationen. Das würde ja sonst Jahre dauern.

Unter anderem werden wir uns mit einem echten Kaiser beschäftigen. Mit seiner Krone hat er offenbar mehr Gold auf dem Kopf als manche goldene Ringe an ihren Händen: Kaiser Karl IV. Wir werden auch einen Blick in brodelnde Alchemistenküchen werfen und ihre Geheimnisse einmal näher betrachten. Wir haben also auch heute Nachmittag wieder einiges vor. Zunächst aber schauen wir, welche Texte von Saint Germain überhaupt überliefert bzw. von ihm inspiriert sind.

Der Ausspruch: „Wer Wind sät, wird Sturm ernten“ stammt von Hosea aus dem achten vorchristlichen Jahrhundert. Rudolf Steiner verweist auf eine frühere Inkarnation von Saint Germain, wo diese Worte zuvor ebenfalls schon gefallen sein sollen.[74] Details verrät Steiner allerdings nicht. Von Hiram, dem Erbauer des Salomonischen Tempels, einer weiteren Verkörperung von Saint Germain, gibt es meines Wissens keine überlieferten Texte. Zwar schildert das Buch der Könige ausführlich diesen Bau, aber es gibt keine Zitate. Als Autor im eigentlichen Sinne ist erst Johannes der Evangelist anzusehen, der nach der Kreuzigung von Jesus Christus auf Golgatha das Johannes-Evangelium niedergeschrieben hat. Er war der „Jünger, den Jesus lieb hatte“, wie es in der Bibel heißt, und galt merkwürdigerweise auch als „Jünger, der nicht stirbt.“[75] Über den Grafen von Saint Germain gibt es etliche Jahrhunderte später ähnliche Aussagen.

„Im Anfang war das Wort, und das Wort war bei Gott, und Gott war das Wort.
Dasselbe war im Anfang bei Gott.
Alle Dinge sind durch dasselbe gemacht, und ohne dasselbe ist nichts gemacht, was gemacht ist.

---

[74] Hella Krause-Zimmer: Christian Rosenkreutz, Verlag am Goetheanum, S. 92.

[75] Ebd.

In ihm war das Leben, und das Leben war das Licht der Menschen.
Und das Licht scheint in der Finsternis, und die Finsternis hat's nicht begriffen.
Es ward ein Mensch von Gott gesandt, der hieß Johannes.
Dieser kam zum Zeugnis, daß er von dem Licht zeugte, auf daß sie alle durch ihn glaubten.
Er war nicht das Licht, sondern daß er zeugte von dem Licht.
Das war das wahrhaftige Licht, welches alle Menschen erleuchtet, die in diese Welt kommen.
Es war in der Welt, und die Welt ist durch dasselbe gemacht; und die Welt kannte es nicht.
Er kam in sein Eigentum; und die Seinen nahmen ihn nicht auf.
Wie viele ihn aber aufnahmen, denen gab er Macht, Kinder Gottes zu werden, die an seinen Namen glauben;
welche nicht von dem Geblüt noch von dem Willen des Fleisches noch von dem Willen eines Mannes, sondern von Gott geboren sind.
Und das Wort ward Fleisch und wohnte unter uns, und wir sahen seine Herrlichkeit, eine Herrlichkeit als des eingeborenen Sohnes vom Vater, voller Gnade und Wahrheit."[76]

Das Johannes-Evangelium ist letztlich ein christliches Einweihungsbuch mit den sieben Stationen der christlichen Einweihung – von der Fußwaschung über die Dornenkrönung bis hin zum mystischen Tod und der Auferstehung. Johannes ist aber nicht nur der Schreiber des nach ihm so benannten Johannes-Evangeliums, sondern auch der Verfasser der drei Johannes-Briefe und der Apokalypse, jenes von Horrorvisionen nur so strotzenden literarischen Gemäldes, das Dürer und andere in Bilder umgesetzt haben, zum Beispiel in Holzschnitte.

„Und ich hörte eine große Stimme aus dem Tempel, die sprach zu den sieben Engeln: Gehet hin und gießet aus die Schalen des Zorns Gottes auf die Erde!
Und der erste ging hin und goß seine Schale auf die Erde; und es ward eine böse und arge Drüse an den Menschen, die das Malzeichen des Tiers hatten und die sein Bild anbeteten.
Und der andere Engel goß aus seine Schale ins Meer; und es ward Blut wie eines Toten, und alle lebendigen Seelen starben in dem Meer.
Und der dritte Engel goß aus seine Schale in die Wasserströme und in die Wasserbrunnen; und es ward Blut.
Und ich hörte den Engel der Wasser sagen: HERR, du bist gerecht, der da ist und der da war, und heilig, daß du solches geurteilt hast,
denn sie haben das Blut der Heiligen und Propheten vergossen, und Blut hast du ihnen zu trinken gegeben; denn sie sind's wert.

---

[76] Johannes-Evangelium, Kapitel 1, 1-14.

Und ich hörte einen anderen Engel aus dem Altar sagen: Ja, HERR, allmächtiger Gott, deine Gerichte sind wahrhaftig und gerecht.
Und der vierte Engel goß aus seine Schale in die Sonne, und ihm ward gegeben, den Menschen heiß zu machen mit Feuer.
Und den Menschen ward heiß von großer Hitze, und sie lästerten den Namen Gottes, der Macht hat über diese Plagen, und taten nicht Buße, ihm die Ehre zu geben.
Und der fünfte Engel goß aus seine Schale auf den Stuhl des Tiers; und sein Reich ward verfinstert, und sie zerbissen ihre Zungen vor Schmerzen
und lästerten Gott im Himmel vor ihren Schmerzen und vor ihren Drüsen und taten nicht Buße für ihre Werke.
Und der sechste Engel goß aus seine Schale auf den großen Wasserstrom Euphrat; und das Wasser vertrocknete, auf daß bereitet würde der Weg den Königen vom Aufgang der Sonne.
Und ich sah aus dem Munde des Drachen und aus dem Munde des Tiers und aus dem Munde des falschen Propheten drei unreine Geister gehen, gleich den Fröschen;
denn es sind Geister der Teufel, die tun Zeichen und gehen aus zu den Königen auf dem ganzen Kreis der Welt, sie zu versammeln in den Streit auf jenen Tag Gottes, des Allmächtigen.
Siehe, ich komme wie ein Dieb. Selig ist, der da wacht und hält seine Kleider, daß er nicht bloß wandle und man nicht seine Schande sehe.
Und er hat sie versammelt an einen Ort, der da heißt auf hebräisch Harmagedon, das ist „Berg von Megiddo".
Und der siebente Engel goß aus seine Schale in die Luft; und es ging aus eine Stimme vom Himmel aus dem Stuhl, die sprach: Es ist geschehen.
Und es wurden Stimmen und Donner und Blitze; und ward ein solches Erdbeben, wie solches nicht gewesen ist, seit Menschen auf Erden gewesen sind, solch Erdbeben also groß.
Und aus der großen Stadt wurden drei Teile, und die Städte der Heiden fielen. Und Babylon, der großen, ward gedacht vor Gott, ihr zu geben den Kelch des Weins von seinem grimmigen Zorn. Und alle Inseln entflohen, und keine Berge wurden gefunden. Und ein großer Hagel, wie ein Zentner, fiel vom Himmel auf die Menschen; und die Menschen lästerten Gott über die Plage des Hagels, denn seine Plage war sehr groß."[77]

Soweit ein Ausschnitt aus der Offenbarung des Johannes. Ahnungen sind das, was wir gerade gehört haben, was über die Menschheit hereinbrechen kann, was passieren kann, wenn die Menschen die Abgründe und dunklen Dämonen der eigenen Seele nicht im Innern überwinden und diese Kräfte einem dann quasi von außen entgegenkommen. Aber es gibt auch andere Stellen in diesem Buch der Schrecken, Zukunftsvisionen und

[77] Offenbarung des Johannes, Apokalypse, Kap. 16, 1-21.

des „Neuen Jerusalems“ – der nächsten planetarischen Verkörperung der Erde, des „Jupiter“.[78]

> „Das neue Jerusalem
> Und ich sah einen neuen Himmel und eine neue Erde; denn der erste Himmel und die erste Erde verging, und das Meer ist nicht mehr.
> Und ich, Johannes, sah die heilige Stadt, das neue Jerusalem, von Gott aus dem Himmel herabfahren, bereitet als eine geschmückte Braut ihrem Mann.
> Und ich hörte eine große Stimme von dem Stuhl, die sprach: Siehe da, die Hütte Gottes bei den Menschen! und er wird bei ihnen wohnen, und sie werden sein Volk sein, und er selbst, Gott mit ihnen, wird ihr Gott sein;
> und Gott wird abwischen alle Tränen von ihren Augen, und der Tod wird nicht mehr sein, noch Leid noch Geschrei noch Schmerz wird mehr sein; denn das Erste ist vergangen.
> Und der auf dem Stuhl saß, sprach: Siehe, ich mache alles neu! Und er spricht zu mir: Schreibe; denn diese Worte sind wahrhaftig und gewiß!
> Und er sprach zu mir: Es ist geschehen. Ich bin das A und das O, der Anfang und das Ende. Ich will den Durstigen geben von dem Brunnen des lebendigen Wassers umsonst.
> Wer überwindet, der wird es alles ererben, und ich werde sein Gott sein, und er wird mein Sohn sein.
> Der Verzagten aber und Ungläubigen und Greulichen und Totschläger und Hurer und Zauberer und Abgöttischen und aller Lügner, deren Teil wird sein in dem Pfuhl, der mit Feuer und Schwefel brennt; das ist der andere Tod.
> Und es kam zu mir einer von den sieben Engeln, welche die sieben Schalen voll der letzten sieben Plagen hatten, und redete mit mir und sprach: Komm, ich will dir das Weib zeigen, die Braut des Lammes.
> Und er führte mich hin im Geist auf einen großen und hohen Berg und zeigte mir die große Stadt, das heilige Jerusalem, herniederfahren aus dem Himmel von Gott,
> die hatte die Herrlichkeit Gottes. Und ihr Licht war gleich dem alleredelsten Stein, einem hellen Jaspis.
> Und sie hatte eine große und hohe Mauer und hatte zwölf Tore und auf den Toren zwölf Engel, und Namen darauf geschrieben, nämlich der zwölf Geschlechter der Kinder Israel.“

Johannes, dessen Ausspruch als Greis „Kindlein, liebet einander!“ legendär ist, erlitt einst offenbar auch ein Martyrium. Bei einer Christenverfolgung soll er alles getan haben, um die Gemeinden in ihrem Glauben zu unterstützen. Der Statthalter von Asien

[78] Ebd., Kap. 21, 9-12.

ließ ihn deshalb ergreifen und nach Rom abführen. Dort wurde er in einen Kessel voll siedenden Öls geworfen, ging aus dem Martyrium allerdings unversehrt hervor. Das Bad im siedenden Öl soll ihn sogar erfrischt haben, heißt es in Berichten darüber.[79]

Auf den griechischen Inseln Patmos und Samos finden sich noch heute Spuren von diesem besonderen Jünger Christi. Auf diesen Inseln – wie überhaupt in Griechenland – ist die Atmosphäre des frühen Christentums noch gut spürbar. In Samos gibt es zum Beispiel nicht nur eine Höhle des Pythagoras, des reinkarnierten Balthasar (einer der Heiligen Drei Könige), sondern auch eine mit einer Kapelle versehene andere Höhle: ein beschaulicher Platz, an dem sich Johannes vor seiner Verbannung nach Patmos aufgehalten haben soll. Aber auch Nürnberg hat einen Bezug zur Apokalypse. Rudolf Steiner hat hier 1908 einige seiner berühmten Apokalypse-Vorträge gehalten, übrigens auf Einladung von Michael Bauer, einem engen Freund von Christian Morgenstern. Sinnigerweise fanden diese Vorträge in der Gastwirtschaft zum „Goldenen Adler" in der Adlerstraße statt, ganz in der Nähe der Lorenzkirche. Jeder der weiß, welches Symbol dem Evangelisten Johannes zugeordnet wird – zumindest meistens (bis auf kleine Unterschiede etwa bei Ikonen) –, weiß, warum mich das von jeher amüsiert hat.

1614 wird das erste Mal öffentlich der Name von Christian Rosenkreutz erwähnt, und zwar in der Fama Fraternitatis, einer Schrift „des löblichen Ordens des Rosenkreuzes". Sie stammt von Johann Valentin Andreae und wendet sich „an alle Gelehrte und Häupter Europas".[80] In ihr wird die Geschichte von Christian Rosenkreutz relativ genau beschrieben: wie er, ein adeliger Deutscher, 1378 auf die Welt kommt, in einem Kloster erzogen wird und einen Mönch auf eine Pilgerfahrt nach Jerusalem begleitet. Davon hatten wir heute Morgen schon kurz gehört. Begonnen hatte Christian Rosenkreutz die Reise, wie Steiner sagt, als 28-jähriger, 1406. Er macht dann in Weisheitsschulen arabischer Provenienz unter anderem in Fes, Marokko, mit esoterischem Wissen Bekanntschaft, wird in die sieben freien Künste eingeführt – mit der Betonung auf Musik, was für unseren Zusammenhang natürlich besonders wichtig ist.[81] Christian Rosenkreutz übersetzt das „Buch der Natur", wie es heißt, lernt auf dem Weg durch spanische Gebiete auch die Kabbala kennen und gründet zu Hause schließlich die Rosenkreuzerische Bruderschaft mit ihren Grundregeln. Der Dienst am Nächsten steht hier im Mittelpunkt.

---

[79] www.heiligenlegenden.de/monate/dezember/27/johannes-evangelist/home.html.

[80] Frank Teichmann: Goethe und die Rosenkreuzer, Verlag Freies Geistesleben S. 43, 45.

[81] Rudolf Steiner, GA 130.

Inspiriert wurde das Werk des Johann Valentin Andreae von Christian Rosenkreutz – die Hand Andreaes wurde gewissermaßen geistig geführt. Es enthält einen der berühmtesten Rosenkreuzer-Sprüche überhaupt: „Ex deo nascimur, in Jesu morimur, per spiritum sanctum reviviscimus." Das Wort „Jesu" in diesem Text hat Steiner später gegen „Christo" eingetauscht. Die Anfangsbuchstaben dieses Spruches findet man im VII. Apokalyptischen Siegel von Rudolf Steiner. Es diente aber auch als Logo für Steiners Mysteriendrama „Die Pforte der Einweihung" und ist ebenfalls im Grundsteinspruch enthalten.[82]

Andreaes „Fama" hat übrigens auch den bekannten Erfinder des Ausspruchs „Cogito ergo sum", „Ich denke also bin ich", interessiert, den Verfasser der „Meditationes", René Descartes.[83] Der versuchte, den Mann, der die Fama und andere Rosenkreuzer-Schriften geschrieben hatte, ausfindig zu machen – allerdings vergeblich. Mit ein Grund für Descartes eigene Wahrheitssuche. Nun aber der Ausschnitt aus der Fama, in dem auch von der Entdeckung des Grabes von Christian Rosenkreutz berichtet wird:[84]

> „Es war von den Vorgängern durchaus geheim gehalten und uns darum unbekannt, wo und wann Bruder Christian gestorben und in welchem Lande er begraben war. In jener Messingtafel nun steckte ein großer Nagel und saß so fest, dass, als er mit Gewalt herausgezogen wurde, er einen größeren Stein aus dem Gemäuer riss und den Putz über einer verborgenen Türöffnung mit wegnahm. So war unbeabsichtigt die Tür entdeckt, und wir trugen mit Freude und Erwartung das restliche Gemäuer ab und machten die Tür frei.
>
> Gleich oben stand mit großen Buchstaben daran geschrieben: „Nach 120 Jahren werde ich geöffnet werden." Darunter die alte Jahreszahl 1484.
>
> Wir dankten Gott dafür, ließen es aber an diesem Abend bei der Entdeckung bewenden, weil wir uns erst in unserer Rota, der Zeitrhythmuskunde, umsehen wollten.
>
> Wir berufen uns jetzt zum dritten Mal auf die „Confessio": Denn was wir hiermit bekannt machen, kommt den Würdigen zu Hilfe, wird aber den Unwürdigen, wenn Gott will, wenig nützen. Denn genau so, wie unsere Tür sich nach so vielen Jahren erstaunlicherweise geöffnet hat, so soll Europa eine Tür aufgehen (wenn das, womit sie vermauert ist, verschwindet), die sich sehen lassen kann und die von nicht wenigen mit Sehnsucht erwartet wird.
>
> Des Morgens öffneten wir die Tür und fanden ein Gewölbe von sieben Seiten und Ecken, jede Seite von fünf Schuhen, die Höhe acht Schuh. Dieses Gewölbe wurde niemals von der

[82] Rudolf Steiner, GA 260.

[83] Frank Teichmann: Goethe und die Rosenkreuzer, Verlag Freies Geistesleben, S. 45.

[84] Valentin Andreae: Fama, aus Peter Selg: Rudolf Steiner und Christian Rosenkreuz, Verlag des Ita Wegmann Institutes, S. 140f.

Sonne beschienen und leuchtet dennoch hell von einer anderen Lichtquelle, die der Sonne das Leuchten abgelernt hatte und die oben im Zentrum der Decke stand. In der Mitte war an Stelle eines Grabsteins ein runder Altar, darüber gelegt ein messingenes Täfelchen, auf dem geschrieben stand:

Jesus ist mir alles	Jesus mihi omnia

In der Mitte waren vier Figuren, vom Kreis umschlossen, deren Umschriften lauteten:

1.Niemals inhaltslos	Nequaquam vacuum
2.Geleitet von der Weltordnung	Legis jugum
3. Freiheit des Evangeliums	Libertas evangelii
4. Unbeschädigte Offenbarung Gottes	Dei gloria intacta

Das alles ist klar und deutlich, wie die sieben Seiten und die zweimal sieben Dreiecke.

So knieten wir alle zusammen nieder und dankten dem allein weisen, allein mächtigen, allein ewigen Gott, der uns hier mehr zu lernen gegeben hat, als jemals menschliches Denken erfinden könnte. Sein Name sei gelobt!"

Christian Rosenkreutz wurde 1459 eingeweiht, eine Einweihung, bei der auch ein „hoher Sendbote des Christus" mitgewirkt haben soll, nämlich Mani, der als „Jüngling von Sais", „Jüngling von Nain" und auch als Parzival verkörpert war und der in Laotse, Buddha oder Zarathustra Abgesandte des Christus sah. Manis Mission, getragen von Reinheit und einem höheren Christus-Verständnis, war vor allem dem kürzlich verstorbenen Forscher und Geistesfreund von mir, Roland van Vliet, ein großes Anliegen. Seine Bücher, die sich mit der abelitischen Strömung des Manichäismus beschäftigen, sind jetzt übrigens wieder zu haben.

Auf das Jahr dieser Einweihung bezieht sich auch die 1616 veröffentlichte Schrift Andreaes „Die chymische Hochzeit", nach der „Confessio Fraternitatis" das dritte Rosenkreuzer-Buch Andreaes, eine sieben Tage währende Einweihung rund um eine königliche Hochzeit von Gründonnerstag bis nach Ostern.[85] Aus einem „finsteren Turm neben unzählbar vielen anderen Menschen an großen Ketten gefangen" wird Christian Rosenkreutz erwählt und berichtet von seinen Erlebnissen. Wie die geheimnisvollen Bilder der Johannes-Offenbarung handelt es sich in diesem Werk ebenfalls um schwer

[85] Rudolf Steiner, GA 35.

entschlüsselbare übersinnliche Bilder, im wahrsten Wortsinn um hermetische Texte, die weniger mit dem Verstand analytisch zergliedert als meditiert werden müssen.

> „Am Vorabend des Osterfestes saß ich an meinem Tisch, und wie ich mich, meiner Gewohnheit nach, mit meinem Schöpfer in demütigem Gebet genugsam ausgesprochen und vielen großen Geheimnissen, deren mich der Vater des Lichtes in seiner Majestät nicht wenig hat sehen lassen, nachgedacht hatte und mir auch zu einem lieben Osterlämmlein ein ungesäuertes, unbeflecktes Brot in meinem Herzen zubereiten wollte, da kam auf einmal ein solch grausamer Wind daher, daß ich nicht anders meinte, als es würde der Berg, darein mein Häuschen gegraben war, vor großer Gewalt zerspringen. Da mich aber solches von dem Teufel, der mir viel Leids getan, nicht überraschte, faßte ich Mut und blieb in meiner Meditation, bis mir wider meine Gewohnheit jemand auf den Rücken tippte, wovon ich dermaßen erschrak, daß ich kaum wagte, mich umzusehen; noch auch zeigte ich eine solche Freude, wie menschliche Schwachheit an dergleichen Sachen haben kann. Und wie ich so zu etlichen Malen heftig beim Rock gezupft worden war, sah ich mich endlich um: Da war es ein herrlich schönes Weib, dessen Kleid ganz blau und mit güldenen Sternen wie der Himmel zierlich besetzt war. In der rechten Hand trug sie eine massive goldene Posaune, in die ein Name gestochen war, den ich wohl lesen konnte, den zu offenbaren mir aber hernach verboten worden ist. In der linken Hand hielt sie ein großes Büschel Briefe in allerlei Sprachen, die sie (wie ich später erfuhr) in alle Lande tragen mußte. Sie hatte auch Flügel, groß und schön, die über und über mit Augen besetzt waren; damit schwang sie sich auf und konnte schneller fliegen denn ein Adler. Ich hätte wohl noch mehr an ihr bemerken können, wenn sie nicht so kurz bei mir verweilt und noch aller Schreck und Verwunderung mir in den Gliedern gesteckt hätte; so muss ich's dabei bewenden lassen. Denn sobald ich mich umgewendet hatte, blätterte sie ihre Briefe hin und her und zog endlich ein kleines Brieflein heraus, das sie mit großer Verneigung auf den Tisch legte, worauf sie ohne ein einziges Wort von mir wich.“[86]

Valentin Andreae, der diese Bücher mehr unbewusst niedergeschrieben hat, die Texte als Inspirationen von Christian Rosenkreutz bekam, wurde in späteren Jahren in der evangelischen Kirche Diakon und hat – befreundet mit dem Herzog von Braunschweig – ganz maßgeblich den Aufbau der Bibliothek von Wolfenbüttel mit geprägt,[87] dem Ort also, wo Lessing später ebenfalls gewirkt hat. Zunächst aber kommen wir auf unserer Reise entlang der Vita und Wirkensgeschichte von Christian Rosenkreutz bzw. Saint Germain zu einem Mann, von dem erst kürzlich in Nürnberg eine Ausstellung zu sehen

---

[86] Valentin Andreae: Chymische Hochzeit, S. 17.

[87] Frank Teichmann: Goethe und die Rosenkreuzer, Verlag Freies Geistesleben, S. 52.

war: Kaiser Karl IV. Auf seiner Burg Karlstein unweit von Prag, in die er sich gerne zu geistiger Versenkung zurückzog und sich manchmal barfuß als Büßer in seine Kapellen begeben haben soll, hatte er dieses Bauwerk als eine Art Gralsburg errichten lassen. In ihr wurden zahlreiche Reliquien aufbewahrt: Christusreliquien wie zwei Dornen aus der Dornenkrone oder auch die Reichskleinodien des Heiligen Römischen Reiches. Später wurden sie dann alljährlich bei der sogenannten „Heiltumsweisung“ auf dem Nürnberger Hauptmarkt präsentiert: die Reichskrone, das Reichsschwert und die sogenannte „Lanze des Longinus“.

Nun das Merkwürdige: Auf den Wänden im Treppenhaus des Bergfrieds von Karlstein, in dem sich die Heilig-Kreuz-Kapelle befindet, sind auch heute noch Szenen aus dem Leben des Heiligen Wenzel und der Heiligen Ludmilla zu sehen.[88] Zweimal habe ich diese Anlage besucht, und auch Rudolf Steiner war dort gewesen, im Juni 1918.[89] Damals sagte er, dass es sich bei den Fresken – und nun aufgepasst – um Motive der chymischen Hochzeit handele, um Bilder, in denen man „die chymische Hochzeit des Christian Rosenkreutz in primitiver Form“ erkennen könne.[90]

Der Kurator der Karl-IV.-Ausstellung in Nürnberg und Prag 2017 [91] hat mir allerdings am 19. September 2017 in einem Telefonat bestätigt, dass es sich seines Wissens ausschließlich um Szenen aus dem Leben des heiligen Wenzel und der heiligen Ludmilla handelt und dass es in dem Bereich der Heilig-Kreuz-Kapelle auch keine Wandbilder aus dem 17. Jahrhundert gebe.

Wie wir wissen, wurde die „Chymische Hochzeit“ ja erst 1616 veröffentlicht. Die Fresken müssen aber vor Abfassung dieser Schrift, im 14. Jahrhundert, entstanden sein. Was hat das zu bedeuten?

Gibt es im Leben des heiligen Wenzel und der heiligen Ludmilla Spuren, die mit Christian Rosenkreutz und so mit Saint Germain in Verbindung gebracht werden können? Oder handelt es sich bei der „Chymischen Hochzeit“ um Bilder, die in der übersinnlichen Welt Eingeweihten schon früher zugänglich waren, mit dem heiligen Wenzel und der heiligen Ludmilla zusammenhingen, von dem Karlsteiner Fresken-Maler auf die Wände gepinselt und erst später von Valentin Andreae schriftlich fixiert wurden? Fragen über Fragen.

---

[88] Michael Eschborn: Karlstein, Verlag Urachhaus.

[89] Rudolf Steiner: GA 181.

[90] Hans Müller-Wiedemann: Karl König. Eine mitteleuropäische Biographie, Verlag Freies Geistesleben.

[91] Jiri Fajt, Markus Hörsch: Kaiser Karl IV. 1316-2016, Ausstellungskatalog, Germanisches Nationalmuseum Nürnberg.

Übrigens: Der Anthroposoph Karl König hat die Burg Karlstein mit ihren Hauptgebäuden – der Kaiserpfalz, der Marienkapelle und der Heilig-Kreuz-Kapelle – als architektonischen Ausdruck des sozialen Organismus beschrieben,[92] gebaut aus Rosenkreuzerimpulsen heraus: Ausdruck für die spirituell-soziale Haltung des von der übersinnlichen Welt inspirierten Kaisertums Karls IV., an das heute noch die Reichsverfassung „Goldene Bulle" erinnert, auch das Nürnberger „Männleinlaufen" (mit den sieben Kurfürsten um den Kaiser, jeden Tag um 12 Uhr auf dem Nürnberger Hauptmarkt) und der dortige „Schöne Brunnen" mit seinem programmatischen Figurenschmuck.

Auch Maler waren von Christian Rosenkreutz inspiriert. Dürer hatten wir ja schon im Zusammenhang mit der Apokalypse und seinen apokalyptischen Reitern erwähnt. Es gibt aber noch eine andere Arbeit Dürers, die einen Jüngling vor einem Greis mit spitzer Mütze und oben lilienverziertem Zepter zeigt, einen Weisen mit einem langen, gespaltenen Bart.[93] Spannend wird das Ganze, wenn man weiß, dass Rudolf Steiner der Malerin Margareta Woloschin davon erzählte, dass Dürer einst eine Skizze von Christian Rosenkreutz angefertigt habe, „so wie er ihn gesehen hat". Später erwähnt Steiner noch ein Gemälde, dessen Beschreibung an den Heiligen Hieronymus von Albrecht Dürer erinnert. Hella Krause-Zimmer hat das in ihrem Buch über Christian Rosenkreutz genau verfolgt und auch einen Ausspruch Casanovas zitiert. Der beschreibt einen Besuch bei Saint Germain folgendermaßen: „Er erschien in armenischer Kleidung mit spitzer Mütze. Sein langer dichter Bart floss ihm bis zum Gürtel herab, und in der Hand hielt er einen langen Elfenbeinstab." Die Parallelen dieser Schilderung zur Dürer-Zeichnung sind verblüffend. Wurde Dürer selber von Christian Rosenkreutz eingeweiht? Oder wohnte er als Jüngling einer derartigen Zeremonie bei, die er dann auf einer Zeichnung festhielt? Wenn ja: Wo fand das Ganze statt?

Gehen wir nach Holland. Wir hatten ja vorhin gehört, dass Christian Rosenkreutz im 17. Jahrhundert auch eine Inkarnation in den Niederlanden gehabt haben soll, wie Steiner gegenüber einer gewissen Helga Geelmuyden geäußert hat.[94] Und: Christian Rosenkreutz muss sich ganz im Umfeld von Rembrandt, des wohl berühmtesten holländischen Maler, befunden haben, ja, den Meister der Hell-Dunkel-Kontraste offenbar

---

[92] Hans Müller-Wiedemann: Karl König: Eine mitteleuropäische Biographie, Verlag Freies Geistesleben.

[93] Hella Krause-Zimmer: Christian Rosenkreutz, Verlag am Goetheanum, S. 253-267. Manfred Krüger: Albrecht Dürer. Mystik, Selbsterkenntnis. Christussuche, Freies Geistesleben S. 46f.

[94] Hella Krause-Zimmer: Christian Rosenkreutz, Verlag am Goetheanum, S. 269.

sogar persönlich getroffen haben. Rembrandts berühmtes Blatt „Faust im Laboratorium", das früher auch „Praktizierender Alchemist" genannt wurde, zeigt, dass sich der Künstler mit der hermetischen Tradition beschäftigt hat.[95] Auf dem im Fenster erscheinenden übersinnlichen Zeichen ist übrigens unter anderem das Wort „ADAM" zu erkennen. Das Gemälde „Mann in Waffenrüstung" aber, das heute in Glasgow hängt, soll sogar ein Porträt von Christian Rosenkreutz sein, entstanden um 1655 und ausstaffiert mit einem Helm, über dem sich eine Form befindet, die an einen Schwanenflügel erinnert. Interessanterweise hat sich Saint Germain 1776 beim großen Freimaurerkongress in Wiesbaden als „Ritter vom siegenden Schwan" vorgestellt. Ein Hinweis auf die Gralstradition, auf die Richard Wagner in seinem „Lohengrin" anspielt?

Auch die Schwanenritterkapelle in Ansbach scheint an Lohengrin, den Sohn des Gralsritters Parzival, zu erinnern. Die Kapelle ist ein Sakralraum, der heute besucht werden kann, in dem einst auch Kaspar Hauser konfirmiert wurde. „Dem Schwanenorden haben sich diejenigen gewidmet, welche wollten, dass die Gralsritter durch sie in der physischen Welt wirken können", sagt Rudolf Steiner.[96] Man nannte einen Schwan einen Menschen, durch den ein Gralsritter aus der geistigen Welt in die physische Welt hinein Einfluss nehmen konnte. Auch in der Alchemie taucht der Schwan auf: als imaginatives Wahrbild. „Von der Stufe des Pfaus mit seiner farbigen Pracht musste vorgeschritten werden zur Stufe des Schwanes. Der Schwan hat auf jede Farbigkeit verzichtet und gibt sich … ‚in aller Weiße' der geistigen Welt hin",[97] wird Botschafter höherer Welten. Rembrandt soll übrigens noch ein weiteres Bildnis von Christian Rosenkreutz gemalt haben, und zwar den sogenannten „Polnischen Reiter".

Das Wirken von Rosenkreutz im engsten Lebensraum Rembrandts zeigt auch ein anderes Ereignis, bei dem ein Fremder, der sich als Besitzer des Steins der Weisen ausgibt, beim Leibarzt des Prinzen von Oranien vorspricht, einem gewissen Johann Friedrich Helvetius und ausgewiesenem Alchemisten-Gegner. 1666 war das, als er mit Hilfe einer Wundersubstanz von dem Fremden Blei in Gold verwandeln konnte. Die Sache erregte viel Aufsehen. Sogar der Philosoph Spinoza war von dem Vorgang angetan und hat in einem Brief davon berichtet. War der Fremde Christian Rosenkreutz gewesen?[98]

---

[95] Ebd., S. 277. Joachim Berger, Klaus-Jürgen Grün (Hg.): Geheime Gesellschaft. Weimar und die deutsche Freimaurerei, Stiftung Weimarer Klassik bei Hanser, S. 107.

[96] Rudolf Steiner, GA 214.

[97] Karl Lierl, Florian Roder: Anthroposophie wird Kunst. Der Münchner Kongress 1907 und die Gegenwart, S. 327.

[98] Hella Krause-Zimmer: Christian Rosenkreutz, Verlag am Goetheanum, S. 271-287.

Zurück zur Literatur.

„Die hochheilige Trinosophie“ ist eine um 1750 entstandene esoterische Handschrift, die Saint Germain zugeschrieben wird. Das Werk schöpft aus persischen, hebräischen, hermetischen und ägyptischen Traditionen und beschreibt in Wort und Bild in einer nur ihm eigentümlichen Symbolik den Einweihungsweg eines gewissen Philókalos, des „Liebhabers der (göttlichen) Schönheit“, der sich, unterstützt von der „Bruderschaft der Weisen“, in zwölf Stufen durch die mit diesen verbundenen Aufgaben aus dem Reich der vier irdischen Elemente erhebt und sein ganzes irdisches Wesen in der göttlichen Seele ersterben lässt. Schließlich, nachdem der Geist seine Körperlichkeit „transfiguriert“ hat, kann er die „Chymische Hochzeit“ feiern und „auferstehen“. Danach wird er selbst in die „Bruderschaft der Weisen“ aufgenommen, um von da an gemeinsam mit seinen Brüdern für das Wohl der Menschheit zu arbeiten.[99]

Auf dem Frontispiz eines in der Bibliothek von Troyes befindlichen Manuskriptes der „Trinosophia“ heißt es in einer handschriftlichen Bemerkung, es handele sich um die einzige Kopie eines Werkes von Saint Germain. Eine weitere Notiz besagt, das Buch habe sich im Besitz eines gewissen Cagliostro befunden, der Saint Germain in Schleswig persönlich kennengelernt haben soll. Auch aus der „Trinosophie“ hören wir jetzt einen kleinen Ausschnitt.[100]

> „Es bereitet mir Freude, dass ein Sklave, umgeben von Wächtern und eingeschlossen in Ketten, doch noch in der Lage ist, seinen Freund über all die Mächtigen und Gewaltigen, die diese Welt der Seelenverbannung beherrschen, emporzuheben.
>
> Mein geliebter Philókalos! Du schickst dich an, das Heiligtum der erhabensten Wissenschaften zu betreten. Und meine Hand ist im Begriff, den undurchdringlichen Schleier zu lüften, der das Tabernakel, das Heiligtum, in dem der Ewige die Geheimnisse der Natur niedergelegt hat, vor den Augen der gewöhnlichen Sterblichen verbirgt. Denn diese Geheimnisse sind nur den wenigen Auserwählten vorbehalten, die Seine Allmacht erschuf, damit sie sehend werden, sich nach der Vereinigung mit Ihm in Seiner unaussprechlichen Herrlichkeit sehnen und der Menschheit einen der Strahlen zuspiegeln, die Seinen goldenen Thron umleuchten.
>
> Sollte das Beispiel deines Freundes eine heilsame Lektion für dich sein, so werde ich die langen Jahre der Qual und des Leidens segnen, in die mich die bösen Menschen gestoßen haben.“

---

[99] Anthro-Wiki.

[100] Saint Germain: Trinosophie, S. 14, 16.

Nun kommen wir zu jemandem, der eine Figur literarisch behandelt hat, die jeder kennt: Faust. Der historische Faust hat übrigens Nürnberg ebenfalls mal besucht. Nun die Preisfrage: Welcher Dichter hat den Faust geschrieben? Ein Mann, den wir alle kennen. Nun? Nein, nicht Goethe – Lessing ist es, den ich meine. Zu Goethe kommen wir später noch. Lessing hat über Faust ein Theaterstück geschrieben, das allerdings Fragment geblieben ist.[101]

„Ein Geist steigt aus dem Boden, mit langem Barte, in einen Mantel gehüllet.

GEIST. Wer beunruhiget mich? Wo bin ich? Ist das nicht Licht, was ich empfinde?

FAUST erschrickt, fasset sich aber, und redet den Geist an. Wer bist du? woher kömmst du? auf wessen Befehl erscheinest du?

GEIST. Ich lag und schlummerte und träumte, mir war nicht wohl, nicht übel; da rauschte, so träumte ich, von weitem eine Stimme daher; sie kam näher und näher; Bahall! Bahall! hörte ich, und mit dem dritten Bahall, stehe ich hier!

FAUST. Aber, wer bist du?

GEIST. Wer ich bin? Laß mich besinnen! Ich bin – ich bin nur erst kürzlich, was ich bin. Dieses Körpers, dieser Glieder war ich mir dunkel bewußt! Itzt...

FAUST. Aber wer warst du?

GEIST. Warst du?

FAUST: Ja, wer warst du sonst, ehedem?

GEIST. Sonst? ehedem?

FAUST. Erinnerst du dich keiner Vorstellungen, die diesem gegenwärtigen, und jenem deinem hinbrütenden Stande vorhergegangen? –

GEIST. Was sagst du mir? Ja, nun schießt es mir ein – Ich habe schon einmal ähnliche Vorstellungen gehabt. Warte, warte, ob ich den Faden zurückfinden kann.

FAUST. Ich will dir zu helfen suchen. Wie heißt du?

GEIST. Ich hieß – Aristoteles. Ja, so hieß ich. Wie ist mir?

Er tut, als ob er sich nun völlig erinnerte, und antwortet dem Faust auf seine spitzigsten Fragen. Dieser Geist ist der Teufel selbst, der den Faust zu verführen unternommen. Doch, sagt er endlich, ich bin es müde, meinen Verstand in die vorigen Schranken zurückzuzwingen. Von allem, was du mich fragest, mag ich nicht länger reden als ein Mensch, und kann nicht mit dir reden als ein Geist. Entlaß mich; ich fühl es, daß ich wieder entschlummre...“

---

[101] Lessing: Doktor Faust, Tempel Klassiker, Lessings Werke, S. 982.

Das klingt schon ein wenig anders als der Goethesche Faust, das Faust-Fragment von Lessing.

Über Lessings „Erziehung des Menschengeschlechts“ hatten wir schon am Anfang im Zusammenhang mit der Reinkarnation gesprochen. Der Text ist ebenso von Christian Rosenkreutz inspiriert wie Lessings „Nathan, der Weise“ mit der bekannten Ringparabel. Das Verbindende der Religionen hat Lessing im Auge, nicht das Trennende. Hier wird der Einfluss von Christian Rosenkreutz, von dem Rudolf Steiner spricht, einmal mehr deutlich. Aber wird Lessing heute noch ausführlich im Schulunterricht behandelt? Oder ist er inzwischen weitgehend in der Versenkung verschwunden?

Machen wir einen Sprung in der Literaturgeschichte und reden von einem Mann, der in den Karma-Vorträgen von Steiner erwähnt wird. Er stammt aus dem Norden, hat übrigens auch zu Arnold Böcklins „Toteninsel“ ein Dramenfragment verfasst, das mir Hella Krause-Zimmer vor Jahrzehnten einmal zugeschickt hat, als ich überlegte, es zu inszenieren. Vor allem aber ist dieser Schriftsteller durch seinen Bohemien-Roman „Das rote Zimmer“ und Dramen wie das buddhistisch inspirierte „Traumspiel“ bekannt geworden: August Strindberg. Auch er kam mit Saint Germain in Berührung. Der Titel dieses Werkes lautet „Inferno“ – freilich ein anderes Inferno, als es Mieke Mosmuller in ihrem gleichnamigen Roman schildert. Die erste Übersetzung von Strindbergs Inferno-Text stammt übrigens von keinem Geringeren als von Christian Morgenstern, einem ausgewiesenen Anthroposophen und Dichter, der nach seinem Tod den deutschen Idealisten die Anthroposophie näher gebracht haben soll. Rudolf Steiner, der das sagt, hatte später die weiße Urne Morgensterns auf seinem Schreibtisch stehen. Dann wurde sie lange Zeit im zweiten Goetheanum in einem Raum direkt gegenüber dem Menschheitsrepräsentanten aufbewahrt und zwar – wovon ich mich vor Jahrzehnten persönlich überzeugen konnte – in unmittelbarer Nachbarschaft von der Urne Steiners. Ich erzähle das nur, um zu unterstreichen, wie wichtig der nun folgende Text von Strindberg ist, was darin zum Ausdruck kommt, dass sich eben ein so großer Geist wie Christian Morgenstern damit einst gründlich beschäftigt hat.[102]

„Ich habe den Gekreuzigten überall gesehen: in den Spielsachenläden, bei den Bilderhändlern, in den Buchhandlungen, besonders auf den Kunstausstellungen, im Theater, in der Literatur. Ich habe ihn auf meinem Kissenbezug gesehen, auf den Feuerbränden im Kachelofen, im Schnee oben in Schweden und auf den Klippen an der Küste der Normandie. Bereitet er

---

[102] August Strimdberg: Inferno, in: August Strindberg, Werke, Georg Müller, 1914, S. 360-364.

seine Wiederkunft vor oder ist er schon angelangt? Was will er?

Hier im Fenster in der Rue Bonaparte ist er nicht mehr der Gekreuzigte; er kommt von seinem Himmel als Siegesherr, von Gold und Edelsteinen glänzend. Ist er Aristokrat geworden wie das niedere Volk? Ist er es, der „gute Tyrann", den die Jugend sich träumt, ein friedenstiftender, erleuchteter Heros?

Er hat sein Kreuz weggeworfen und das Zepter wieder genommen; zur selben Stunde, wie sein Tempel auf dem Mont de Mars (früher Mont des Martyres genannt) fertig ist, wird er kommen und selbst die Welt regieren; wird vom Thron stoßen den ungetreuen Stellvertreter, der es zu eng findet in den elftausend Zimmern, die man in „infamia Vaticani loca" gezählt hat; der sich über seine luxuserfüllte Gefangenschaft beklagt und die Zeit mit kleinen Ausschweifungen auf das Feld der Poesie tötet.

Den Erlöser verlassend, wundere ich mich, als ich zum Saint-Sulpice-Markt komme, dass die Kirche so sehr entfernt zu liegen scheint. Sie hat sich mindestens ein Kilometer zurückgezogen, und die Fontäne im Verhältnis dazu. Habe ich den Sinn für Distanzmessen verloren? An den Mauern des Seminars entlang gehend, meine ich, es nimmt nie ein Ende, so unermesslich kommt es mir diesen Abend vor. Ich wende eine halbe Stunde an, um dieses Stückchen der Rue Bonaparte zu gehen, das sonst nur fünf Minuten erfordert. Und vor mir her schreitet eine Figur, deren Gang und Art mich an jemand erinnern, den ich kenne. Ich beschleunige meine Schritte, ich laufe, aber der Unbekannte setzt seinen Weg mit so genau übereinstimmender Schnelligkeit fort, dass es mir nicht gelingt, den Abstand, der uns trennt, zu verkürzen.

Schließlich habe ich das Gittertor des Luxemburg erreicht. Der Garten, der bei Sonnenuntergang geschlossen wird, liegt in Ruhe und Einsamkeit, die Bäume sind nackt und die Rabatten von Frost und Stürmen des Herbstes verwüstet. Aber er riecht gut, er dunstet einen Duft von trocknen Blättern und frischem Humus aus.

Der Einhegung folgend, gehe ich die Rue de Luxembourg hinauf und sehe immer vor mir den Unbekannten, der mich zu interessieren beginnt. In eine Pilgerkutte gekleidet, die meiner gleicht, aber von opal weißer Farbe, und schlanker und grösser als ich, geht er vorwärts, wenn ich es tue, bleibt stehen, wenn ich stehen bleibe; er scheint von meinen Bewegungen abzuhängen, und es sieht aus, als sei ich sein Wegweiser. Aber ein Umstand zieht ihm ganz besonders meine Aufmerksamkeit zu, nämlich, dass sein Mantel in einem heftigen Wind flattert, von dem ich nichts merke. Um darüber ins klare zu kommen, zünde ich eine Zigarette an; da ich wahrnehme, wie der Rauch gerade aufsteigt, ohne nach der Seite abzuweichen, wird meine Überzeugung, dass es nicht windig ist, bestätigt. Übrigens rühren sich die Bäume und Büsche drinnen im Garten nicht.

Nachdem wir zur Rue Vavin gekommen sind, biege ich rechts ab und im selben Augenblick finde ich mich vom Trottoir mitten in den Garten versetzt, ohne zu verstehen, wie es zugegangen ist, da die Pforten geschlossen waren.

Vor mir, zwanzig Schritte entfernt, steht mein Begleiter, mir zugewendet, und sein bartloses, blendend weißes Gesicht breitet einen leuchtenden Dunstkreis aus in Form einer Ellipse, deren Mittelpunkt von dem Unbekannten eingenommen wird. Nachdem er mir ein Zeichen gegeben hat, ihm zu folgen, geht er weiter und führt seinen Strahlenkranz mit sich, so dass der düstere, kalte und schmutzige Garten hell wird, wo er geht. Und noch mehr, die Bäume, die Büsche, die Kräuter grünen und kleiden sich in Blüten, und zwar in einer Ausdehnung, die mit dem Bereich seiner Strahlenglorie übereinstimmt, erlöschen aber wieder, wenn er vorbei ist. Ich kenne die großen Cannagewächse mit Blättern wie Elefantenohren oberhalb der Statuengruppe Adam und seine Familie wohl wieder, wie das Beet von Salvia fulgens, der feuerroten Salbei, den Pfirsichbaum, die Rosen, die Bananenpflanze, die Aloën, alle meine alten Bekannten und jeder auf seinem Platz. Das einzige ist, dass die Jahreszeiten durcheinander gemischt zu sein scheinen, so dass die Frühlingsblumen gleichzeitig sind mit den Herbstblumen.

Was mich aber am allermeisten verwundert, ist, dass nichts von all dem mich verwundert, sondern dass alles erscheint, als sei es ganz natürlich und wie es sein soll. So, als ich am Bienengarten vorbeigehe, schwärmt ein Bienenschwarm um die Stöcke und nimmt die Blumen daneben in Angriff, aber auf einem so genau abgesteckten Umkreis, dass die Insekten im selben Augenblick, wie sie in den Schatten hineinfliegen, verschwinden, und dass der beleuchtete Teil einer Salbei mit Blättern und Blüten bedeckt ist, während der beschattete Teil welk und vom Reif schwarzgebrannt bleibt.

Unter den Kastanienbäumen wird das Schauspiel hinreißend schön, als unter dem Laubwerk ein leeres Waldtaubennest auf einmal von girrenden Gatten eingenommen ist.

Schließlich sind wir am Fleurus-Tor angelangt, wo mein Wegweiser mir ein Zeichen gibt, stehen zu bleiben, und in einer Sekunde ist er an das andere Ende des Gartens, ans Gay-Lussac-Tor, versetzt; eine Entfernung, die mir unermesslich erscheint, obgleich sie nur ein halbes Kilometer umfasst; und trotz der Entfernung kann ich den Unbekannten von seinem ovalen Lichtrand umgeben sehen. Ohne ein Wort hervorzubringen, befiehlt er mir mit kleinen Bewegungen der Mundmuskeln, mich zu nähern. Ich glaube seine Absicht zu begreifen, indem ich die endlose Allee zurücklege, den Hippodrom, den ich seit Jahren wohl kenne; in der Ferne begrenzt ihn das Kreuz des Pantheon, das sich in blutroter Farbe auf dem schwarzen Himmel abzeichnet.

Der Weg des Kreuzes, und vielleicht die vierzehn Stationen! Wenn ich nicht irre. Ehe ich beginne, mache ich Zeichen, dass ich sprechen, fragen, Aufklärung erhalten will; und mein Wegweiser antwortet mit einer Neigung des Hauptes, dass er bereit sei, zu hören, was ich vorzubringen habe.

Im selben Augenblick ändert der Unbekannte den Platz, ohne die kleinste Bewegung oder das geringste Rascheln vernehmen zu lassen; das einzige, was ich merke, ist, dass er, als er mir näher kommt, einen balsamischen Duft verbreitet, der mein Herz und meine Lungen schwellen lässt und mir Mut einflößt, den Strauß zu wagen.

Und ich beginne mein Verhör.

- Du bist es, der mich seit zwei Jahren verfolgt; was wünschest du von mir?

Ohne den Mund zu öffnen, antwortet mir der Unbekannte mit einer Art Lächeln voll übermenschlicher Güte, Nachsicht und Bildung:

- Warum fragst du mich, da du die Antwort selbst kennst?

Und wie in meinem Innern höre ich eine Stimme widerklingen:

- Ich wünsche dich zu einem höheren Leben zu erheben? Dich aus dem Schmutz zu ziehen."

Dieser Text, den uns gerade Margareta Bannmann vorgelesen hat, ist meines Wissens der einzige Text, der eine Begegnung mit einer Person schildert, die offenbar die nächste Verkörperung von Saint Germain nach dessen Tod in Eckernförde war, und zwar Ende des 19. Jahrhunderts. Denn Strindberg veröffentlichte Inferno 1897. Es ist schon spannend, zu verfolgen, wie sehr die Individualität des Grafen die europäische Kultur- und Geistesgeschichte beeinflusst hat.

Aber gehen wir weiter von Strindbergs „Inferno" zur Alchemie – zur Unterschrift unter dem einzig erhaltenen Bild des Grafen. Wir sehen dieses Bild auch hier im Saal ins Riesenhafte vergrößert. In dem Poem ist explizit von Saint Germain als einem Alchemisten die Rede.[103]

„Le Compte de St. Germain, célèbre Alchimiste,
Ainsi que Promethée il deroba le feu,
Par qui le Monde existe,
et par qui tout respire;
La Nature à sa voix obeit et se meut;
S'il n'est pas Dieu lui-même, un dieu puissant l'inspire.

Graf Saint-Germain, berühmter Alchemist,
Prometheus gleich raubt' er vom Himmelszelt
Die Flamme, die die Welt erhält,
und die des Alls lebend'ger Atem ist;
Natur folgt seinem Wort, von ihm gemeistert;
Ist er nicht Gott selbst, hat ihn ein mächt'ger Gott begeistert."

---

[103] Unterschrift unter Bildnis von Saint Germain, in: Peter Schraud: Graf Saint-Germain unser Bruder, Novalis, S. 148.

Über diesen „berühmten Alchemisten“ hat auch Casanova geschrieben, der damals an einer Geschlechtskrankheit litt.[104]

„Ich ging um neun Uhr hin und fand ihn mit einem zwei Zoll langen Stoppelbart. Er hatte eine Anzahl Retorten voller Flüssigkeiten im Zimmer. Einige machten einen chemischen Prozess durch, sie lagen auf Sand bei natürlicher Wärme. Wie er mir sagte, arbeitete er zu seiner Kurzweil an der Herstellung von Farben und richtete eine Hutfabrik ein, um dem Grafen Cobenzl, dem Minister Maria Theresias in Brüssel, gefällig zu sein. Der Graf hätte ihm nur 105.000 Gulden gegeben, die aber nicht hinreichten, doch er würde das Weitere hinzulegen. Dann sprachen wir von Frau von Urfé.

„Sie hat sich durch eine zu starke Dosis von Universalmedizin vergiftet“. sagte er. „Ihr Testament beweist, dass sie sich für schwanger hielt. Sie hätte es sein können, wenn sie mich um Rat gefragt hätte. Das Unternehmen ist sehr schwierig, aber ganz sicher, obgleich die Wissenschaft das Geschlecht des Kindes noch nicht zu bestimmen vermag.“

Als er hörte, an welcher Krankheit ich litt, beschwor er mich, drei Tage in Tournai zu bleiben. In dieser Zeit wollte er alle meine Drüsenschwellungen beseitigen und mir dann fünfzehn Pillen verschreiben, die ich in fünfzehn Tagen einnehmen sollte und die mich ganz wiederherstellen würden. Er zeigte mir seine Lebenskraft, die er „Atoëter“ nannte, eine weiße Flüssigkeit in einem festverschlossenen Fläschchen. Diese Flüssigkeit, sagte er, sei der Universalgeist der Natur; der Beweis dafür sei, dass der Geist sofort das Fläschchen verließe, wenn man das Wachs ganz leicht mit einer Nadel durchbohrte. Ich bat ihn, mir das Experiment zu zeigen. Er gab mir das Fläschchen und eine Nadel. Ich stach leicht in das Wachs, und in der Tat wurde das Fläschchen ganz leer.

„Herrlich!“ sagte ich. „Aber was ist der Zweck davon?“

„Das kann ich Ihnen nicht verraten: es ist mein Geheimnis.“

Wie gewöhnlich hatte er den Ehrgeiz, mich in Verwunderung zu setzen, und fragte er mich, ob ich kleines Geld bei mir hätte. Ich zog ein paar Münzen hervor und legte sie auf den Tisch. Ohne mir zusagen, was er vorhätte, stand er auf, legte eine glühende Kohle auf eine Metallplatte, bat mich um ein Zwölf-Sous-Stück, das unter den Münzen lag, legte ein schwarzes Körnchen darauf und das Geldstück auf die Kohle und blies sie mit einem gläsernen Blasrohr an. Binnen zwei Minuten war es glühend.

„Warten Sie, bis es abgekühlt ist“, sagte der Alchimist. Es war in einer Minute geschehen. „Nehmen Sie es mit“, fügte er hinzu, „denn es gehört Ihnen.“

Ich nahm es: es war Gold. Ich zweifelte keinen Augenblick, dass er die Münze vertauscht

[104] Casanova-Zitat aus seinen „Memoiren“, in: Gustav Bertold Volz (Hg.): Der Graf von Saint-Germain, Bohmeier Verlag, S. 169f.

und mir eine andere gegeben hatte, die er zweifellos vorher blank geputzt hatte. Ich wollte ihm keine Vorwürfe machen. Damit er aber nicht glaubte, er hätte mich zum besten gehabt, sagte ich: „Das ist wunderbar, Graf. Das nächste Mal aber müssen sie, um ganz sicher zu sein, dass Sie auch den schärfsten Beobachter verblüffen, ihm vorher sagen, welche Verwandlung Sie vorhaben. Dann kann er sich die Münze ansehen, bevor Sie diese auf die glühende Kohle legen."

„Wer an meiner Wissenschaft zweifeln kann, ist unwert, mit mir zu sprechen", entgegnete der Schwindler.

Dies anmaßliche Benehmen kennzeichnete ihn; es war mir indes nichts Neues. Das war das letzte Mal, dass ich den berühmten und gelehrten Betrüger sah."

Doch Saint Germain war kein Betrüger, sondern auf dem Weg zur „Prima Materia" und zum „Aurum Potabile", der Gold-Essenz, dem legendären „Trinkgold der Alchemisten", dem „Lebenselixier", nach alten Rezepturen bereitet von berühmten Alchemisten wie Paracelsus.

Die prima materia, die „erste" oder Anfangs-Stofflichkeit, war der Ausgangspunkt eines „chymischen Prozesses", durch den die Stofflichkeit erhöht und veredelt, unedles Metall oder Gestein in edles verwandeln werden sollte. Das Geheimnis des Goldes und des Edelsteins versuchte man zu enträtseln, um eine die menschliche Natur läuternde und heilende, belebende und verjüngende Essenz zu finden: das „Elixier", den „Stein der Weisen".[105]

Von alchemistischen Substanzen scheint auch in der Bergpredigt die Rede zu sein. Und zwar in Matthäus 5, 13: „Ihr seid das Salz der Erde." Salz ist hier gleichbedeutend mit dem, was der Erde Weisheit gibt.[106] Anlass, uns mit Steiner im Gepäck einmal näher anzuschauen, wie die alchemistischen Prozesse eigentlich zu verstehen sind und wieso sie Saint Germain praktizierte. Denn während der Mystiker mehr im eigenen Innern, in der eigenen Seele den Geist sucht, sucht ihn der Alchemist in der Natur, in ihren Substanzen und Prozessen. Der Mystiker strebt die „Mystische Hochzeit" an, die Vereinigung der bewusst gewordenen Seele mit der eigenen geistigen Wesenheit. Der Alchemist hingegen sucht das Geistige in der Natur. Sein Ziel ist die „Chymische Hochzeit", um danach mit den auf diesem Gebiet gewonnen Erkenntnissen und Kräften das Geistige im Menschen zu erleben.[107] Nicht allein von „äußerer Alchemie" ist also hier die Rede, wie sie heute in chemischen Labors praktiziert wird, aber auch nicht allein von „innerer Alchemie", wie sie in weltabgewandten Zirkeln zu finden ist,

---

[105] Literatur in: Beckh, S 7f.

[106] Rudolf Steiner: GA 97, S. 97.

[107] Johann Valentin Andreae: Die Chymische Hochzeit des Christian Rosenkreuz, Zbinden Verlag, S. 130; Rudolf Steiner, GA 35.

sondern es handelt sich um die Verbindung von beidem – vollzogen in einer andachtsvollen, ja heiligen Stimmung.

Als christliche Fortführung der kainitischen Strömung des Hiram Abiff lebte bei den Rosenkreuzern der Wille, die Materie mit Hilfe der Alchemie zu vergeistigen. Der Rosenkreuzer unterschied drei verschiedene Naturvorgänge, die er als die drei großen Prozesse der Natur ansah.

> „Als der erste wichtige Prozeß ist folgender anzuführen: Die Salzbildung. Alles, was in der Natur aus einer Auflösung als fester Stoff sich niederschlägt, sich setzen, herausfallen kann, nannte der mittelalterliche Rosenkreuzer: Salz. Wenn aber der mittelalterliche Rosenkreuzer diese Salzbildung sah, war seine Vorstellung davon ganz verschieden von der des heutigen Menschen. Denn der Anblick eines solchen Prozesses mußte wie ein Gebet wirken in der Seele desjenigen Menschen, der ihn betrachtete, wenn er ihn als verstanden empfinden wollte. Der mittelalterliche Rosenkreuzer suchte sich deshalb klar zu machen, was in seiner eigenen Seele vorgehen müßte, wenn in ihr diese Salzbildung auch vorgehen sollte. Er dachte: Die menschliche Natur vernichtet sich fortwährend durch die Triebe und Leidenschaften. Unser Leben wäre eine fortwährende Zersetzung, ein Fäulnisprozeß, wenn wir uns nur den Begierden und Leidenschaften hingeben würden. Und wenn der Mensch sich wirklich schützen will gegen diesen Fäulnisprozeß, so muß er sich fortwährend hingeben reinen, nach dem Geistigen hintendierenden Gedanken. Es handelte sich um die Höherentwickelung seiner Gedanken. Der mittelalterliche Rosenkreuzer wußte, daß, wenn er in einer Inkarnation seine Leidenschaften nicht bekämpfte, er in die nächste Inkarnation mit Krankheitsanlagen hineingeboren werden würde, daß er aber, wenn er seine Leidenschaften läuterte, in die nächste Inkarnation mit gesunden Anlagen eintreten würde. Der Prozeß der Überwindung der zur Verwesung führenden Kräfte durch Spiritualität, das ist mikrokosmische Salzbildung. So können wir begreifen, wie ein solcher Naturvorgang für den mittelalterlichen Rosenkreuzer zum frömmsten Gebet werden konnte. Bei der Betrachtung der Salzbildung sagten sich die mittelalterlichen Rosenkreuzer mit dem Gefühl der reinsten Frömmigkeit: Hier haben göttlich-geistige Kräfte seit Tausenden von Jahren ebenso gewirkt, wie in mir reine Gedanken wirken. Ich bete an hinter der Maja der Natur die Gedanken der Götter, der göttlich-geistigen Wesenheiten. – Das wußte der mittelalterliche Rosenkreuzer und er sagte sich: Wenn ich mich durch die Natur anregen lasse, solche Empfindungen zu hegen, so mache ich mich selber dem Makrokosmos ähnlich. Betrachte ich diesen Prozeß nur äußerlich, so scheide ich mich von dem Gotte, so falle ich vom Makrokosmos ab. – So empfand der mittelalterliche Theosoph oder Rosenkreuzer.“ [108]

---

[108] GA 130, S. 72f.

So Rudolf Steiner. Und weiter:

„Ein anderes Erlebnis war der Prozeß der Auflösung: ein anderer Naturprozeß, der ebenfalls den mittelalterlichen Rosenkreuzer zum Gebet führen konnte. Alles dasjenige, was etwas anderes auflösen kann, nannte der mittelalterliche Rosenkreuzer: Quecksilber oder Merkur. Nun trat wieder für den mittelalterlichen Rosenkreuzer die Frage auf: Was ist die entsprechende Eigenschaft in der menschlichen Seele? Welche Seeleneigenschaft wirkt so, wie in der Natur draußen Quecksilber oder Merkur? Der mittelalterliche Rosenkreuzer wußte, daß das, was diesem Merkur in der Seele entspricht, alle Formen der Liebe in der Seele bedeutet. Er unterschied niedere und höhere Auflösungsprozesse, wie es niedere und höhere Liebeformen gibt. Und so wurde der Anblick des Auflösungsprozesses wieder zu einem frommen Gebete, und der mittelalterliche Theosoph sagte sich: Es hat die Liebe des Gottes draußen Jahrtausende lang so gewirkt, wie in meinem Innern die Liebe wirkt.

Der dritte wichtige Naturprozeß war für den mittelalterlichen Theosophen die Verbrennung, das, was eintritt, wenn ein äußerer Stoff in Flammen sich verzehrt. Und wiederum suchte der mittelalterliche Rosenkreuzer den inneren Vorgang, der dieser Verbrennung entspricht. Er sah diesen inneren Seelenvorgang in der inbrünstigen Hingabe an die Gottheit. Und er nannte alles, was in der Flamme aufgehen kann, Schwefel oder Sulphur. Er sah in den Entwickelungsstadien der Erde den Prozeß einer allmählichen Läuterung, ähnlich einem Verbrennungsprozeß oder Schwefelprozeß. So wie er wußte, daß einmal die Erde durch das Feuer gereinigt wird, so sah er in der inbrünstigen Hingabe an die Gottheit auch einen Verbrennungsprozeß. In den Erdenprozessen sah er die Arbeit der Götter, die zu noch höheren Göttern aufschauen. Und so durchdrungen von großer Frömmigkeit und tief religiösen Gefühlen sagte er sich beim Anblick des Verbrennungsprozesses: Jetzt opfern Götter den höheren Göttern. – Und wenn dann der mittelalterliche Theosoph selbst in seinem Laboratorium den Verbrennungsprozeß hervorbrachte, dann empfand er: Ich tue, was die Götter tun, wenn sie sich höheren Göttern opfern. – Sich selber hielt er nur dann für würdig, zu einem solchen Verbrennungsprozeß in seinem Laboratorium zu schreiten, wenn er sich von solcher Opfergesinnung durchdrungen fühlte, wenn er selber in sich fühlte den Wunsch, sich opfernd den Göttern hinzugeben. Die Macht der Flamme erfüllte den mittelalterlichen Theosophen mit großen, tiefreligiösen Gefühlen, und er sagte sich: Wenn ich draußen im Makrokosmos die Flamme sehe, so sehe ich die Gedanken, die Liebe, die Opfergesinnung der Götter."

„Der mittelalterliche Rosenkreuzer nahm selber in seinem Laboratorium diese Prozesse vor, und dann ergab sich der Experimentierende der Betrachtung dieser Bildungen von Salz, der

Auflösungen und der Verbrennungen, bei denen er sich stets tief religiösen Empfindungen hingab, und er fühlte den Zusammenhang mit allen Kräften im Makrokosmos. Diese Seelenvorgänge riefen bei ihm hervor: erstens Göttergedanken, zweitens Götterliebe, drittens Götteropferdienst. Und dann entdeckte dieser mittelalterliche Rosenkreuzer, daß, wenn er einen Salzbildungsprozeß vornahm, in ihm selber solche reinen, läuternden Gedanken aufstiegen. Bei einem Auflösungsprozeß fühlte er sich angeregt zur Liebe, wurde er von der göttlichen Liebe durchdrungen, im Verbrennungsprozeß fühlte er sich entfacht zum Opferdienst, dazu gedrängt, sich auf dem Altar der Welt zu opfern. Das war, was der Experimentierende erlebte. Und wenn man selbst als Hellseher einem solchen Experiment beigewohnt hätte, so hätte man eine Veränderung der Aura des betreffenden Menschen, der das Experiment ausführte, wahrgenommen. Die Aura, die vor dem Experiment sehr gemischt war, die vielleicht erfüllt gewesen war von Begierden, Trieben, denen sich der Betreffende hingegeben hatte, wurde durch das Experiment einfarbiger. Zuerst, bei dem Experiment der Salzbildung: kupfern – reine Gottesgedanken –, dann, bei dem Experiment der Auflösung: silbern – Götterliebe –, und endlich goldglänzend – Götteropferliebe oder Götteropferdienst – bei der Verbrennung. Und die Alchimisten sagten dann, sie hätten aus der Aura das subjektive Kupfer, das subjektive Silber und das subjektive Gold gemacht. Und die Folge davon war, daß derjenige, der so etwas durchgemacht hatte, der ein solches Experiment wirklich innerlich erlebte, von göttlicher Liebe ganz durchdrungen wurde. Also ein von Reinheit, Liebe und Opferwillen durchdrungener Mensch kam dabei heraus, und durch diesen Opferdienst bereiteten die mittelalterlichen Theosophen ein gewisses Hellsehen vor. So konnte der mittelalterliche Theosoph hineinschauen in die Art, wie hinter der Maja geistige Wesen die Dinge entstehen und wieder vergehen ließen. Und dadurch sah er dann auch ein, welche Bestrebungskräfte in der Seele in uns fördernd sind und welche nicht. Er lernte unsere eigenen Entstehungs- und Verwesungskräfte kennen."

„Auf diese Weise erkannte der mittelalterliche Theosoph das Gesetz der Aufwärtsentwickelung und des Abstiegs und drückte seine Erkenntnisse in bestimmten Zeichen aus: in imaginativen Bildern und Figuren – den „geheimen Figuren der Rosenkreuzer"."[109]

Alchemistische Versuche konnten – bis ins 19. Jahrhundert hinein, sagt Steiner – also offenbar zu spirituellen Erfahrungen und Erkenntnissen führen. Und genau das – so meine These – war auch das eigentliche Anliegen von Saint Germain: der Grund, wieso er sich den Potentaten überhaupt näherte. Zunächst versuchte er, Zugang zu ihrem Hof zu bekommen, um die Adeligen anschließend durch alchemistische Versuche mit höhe-

---

[109] Rudolf Steiner: GA 130, S. 72ff.

ren Welten in Berührung zu bringen. Das erhoffte Ergebnis: ein Charakterwandel beim Markgrafen, Fürsten oder König, damit diese dann den Geist auch ihren Untertanen vermitteln konnten, um gesellschaftliche Probleme effizient zu heilen.

Offensichtlich ist dies Saint Germain – zumindest in Ansätzen – vor allem bei Carl von Hessen gelungen. Der hatte in Schleswig-Holstein gelebt, wo etwas früher, in Eckernförde, schon ein berühmter Alchemist und Rosenkreuzer gewirkt hatte: Michael Maier, bekannt geworden mit seiner „Atalanta fugiens", übrigens herausgegeben 1618, also genau in dem Jahr, in dem der 30-jährige Krieg begann.

Goethe war ebenfalls in alchemistischer Rosenkreuzerei bewandert. Und wir werden gleich – und im nächsten Vortrag von mir – sehen, wie sehr. Goethe soll sogar ein alchemistisches Labor mit Windofen, Kolben und Retorten besessen haben.[110]

„Mein Vater war ein dunkler Ehrenmann,
Der über die Natur und ihre heil'gen Kreise
In Redlichkeit, jedoch auf seine Weise,
Mit grillenhafter Mühe sann;
Der, in Gesellschaft von Adepten,
Sich in die schwarze Küche schloß,
Und, nach unendlichen Rezepten,
Das Widrige zusammengoß.
Da ward ein roter Leu, ein kühner Freier,
Im lauen Bad der Lilie vermählt,
Und beide dann mit offnem Flammenfeuer
Aus einem Brautgemach ins andere gequält.
Erschien darauf mit bunten Farben
Die junge Königin im Glas,
Hier war die Arzenei, die Patienten starben,
Und niemand fragte: wer genas?" [111]

Die Lilie wird hier, im Osterspaziergang des Faust – daraus stammt das gerade gehörte Zitat – als Symbol von Reinheit und Keuschheit angesehen. Aber die Lilie ist noch mehr als das. Sie ist ein technischer Ausdruck der Alchimie: Lilie bedeutet Merkur. Im Sinne der theosophischen Weltanschauung ist Merkur das Sinnbild der Weisheit, wel-

---

[110] https://alchemie.blog/2017/05/11/goethe-und-die-alchymie.

[111] Goethe, Faust I, Osterspaziergang, Faust.

cher der Mensch zustrebt, und Blanchefleur, Lilie, jener Bewusstseinszustand, in dem der Mensch sich befindet, wenn er das Höchste erreicht, sich selbst gefunden hat. Die Vermählung des Männlichen mit dem Weiblichen in der eigenen menschlichen Seele wird so dargestellt. Merkur, die Auflösung, wie wir vorhin gehört haben – die Liebe.

Goethes Ausdruck „Im lauen Bad“ heißt im Sinne der Alchimie demnach: „freigeworden vom Feuer der Begierden“ , von dem Leu der Begierden, die abgekühlt sind im lauen Bad. Dann kann der Menschengeist die Lilie finden, das Ewig-Weibliche, das uns hinanzieht, und die Vereinigung mit den Wahrheiten der geistigen Welten vollziehen. Rudolf Steiner:

> „Also Goethe hat sehr wohl studiert, wie man dazumal verfahren ist, wie man den „roten Leu“ – das Quecksilberoxyd, Schwefelquecksilber – behandelt hat, wie man die verschiedenen Chemikalien zusammengemischt und ihren Prozessen überlassen hat, wie man Arzneien daraus fabriziert hat. Das alles aber entsprach nicht mehr der alten Weisheit. Goethe kennt auch die Ausdrucksweise. Man hat durchaus das, was man darzustellen hatte, in Bildern dargestellt. Die Verbindungen von Stoffen hat man wie eine Vermählung dargestellt. Daher sagt er: „Erschien darauf mit bunten Farben Die Junge Königin im Glas“.
>
> Die „Junge Königin im Glas“ – das ist ebenfalls ein besonderer Ausdruck, nämlich: die Bezeichnung für einen Vorgang, bei dem bestimmte Substanzen einen gewissen Zustand und Farbe erreicht haben – den einer ‚jungen Königin‘.“[112]

Goethes Szene aus dem „Osterspaziergang“ und auch sein Märchen von der „schönen Lilie“, von dem wir morgen sprechen, erscheint so in einem ganz anderen Licht. Morgen früh erfahren wir dann auch, was Goethe ganz persönlich mit dem Grafen von Saint Germain zu tun gehabt hat.

---

[112] Rudolf Steiner: GA 273, S. 14.

Das Ensemble spielte die Arie „Per pietà bell'idol mio" des Grafen von Saint Germain

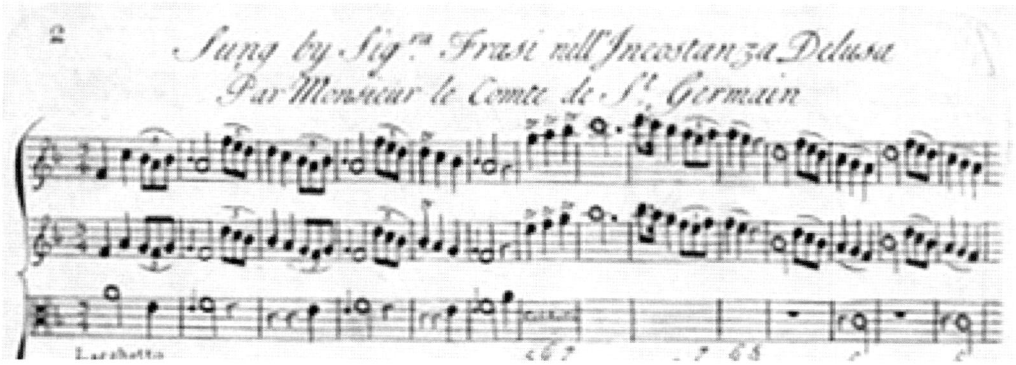

SAINT GERMAIN UND LAZARUS-JOHANNES

Mieke Mosmuller

Ansbach, 7. Oktober 2017

In gewissem Sinn ist also das Johannes-Evangelium auch ein hier und dort autobiographisches Dokument von Johannes. Aber auch in den anderen Evangelien kann man Johannes finden. Ich werde ein paar Stellen aus dem Evangelium vorlesen. Zuerst Markus, Kapitel 10, Vers 17:

„Und als er sich auf den Weg machte, lief einer herzu, warf sich vor ihm auf die Knie und fragte ihn: Guter Meister, was muss ich tun, damit ich das ewige Leben ererbe. Jesus aber sprach zu ihm: Was nennst du mich gut, niemand ist gut, außer Gott allein. Du kennst die Gebote, du sollst nicht töten, du sollst nicht ehebrechen, du sollst nichts stehlen, du sollst nicht falsches Zeugnis reden, du sollst nicht berauben, ehre deinen Vater und deine Mutter. Er aber sagte zu ihm: Meister, dies alles habe ich gehalten von meiner Jugend an. Da blickte ihn Jesus an, gewann ihn lieb und sprach zu ihm: Eins fehlt dir. Gehe hin, verkaufe alles, was du hast und gib es den Armen und du wirst einen Schatz in den Himmeln haben; und komm, folge mir nach. Er aber wurde traurig über das Wort und ging betrübt hinweg, denn er hatte viele Güter.

Und Jesus blickte umher und sprach zu seinen Jüngern: Wie schwer werden die Begüterten in das Reich Gottes kommen. Die Jünger aber erstaunten über seine Worte. Da begann Jesus wiederum und sprach zu ihnen: Kinder, wie schwer ist es, in das Reich Gottes zu kommen, es ist leichter, dass ein Kamel durch ein Nadelöhr hindurchgeht, als dass ein Reicher in das Reich Gottes kommt. Sie aber entsetzten sich in hohem Maß und sagten zueinander: Wer kann dann gerettet werden. Jesus blickte sie an und sprach: Bei den Menschen ist es unmöglich, aber nicht bei Gott, denn bei Gott sind alle Dinge möglich."

Dann aus dem Johannes-Evangelium, Kapitel 11, Vers 14:

„Dann sagte es ihnen Jesus frei heraus: Lazarus ist gestorben und ich freue mich, dass ich nicht dort gewesen bin, um euretwillen, damit ihr zum Glauben kommt. Aber lasset uns zu ihm gehen. Thomas nun, der auch Didymus genannt wird, sagte zu den Mitjüngern: Lasst uns auch hingehen, damit wir mit ihm sterben. Als nun Jesus hinkam, fand ihn Jesus schon vier Tage in der Gruft liegend. Bethanien war aber nahe bei Jerusalem, etwa fünfzehn Stadien entfernt. Es waren aber viele von den Juden zu Martha und Maria gekommen, um sie wegen ihres

Bruders zu trösten. Wie nun Martha hörte, dass Jesus komme, ging sie ihm entgegen. Maria aber blieb zuhause. Martha sagte nun zu Jesus: Herr, wärst du hier gewesen, so wäre mein Bruder nicht gestorben und jetzt weiß ich trotzdem: alles, um was du Gott bitten wirst, wird Gott dir geben. Jesus sagt zu ihr: Dein Bruder wird auferstehen. Martha sagt zu ihm: Ich weiß, dass er auferstehen wird, bei der Auferstehung am jüngsten Tag. Jesus sprach zu ihr: Ich bin die Auferstehung und das Leben. Wer an mich glaubt, wird leben, auch wenn er stirbt. Und jeder, der lebt und an mich glaubt, wird in Ewigkeit nicht sterben. Glaubst du das? Sie sagt zu ihm: Ja, Herr, ich habe den Glauben gewonnen, dass du der Christus, der Sohn Gottes bist, der in die Welt kommen soll. Und als sie dies gesagt hatte, ging sie hinweg, rief heimlich ihre Schwester Maria und sagte: Der Meister ist da und lässt dich rufen. Als jene das hörte, stand sie eilends auf und machte sich auf den Weg zu ihm. Jesus aber war noch nicht in das Dorf gekommen, sondern er war noch an dem Ort, wohin ihm Martha entgegen gegangen war.

Als nun die Juden, die bei ihr im Haus waren und sie trösteten, sahen, dass Maria eilends aufstand und hinaus ging, folgten sie ihr in der Meinung, sie gehe zur Gruft, um dort zu weinen. Als Maria nun da hinkam, wo Jesus war, warf sie sich bei seinem Anblick ihm zu Füßen: Herr, wärest du hier gewesen, so wäre mein Bruder nicht gestorben. Da nun Jesus sah, wie sie weinte und wie die Juden, die mit ihr gekommen waren, weinten, ergrimmte er im Geist und empörte sich und sagte: Wo habt ihr ihn hingelegt? Sie sagten zu ihm: Herr, komm und sieh. Jesus weinte, da sagten die Juden: Siehe, wie hat er ihn lieb gehabt. Einige aber von ihnen sagten: Konnte er, der den Blinden die Augen aufgetan hat, nicht machen, dass auch dieser nicht stürbe? Jesus nun, abermals in seinem Innern ergrimmt, kommt zur Gruft. Es war aber eine Höhle, und ein Stein lag davor. Jesus sagte: Hebet den Stein weg. Martha, die Schwester des Verstorbenen, sagte zu ihm: Herr, er riecht schon, denn er ist vier Tage tot. Jesus sagt zu ihr: Habe ich dir nicht gesagt: Wenn du glaubst, werdest du die Herrlichkeit Gottes sehen. Da hoben sie den Stein weg. Jesus aber richtete die Augen nach oben und sprach: Vater ich danke dir, dass du mich erhört hast, ich aber wusste, dass du mich alle Zeit erhörst. Doch um des umherstehenden Volkes willen habe ich es gesagt, damit sie glauben, dass du mich gesandt hast. Und als er dies gesprochen hatte, rief er mit lauter Stimme: Lazarus, komm heraus! Der Gestorbene kam heraus, an Händen und Füßen mit Binden umwickelt und sein Angesicht war mit einem Schweißtuch umwunden. Jesus sagt zu ihnen: Machet ihn frei und lasset ihn hinweggehen. Viele aber von den Juden nun, die zu Maria gekommen waren und gesehen hatten, was er getan hatte, glaubten an ihn, etliche aber von ihnen gingen hin zu den Pharisäern und sagten ihnen, was Jesus getan hatte.“

Nach der Jahrhundertwende vom 19. zum 20. Jahrhundert kommt Rudolf Steiner mit Vorträgen über das Christentum als mystische Tatsache.[113] Diese Vorträge erschei-

[113] GA 8.

nen dann gebündelt in einem Buch mit diesem Titel. Und in diesem Buch habe ich das erste Mal vernommen, dass der auferweckte Lazarus Johannes der Evangelist ist. Und, ja, ich kann mir vorstellen, dass Menschen, die das lesen, das abweisen, aber es gibt scheinbar auch Menschen, die das lesen und die dann sagen: Ja, so muss es wohl sein.

Also von diesem Moment an hatte ich eine starke Sicherheit, dass tatsächlich Lazarus der reiche Jüngling war, der zu Christus Jesus gegangen ist und gesagt hat: Ich folge schon allen Geboten nach, und trotzdem komme ich nicht an mein Ziel. Da schon wird gesagt, dass in diesem Moment der Herr diesen jungen reichen Mann liebgewann. Und später erweckt er Lazarus aus dem Tod, und alle Menschen die dabei sind, können anschauen, wie sehr Christus diesen jungen Mann liebte.

Einerseits ist dies ein technischer Ausdruck für die Einweihung, für die Auserwählung für die Einweihung, aber andererseits muss man es auch, wie all diese Texte, buchstäblich nehmen, dass eine besondere Liebe zwischen Christus und Johannes existiert.

Dann kommen wir an den Punkt, wo Johannes und Maria unter dem Kreuz stehen. Kapitel 19, Vers 25.

„Beim Kreuze Jesu aber standen seine Mutter und die Schwester seine Mutter, Maria, die Frau des Klopas und Maria aus Magdala. Als nun Jesus die Mutter sah und neben ihr den Jünger, den er lieb hatte, sagte er zur Mutter: Weib, siehe deinen Sohn. Hierauf sagte er zum Jünger: Siehe deine Mutter. Und von jener Stunde an nahm sie den Jünger in sein Haus."

Und dann nach der Auferstehung eine vielsagende Passage. Kapitel 21, Vers 15.

„Als sie nun das Mahl gehalten hatten, sagte Jesus zu Simon Petrus: Simon, Sohn des Johannes, liebst du mich mehr als diese? Er sagt zu ihm: Ja, Herr, du weißt, dass ich dich lieb habe. Er sagte zu ihm: Weide meine Lämmer. Er sagt zu ihm wiederum, zum zweiten Mal: Simon, Sohn des Johannes, liebst du mich? Er sagt zu ihm: Ja, Herr, du weißt, dass ich dich lieb habe. Er sagt zu ihm: Hüte meine Schafe. Er sagt zu ihm zum dritten Mal: Simon, Sohn des Johannes, hast du mich lieb? Petrus wurde betrübt, dass er zum dritten Mal zu ihm sagte, hast du mich lieb, und sprach zu ihm: Herr, du weißt alles, du siehst, dass ich dich lieb habe. Jesus sagt zu ihm: Weide meine Schafe. Wahrlich, wahrlich ich sage dir, als du jung warst, gürtetest du dich selbst und wandeltest, wohin du wolltest. Wenn du aber alt geworden bist, wirst du deine Hände ausstrecken und ein anderer wird dich gürten und dahin führen, wohin du nicht willst. Dies aber sagte er, um anzudeuten, durch welchen Tod er Gott verherrlichen werde. Und nachdem er dies gesprochen hatte, sagte er zu ihm: Folge mir nach. Als Petrus sich umwandte, sieht er den Jünger nachfolgen, den Jesus lieb hatte, der auch beim Mahle sich an seine Brust gelehnt, und fragte: Herr, wer ist es, der dich verrät? Als nun Petrus diesen sah, sagte er zu Jesus: Herr, was wird aber aus diesem? Jesus sagt zu ihm: Wenn ich will, dass er bleibt, bis ich komme, was geht es dich an. Folge du mir nach. Da verbreitete sich jene Rede unter den Brüdern, dass jener Jünger nicht sterbe. Aber Jesus hatte zu ihm nicht gesagt, dass er nicht sterbe, sondern, wenn ich will, dass er bleibt, bis ich komme, was geht es dich an."

Und dann endet das Evangelium, und es wird nur noch gesagt:

„Das ist der Jünger, der von diesen Dingen zeugt und dies geschrieben hat und wir wissen, dass sein Zeugnis wahr ist. Es gibt aber noch viel anderes, was Jesus getan hat und wenn eins nach dem andern aufgeschrieben würde, glaube ich, sogar die Welt könnte die Bücher nicht fassen, die geschrieben würden."

So bekommen wir aus der Bibel doch auch einen Eindruck von Johannes, von Lazarus-Johannes, der dann unter dem Kreuz den Auftrag erhält, das Evangelium nach Johannes zu schreiben. Später reiste er nach Ephesus. Es gibt in der Literatur, in der geschichtlichen Literatur, hier und dort Hinweise, dass er da gelebt hat. Zum Beispiel hat Bischof Irenäus gesagt: Johannes lebte in Ephesus bis in die Zeit von Kaiser Traianus. Der Kirchenhistoriker Eusebius im dritten, vierten Jahrhundert nach Christus sagt: Danach gab Johannes, der Jünger des Herrn, der auch an seinem Busen ruhte, sein Evangelium heraus, als er sich in Ephesus in der Asia aufhielt.

Es gibt eine Legende, die zu den „Legenda Aurea" gehört, die im 14. Jahrhundert von Jakobus de Voragine erzählt worden sind. Darin sind mehrere Legenden zusammengefügt, unter anderem diese Legende über Johannes, der nach Rom gefangen genommen worden ist und durch Kaiser Domitianus zu dem kochenden Öl verurteilt wurde – wo er ganz gut herausgekommen ist, dann aber doch nach Patmos verbannt worden ist.

Auf Patmos empfängt er die Vision, die Offenbarung, die Apokalypse. Rudolf Steiner hat sehr bedeutende Dinge über diese Apokalypse gesagt, zuerst 1907 in Nürnberg, später 1924 in den letzten Vorträgen seines Lebens für die Priester der Christengemeinschaft. Es ist eine ganze Reihe von Vorträgen über die Apokalypse. Er spricht über die Bedeutung dieser Schrift und versucht, den Priestern deutlich zu machen, dass es eigentlich die Geschichte des menschlichen Ichs ist, wenn man die Apokalypse sieht, so wie sie sich in der Bewusstseinsseelenzeit ereignet. In Nürnberg hatte er die

Apokalypse beschrieben, wie sie sich im Bereich der ganzen Erdenentwicklung ereignen wird. Als Geschichte des Ichs gab er die Erklärung der Apokalypse den Priestern.

So, wie wir das Ich in uns tragen und wie wir ein Bewusstsein von dem Ich haben, ist das Ich eigentlich nur ein Punkt, etwas Punktuelles. Wir haben natürlich unsere Biografie, das ist nicht ein Punkt, das ist etwas ganz Ausführliches, aber wenn ich mich auf die Frage besinne: Was ist mein Ich?, dann habe ich zuerst etwas Punktuelles, einen Punkt.

Inhalt bekommt dieser Punkt dadurch, dass man die Apokalypse selbst denken und vorstellen und imaginieren lernt. Denn es ist das eigene Wesen des menschlichen Ich. Und wenn man das meditiert, diesen Aufruf, den er den Priestern zuruft, dann bekommt man eigentlich eine Art von Gefühl der Erfüllung.

Die Anthroposophie gibt viele Möglichkeiten, zu einem wirklichen Bewusstsein des Ich zu kommen, und wenn man dieses Bewusstsein einmal hat, weiß man auch, dass die Tätigkeit, die das Ich fortwährend ausübt, die Tätigkeit des Denkens, des Begreifens ist.

Aber es scheint so zu sein, dass das Ich selbst nicht wirklich einen Inhalt hat. Und es kann wirklich eine gnadenvolle Erfüllung werden, wenn man sich bewusst wird, dass der Inhalt des menschlichen Ichs die Apokalypse ist. Dann bekommt dieses Schreckensbild, das die Apokalypse zu sein scheint, eine ganz andere Gestalt.

Es hat hochentwickelte Individualitäten gegeben, die nach Johannes gelebt haben und sich mit der Apokalypse befasst haben. Und so, wie man sagen kann, dass das esoterische Christentum, das noch bei Dionysius Areopagita, dem Schüler des Paulus, lebendig war, im Verlauf der Jahrhunderte für den Verstand, durch den Verstand, gestorben ist, so kann man sagen, dass auch die Apokalypse durch unseren Verstand gar nicht erfasst werden kann. Wir sind in unserem Verstand zu materiell geschult.

Wenn wir etwas über ein Pferd lesen, dann ist es ein Pferd, und wenn es eine Heuschrecke ist, dann ist es eine Heuschrecke. Es ist für uns sehr schwierig, in diesen Bildern zu erkennen, was eigentlich gesagt werden will. Einer der Schlüssel, die Rudolf Steiner gibt, ist, dass die Apokalypse ein Zahlenbuch ist und dass wir uns also fortwährend bewusst sein müssen, dass alles nach der Zahl geordnet ist. Das fängt schon ganz im Anfang mit den sieben Gemeinden an. Rudolf Steiner deutet darauf hin, dass wir uns fortwährend dessen bewusst sein sollten, dass wir Menschen jetzt in der fünften nachatlantischen Epoche leben und dass also überall, wo die Zahl fünf vorkommt, wir uns selbst finden. Also jedes Mal, wenn wir das fünfte Glied beschrieben finden, finden wir auch uns jetzt, in unserer Zeit. Für Johannes war es das vierte Glied, das verschiebt sich natürlich. Man kann nicht sagen: Es ist ein Dokument, das in allen Zeiten für alle Menschen dasselbe bedeutet, denn es ist etwas ganz Lebendiges, diese Apokalypse. Es ist Alpha und Omega, es schildert denjenigen, der war, der ist und der kommen wird, es gibt fortwährend Hinweise auf die Zeit.

Wir müssen ein lebendiges Bewusstsein für die Zeitverhältnisse entwickeln und dann auch wissen, dass es zwei Ströme in der Zeit gibt, nicht nur einen, der von der Vergangenheit bis zur Gegenwart in die Zukunft hinein läuft, sondern auch einen, der aus der Zukunft auf uns zukommt und sich in der Gegenwart mit der Vergangenheit zusammenrollt. Das ist ein äußerst bewegliches Etwas. Was jetzt dieses Gebilde ist, ist schon eine Sekunde später etwas anderes. So sollte man auch die Apokalypse verstehen und auch fortwährend empfinden, dass es ein Zeitgebilde ist und dass die Schrecken, die da beschrieben werden, die Prozedur sind, wodurch das Ich des Menschen sich von seinen niederen Trieben befreit und sich in das Höhere verwandelt, so, dass das Höhere auch heruntersteigen kann. Sieht man die Apokalypse als ein Dokument der ganzen Erdenentwicklung, dann gibt sie in den Schrecken an, wie das materielle Dasein ausgeschieden wird, so dass die Erde reif wird, in eine neue nicht-materielle Form überzugehen. Das ist es, was wir in der Apokalypse erleben können.

Spürt man da nicht wiederum die Vorzeichen eines Rosenkreuzes? Dass man das Ego mit seinen Trieben und Leidenschaften zwar nicht unterdrücken soll, aber verwandeln muss? Und wenn man sie verwandelt, wird man demjenigen, was das höhere Ich ist, so verwandt, dass es sich auch mit einem verbinden kann. Und das ist eigentlich die Offenbarung von Johannes, insoweit sie sich auf unser Zeitalter bezieht.

Wenn der Mensch in seinem Ich diese Prozesse jedoch nicht vollführt, dann ereignet sich wirklich diese Schreckensgeschichte, denn dann kommt sie von außen, dann hat der Mensch nichts mehr in seiner eigenen Hand, dann wird es einfach an uns getan. Wir können es aber auch selbst anfassen.

Dadurch, dass Menschen auf Erden die Apokalypse selbst denken, fühlen und wollen lernen, geht, wenn das Ich und die Seele in der Nacht den physisch-ätherischen Leib im Schlaf verlassen, dasjenige, was das Ich dann tagsüber gemacht hat – nämlich die Apokalypse denken, fühlen und wollen –, eine Hochzeit mit dem Makrokosmos ein. Und beim Erwachen am folgenden Morgen kommt dann diese Apokalypse in vergeistigter Form in den Ätherleib zurück.

Rudolf Steiner beschreibt, wie das die neue Einweihung werden wird. Früher war die Einweihung dadurch da, dass man sich schulte, um den Geist in der Natur zu finden. Aber seit dem Mysterium von Golgatha ist es so, dass man zwar aus sich herausgeht, aber nicht zu dem Geist der Natur, sondern zu dem Geist des Makrokosmos. Mit diesem neigt man sich wiederum zu dem eigenen Leib hin, und mit der erneuerten Weisheit kann man dann auf Erden sowohl die Natur befruchten wie auch die Wissenschaft, die Religion, die Technik, die Kunst.

So entsteht im Umkreis der Erde eine lebendige Apokalypse, eine lebendige Offenbarung. Und das war in der ersten Zeit nach Christus etwas, was sich viel ereignete. Aber in der Zeit, in der alles in den Verstand verzaubert wurde, ist das natürlich immer weniger geworden. Jetzt, in unserer Zeit, ist die Zeit da, dass wir Wege finden, um neu mit dieser Offenbarung umzugehen. Und es ist natürlich etwas ganz anderes, ob man ein Buch liest und es dann in abelartiger Weise in voller Hingabe auf sich wirken lässt, oder ob man sich in Kainsweise ganz stark anregt, befeuert, so etwas Vielgestaltiges, wie es die Apokalypse ist, zu denken, zu fühlen und dann auch zu wollen.

Das muss man sich vorstellen. Wenn man mit der Apokalypse zu lesen anfängt, genügt es in unserer Zeit also nicht, diese Bilder auf sich wirken zu lassen, in Passivität, sondern es ist notwendig, dass wir sie selbst gestalten lernen.

Und ein wunderbares Bild ist es, was wir dann noch gewinnen, was unmittelbar wieder mit Kain, mit Hiram zusammenhängt.

In der hebräischen Weisheit schaute man vorchristlich den Menschen so an, dass der Mensch dadurch, dass er sich ernähren muss, allmählich die Erde vernichtet. Weil wir die Früchte der Erde brauchen und wir mehr davon nehmen als notwendig, wird allmählich alles von der Erde aufgebraucht und die Erde erschöpft.

Der Mensch baut sich seinen Leib aus den Stoffen der Erde, so sah die hebräische Weisheit das. Und sie hatte das Bild, dass all diese Menschenleiber zwar von geistigem Ursprung sind, aber die Erde mehr oder weniger aufessen. Die Menschenleiber sind tätig, und durch Tätigkeit bauen sie um sich herum eine Stadt, sie sind Bauende und sie bauen eine Stadt. Dafür brauchen sie auch wieder irdisches Material. Also sowohl der eigene Leib wie auch die Wohnung, die äußerliche Wohnung, die Straße, die ganze Stadt verlangt, dass allmählich der Stoff der Erde, das Material, aufgebraucht wird. So stellte man sich vor, dass letztendlich Jerusalem zugrunde gehen würde. Man nannte die Stadt Jerusalem, und man stellte sich vor, dass letztendlich diese Stadt Jerusalem zugrunde gehen würde, weil die Ernährung, weil die Stoffe nicht mehr genügend da sein würden. Das ist das hebräische Bild des Menschen, der Stadt und des Verhältnisses zur Erde.

Nun ist es nach Christus immer mehr so geworden, dass der Mensch sich so entwickeln kann, dass er den Gral für seine Ernährung nimmt, also nicht mehr nur die

Früchte des Feldes, sondern dass er sich immer mehr zum Leben von demjenigen bereit macht, was aus dem Kosmos zu uns kommt, durch das Reinste, das durch unsere Sinne in uns einströmt, und andererseits durch das Allerreinste, das aus der Ernährung kommen kann – das sind die Mineralien. Das Reinste aus den Sinnen und das Reinste aus dem Stoffwechsel, Licht und Mineral.

Dann kommt es aber immer mehr so weit, dass der Mensch die Ernährung nicht mehr von der Erde braucht, sondern von oben her empfängt. Dann wird es möglich, dass sich der menschliche Leib von oben her immer wieder erneuert und dass von oben her auch die Stadt gebaut wird. Und das wird dann das Neue Jerusalem. Wir sind schon in einer gewissen Weise auf dem Weg dahin.

So, wie es in der Apokalypse geschildert wird, als ein Geschehen, das mehr oder weniger plötzlich eintritt, dürfen wir das nicht verstehen, wir müssen es verstehen als etwas, was schon längst im Gange ist und noch lange dauern wird. Aber das Neue an diesem Neuen Jerusalem ist, dass wir als Menschen nicht passiv sein können, sondern dass wir aktiv mitbauen müssen, sollten.

So können wir dann die Passage, die Margaretha als Schlusspassage aus der Apokalypse gelesen hat, wo das Neue Jerusalem von oben herab nach unten steigt, so auffassen, wie Rudolf Steiner es ausgeführt hat – und was wir in unserem Verständnis für die Wesenheit Kain, Hiram, Johannes, Flor, Christian Rosenkreutz, St. Germain und viele andere, die dazwischen liegen, die wir nicht kennen, dankbar hinzunehmen können.

Das Bild, das wir gestern hatten, von dem Guss des ehernen Meeres, das können wir heute in einer erweiterten Form ganz in ferner Zukunft vollendet sehen: dass der Mensch mitbaut, mitschafft an seinem Leib und an seiner Stadt. Und dass er auch weiß, wie das gemacht wird.

Das Handbuch dazu ist die Apokalypse. Wir haben ein Arbeitsbuch bekommen, worin wir lernen könnten, was gemeint ist, und so könnten wir auch immer besser und besser die Ähnlichkeit zwischen der Individualität Johannes und seiner Offenbarung verstehen.

Wenn wir also einen Inhalt, der wirklich bedeutsam, ichhaft ist, für unser Ich erschaffen wollen, dann sollten wir dieses Dokument selbst denken lernen. Wir gehen durch viele Gestaltungen hindurch, von denen wir dann erkennen, dass sie sich sowohl innerlich als auch äußerlich abspielen und dass der Prozess schon längst im Gange ist. Wir könnten dann auch erfassen, wo wir jetzt stehen und was wir jetzt zu tun hätten.

Und für dieses Jetzt habe ich dann noch einen Text. Margaretha wird ihn lesen.

„Und die Heuschrecken sahen aus wie Rosse, die zum Krieg gerüstet sind. Und auf ihren Köpfen war etwas wie goldene Kronen. Und ihr Antlitz glich dem Menschenantlitz. Und sie hatten Haar wie Frauenhaar und Zähne wie Löwenzähne und hatten Panzer wie eiserne Panzer und das Rasseln ihrer Flügel war wie das Rasseln der Waagen vieler Rosse, die in den Krieg laufen. Und hatten Schwänze wie Skorpione und hatten Stacheln. Und in ihren Schwänzen war ihre Kraft, Schaden zu tun den Menschen fünf Monate lang. Sie hatten über sich einen König, den Engel des Abgrunds, sein Name heißt auf Hebräisch Abaddon und auf Griechisch hat er den Namen Apolleon. Das erste Wehe ist vorüber, siehe es kommen noch zwei Wehe danach."[114]

[114] Die Apokalypse des Johannes, Kapitel 9.

Das Ensemble spielte die erste Triosonate des Grafen von Saint Germain

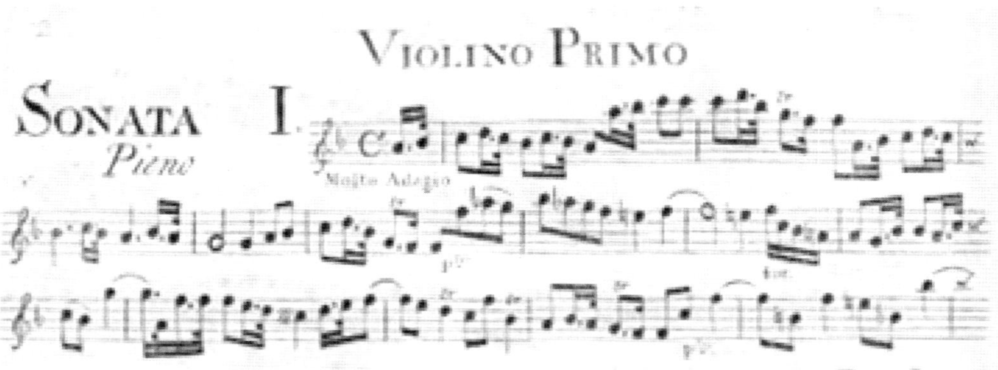

DIE ZEIT SAINT GERMAINS UND DIE KUNST

Jos Mosmuller

Ansbach, 8. Oktober 2017

Herzlich willkommen zum dritten Tag dieser Tagung.

Heute möchte ich Ihnen einen kurzen Eindruck der Zeitgenossen Saint Germains geben, die in der Wissenschaft und Kunst tätig waren und wohl auch Impulse von ihm empfangen haben.

Wie bekannt, war der Graf von Saint Germain ein Tausendkünstler und Alchemist. Er beherrschte das ganze Feld der Kunst. Er war nicht nur Erfinder, er war auch ausführender Künstler, Wissenschaftler, Natur- und Heilkünstler, und er beherrschte im eminentesten Sinne die soziale Kunst. Er konnte daher Vielen Rat geben über die Prozedur des Farbenmachens, die Lederbearbeitung, die Porzellanveredelung, die Edelsteinverbesserung und die Heilmittelbereitung. Aber auch über die Pflege der Gesundheit des Menschen und die Gesundung der Staaten konnte er raten.

Er war der größte Friedensstifter seiner Zeit, er kannte das Geheimnis des Friedens.

In der Musik war er völlig zu Hause, er komponierte und führte die komponierte Musik auch selber aus. Man sagte von ihm, er spiele besser Geige als Paganini.

Auch war er ein Künstler der Sprache. Er beherrschte viele Sprachen: Deutsch, Englisch, Französisch, Italienisch, Spanisch, Griechisch, Lateinisch, Arabisch, Chinesisch und Sanskrit.

Weiter war er ein Schreibgenie. Er konnte zwei Briefe zu gleicher Zeit mit der linken und rechten Hand schreiben.

Er konnte Jahrtausende in der Geschichte zurückschauen und darüber berichten, als ob er selber dabei gewesen war. Es hieß, er könne sich unsichtbar machen und wieder auftreten, wo er wolle.

Saint Germain hatte Beziehungen zu großen Dichtern seiner Zeit, zum Beispiel zu den Klassikern Goethe und Schiller, zu dem Romantiker Novalis, zu den Philosophen Voltaire, Rousseau und Diderot und noch vielen anderen. Wie schon erwähnt, waren nicht nur Adlige und Könige Mitglied der Freimaurerlogen, auch Künstler und Wissenschaftler der damaligen Zeit waren es. Von Voltaire, Goethe, Herder und Mozart ist bekannt, dass sie es waren.

Mancher Naturwissenschaftler in dieser Zeit nannte sich auch Alchemist, wie zum Beispiel Isaac Newton. Er verstand damals noch, dass es nicht um das Machen von Gold ging, sondern um das Erleben der Prozesse der Königlichen Kunst, um sich dadurch als Mensch zu veredeln.

Nach Rudolf Steiner hatte der alte Alchemist „im Auge, dass durch seine Vorstellungen nicht bloß etwas vorgestellt wird, sondern etwas geschieht. Sagen wir: er räucherte. Und hatte er dann die Vorstellung oder sprach sie aus, so versuchte er, in diese Vorstellung eine solche Kraft hineinzubringen, dass die Räuchersubstanz wirklich Formen annahm. Er suchte solche Begriffe, die die Macht haben, in die äußere Naturrealität einzugreifen."

„Es handelte sich nicht bloß um ein Gemütserlebnis, sondern um einen realen Naturvorgang, wo der Mensch mit sich etwas macht, das wie ein Naturvorgang wird.

Valentin Andreae nennt dies dann die „Chymische Hochzeit des Christian Rosenkreutz" im Gegensatz zu der mystischen Hochzeit der Nonnen, wo nur etwas für die Subjektivität des Menschen getan wurde."

„Durch die chymische Hochzeit gab sich der Mensch der Welt hin, durch ihn sollte etwas für die ganze Welt geleistet werden, so wie durch die Naturvorgänge etwas für die ganze Welt geleistet wird. Dies ist nun wiederum im eminent christlichen Sinne gedacht."

„Der Alchemist hatte auch von dem Mysterium von Golgatha die Vorstellung, dass da etwas geschah, was in den Naturlauf der Erde eingreift, ebenso eine Tatsache ist, wie ein Naturvorgang eine Naturtatsache ist."[115]

Auch der Arzt Samuel Hahnemann aus Meißen in Sachsen lebte in der Zeit von Saint Germain.

Durch Verdünnen und Schütteln von Substanzen schöpfte er immer stärkere Heilkräfte aus mineralischem, pflanzlichem, tierischem und menschlichem Material. Er nannte es geistartig gemachte Medizin, weil eine solche Lösung keine Materie mehr besaß. Diese Heilkunst wurde Homöopathie genannt, weil sie mit dem gleichen Kraftbild heilt wie das Krankheitsbild und nicht mit dem Krankheitsbild entgegengesetzten chemischen Mitteln.

---

[115] Rudolf Steiner: GA 175, S. 82 f.

Wie bekannt, bereitete auch Saint Germain viele Heilmittel.

An dem Freiherrn von Alvensleben bekannte er einstmals: „ich halte die Natur in meinen Händen und wie Gott die Welt geschaffen hat, kann auch ich alles was ich will aus dem Nichts hervorzaubern“[116]

Auch Rudolf Steiner sprach über die Schöpfung aus dem Nichts.[117]

Johann Sebastian Bach, der ein Zeitgenosse von Saint Germain war, besuchte Friedrich den Großen 1747 in Potsdam und komponierte auf einem vom König gegebenen Thema „Das Musikalische Opfer“ (eine Art Fuge).

Über die am französischen Hofe von Ludwig XV. geliebten Komponisten Lully und Rameau wurde durch die Vermittlung von Gluck, der ganz der Aufklärung verpflichtet war, der Weg frei für die deutschen und österreichischen Komponisten Bach, Mozart, Telemann und Händel, die Zeitgenossen Saint Germains waren.[118]

Dann lebten in dieser so geistreichen Zeit und etwas später die bekannten großen Idealisten, wie die Philosophen Hegel, Fichte und Schelling. Und später die Romantiker Novalis, Schlegel und Tieck.

Im 18. Jahrhundert tritt in der Kunst ein großer Wandel auf.

Die Malerei ging vom Barock-Stil und Klassizismus in den Rokoko-Stil über. Vom Klassizismus und Barock der Maler Poussin und Lorain zu dem loseren Rokoko-Stil. Diesen finden wir zum Beispiel bei den Malern Jean Antoine Watteau, Francois Boucher und Jean Fragonard. Diese Maler wurden von dem französischen König Ludwig XV. stark willkommen geheißen. Wir finden diese Malweise außerdem bei dem italienischen Maler Tiepolo und bei dem Engländer Thomas Gainsborough.

Religiöse Darstellungen sind nicht mehr das primäre Thema. Die Kunst wird mehr als Medium zur Selbstreflexion und als Fortschritt der erhellenden Vernunft gesehen.

Das im Gegensatz zu dem Klassizismus, wo die Kunst als eine Geistestätigkeit gesehen wird, die auf das Höhere hinweist.

Die Kunst wurde gesehen wie eine Signatur der Schöpfung. In der Malerei wurde das vertreten durch Johann Tischbein, Asmus Carsten und Jean Ingres.

---

[116] Ursula Seiler-Spielmann, Zeitenschrift 6/95.

[117] Rudolf Steiner, Die Schöpfung aus dem Nichts. GA 101, GA 312, GA 260.

[118] Correspondance-Voltaire.de.

Am Ende des 18. Jahrhundert bildet sich eine neue Kunstepoche, die Romantik mit Betonung des Emotionellen, Mystischen, Religiösen und Weltschmerzes.

Beispiele in der Malerei sind William Turner, Eugen Delacroix und Ludwig Richter. In der Literatur waren das die schon soeben genannten Schriftsteller Novalis, Tieck und Schlegel.

Die berühmteste und bedeutendste Maler jedoch finden wir eigentlich mehr im 17. Jahrhundert. Durch den Gegensatz zwischen dem Katholizismus und dem Protestantismus entstanden die schönsten Malereien in Holland, in Amsterdam, und in Flandern in Antwerpen. Die Maler waren unter anderem Rubens, Rembrandt, Johannes Vermeer und Frans Hals. Das Spiel von Licht und Finsternis in der Malerei ist vor allem bei Rembrandt das Merkmal seiner Kunst.

Von Rembrandt ist bekannt, dass Christian Rosenkreutz ihn in seinem Atelier in Amsterdam besucht hat und ihn diese Kunst gelehrt hat. Er hat Christian Rosenkreutz auch zweimal gemalt als „Der Mann in Rüstung“ und als „Polnischer Reiter“.

Die Kunst und die Wissenschaft sind das Instrumentarium von Saint Germain. Hiermit kommt er zum Himmel und zur Erde und verflechtet und vereinigt dadurch diese beiden.

VON LOGEN UND OKKULTEN BRUDERSCHAFTEN ODER: GOETHE, SCHILLER UND DER GRAF

Thomas Senne

Ansbach, 8. Oktober 2017

Guten Morgen! Heute wollen wir uns ein wenig mit diesen beiden Herren beschäftigen (deutet auf zwei Miniaturbüsten), mit Goethe und Schiller. Wir werden aber auch von Geheimgesellschaften reden, die einst ihre Bedeutung hatten, aber inzwischen natürlich längst nicht mehr zeitgemäß sind. Wir sprechen jedoch nicht deshalb über diese okkulten Bruderschaften, damit alles so schön geheim, okkult und mystisch klingt, sondern um einen weiteren Bogen zum Verständnis des Grafen von Saint Germain zu schlagen.[119] Die „geheimen Figuren" der Rosenkreuzer hatten wir gestern schon kurz erwähnt. Hinricus Madathanus Theosophus hat diese gesammelten esoterischen Offenbarungen der Rosenkreuzer 1785 veröffentlicht. Hundert Jahre später gibt es erneut einen rosenkreuzerischen Impuls: in dem Werk von Helena Petrowna Blavatsky, insbesondere in ihrem Buch „Die entschleierte Isis".

Auch Goethe kam mit den Rosenkreuzern in Berührung. Er war Dichter und Forscher, gehörte also der Kain-Richtung an. Denken wir nur an seine Studien zur Farbenlehre oder zur Metamorphose der Pflanzen. Goethe, der als mögliche Reinkarnation von Moses[120] die alte Mysterienwelt in seinem Innern trug, und Novalis, der wiedergeborene Elias. In ihrer deutschen Verkörperung haben sich die beiden mindestens viermal gesehen, aber der Funke wollte nicht recht überspringen. Sehr zum Leidwesen von Novalis, dem Jüngeren von beiden. Er verteidigte Goethes „Hermann und Dorothea" gegen Kritik, verstand das „Märchen" des Dichterfürsten, schätzte auch dessen Naturstudien und sah in Goethe den „Statthalter des poetischen Geistes auf Erden". Trotzdem fanden sie keinen Draht zueinander.

Mit 18 Jahren lernt Goethe im Kreis von Susanne von Klettenberg, einer Stiftsdame

[119] Joachim Berger, Klaus-Jürgen Grün (Hg.): Geheime Gesellschaft. Weimar und die deutsche Freimaurerei, Stiftung Weimarer Klassik bei Hanser, S. 69.

[120] Nicht mit absoluter Sicherheit belegt. Siehe www.perseus.ch/PDF-Europaer/JG_02/Europaer_07_1998.pdf.

und Herrnhuterin, Rosenkreuzer-Literatur kennen. Ja, ein rosenkreuzerisch inspirierter Arzt hat Goethe sogar einst das Leben gerettet, ein gewisser Friedrich Metz. In seinem Buch „Dichtung und Wahrheit“ spricht Goethe von der Heilung seiner lebensbedrohlichen Krankheit durch Rosenkreuzer-Medizin und dem Studium der Werke des Theophrastus Paracelsus und Basilius Valentinus.

„... von jenem wichtigen Salze, das nur in den größten Gefahren angewendet werden durfte, war nur unter den Gläubigen die Rede, ob es gleich noch niemand gesehen, oder die Wirkung davon gespürt hatte. Um den Glauben an die Möglichkeit eines solchen Universalmittels zu erregen und zu stärken, hatte der Arzt seinen Patienten, wo er nur einige Empfänglichkeit fand, gewisse mystische chemisch-alchimische Bücher empfohlen und zu verstehen gegeben, dass man durch eigenes Studium derselben gar wohl dahin gelangen könne, jenes Kleinod sich selbst zu erwerben; welches um so notwendiger sei, als die Bereitung sich sowohl aus physischen als besonders aus moralischen Gründen nicht wohl überliefern lasse, ja dass man, um jenes große Werk einzusehen, hervorzubringen und zu benutzen, die Geheimnisse der Natur im Zusammenhang kennen müsse, weil es nichts Einzelnes, sondern etwas Universelles sei, und auch wohl gar unter verschiedenen Formen und Gestalten hervorgebracht werden könne. ... Mir war indes noch eine sehr harte Prüfung vorbereitet: Denn eine gestörte und man dürfte wohl sagen für gewisse Momente vernichtete Verdauung brachte solche Symptome hervor, dass ich unter großen Beängstigungen das Leben zu verlieren glaubte und keine angewandten Mittel weiter etwas fruchten wollten. In diesen letzten Nöten zwang meine bedrängte Mutter den verlegenen Arzt, mit seiner Universalmedizin hervorzurücken; nach langem Widerstande eilte er tief in der Nacht nach Hause und kam mit einem Gläschen kristallisierten trocknen Salzes zurück, welches in Wasser aufgelöst von dem Patienten verschluckt wurde und einen entschieden alkalischen Geschmack hatte. Das Salz war kaum genommen, so zeigte sich eine Erleichterung des Zustandes, und von dem Augenblick an nahm die Krankheit eine Wendung, die stufenweise zur Besserung führte.“[121]

Soweit Goethe über seine Krankheit und Heilung durch Rosenkreuzer-Medizin, die wir heutzutage ebenfalls gut gebrauchen könnten. Um eine Art Initiation habe es sich damals bei Goethe gehandelt, was sein poetisches Schaffen entsprechend inspiriert habe, sagt Steiner, der sich über die Rosenkreuzer vielfach geäußert hat. Nicht zuletzt in „Die Philosophie des Rosenkreuzers“.[122]

---

[121] Peter Schraud: Graf Saint-Germain unser Bruder, Novalis Verlag, aus Goethe: „Dichtung und Wahrheit“, 2. Teil, 8. Buch, S. 140.

[122] Frank Teichmann: Goethe und die Rosenkreuzer, Verlag Freies Geistesleben, S. 62; Rudolf Steiner, GA 99, Vortrag vom 11.12.1906.

„Das Rosenkreuzertum umfasst sieben Stufen der Einweihung. Diese sieben Stufen bilden eine einheitliche Methode, durch die der Europäer in der Lage ist, all die Proben abzulegen, durch die er hindurchgehen muss. Man macht diese Stufen nicht unbedingt nacheinander durch, sondern der Lehrer nimmt je nach der Individualität des einzelnen Schülers dasjenige heraus, was am geeignetsten für den Betreffenden ist. Die sieben Stufen sind das Studium, die Imagination, die inspirierte Erkenntnis oder das Lesen der okkulten Schrift, das Bereiten des Steines der Weisen, die Entsprechung von Mikrokosmos und Makrokosmos, das Hineinleben in den Makrokosmos sowie als siebente und höchste Stufe die Gottseligkeit."

Soweit Steiner über die sieben Stufen der Rosenkreuzer-Einweihung.

Themen, die auch Alexander Graf Cagliostro, alias Giuseppe Balsamo, interessierten, einen geheimnisumwitterten Magier, der verdächtigt wurde, das Haupt der Illuminaten zu sein, und in den Kerkern der Inquisition umkam. In der Goethezeit galt er als der Verschwörungstheoretiker par excellence.[123] Saint Germain und Cagliostro müssen sich gekannt haben, wie aus den „Mémoires authentiques" und aus dem Frontispiz eines Exemplars der „Trinosophie" von Saint Germain hervorgeht. Nach Meinung des französischen Gelehrten Dieudonné Thiébault (1733-1807) soll Saint Germain Lehrmeister von Cagliostro gewesen sein.[124]

„Es handelte sich bei Cagliostro um ein zweifaches: erstens um den Unterricht zum Zwecke der Herstellung des so genannten Steines der Weisen; zweitens um die Eröffnung des Verständnisses für das mystische Fünfeck, für das mystische Pentagramm. Nun kann ich Ihnen nur andeutend sagen, was diese zwei Dinge zu bedeuten haben. Es kann viel gespottet werden drüber, aber sie sind nicht nur symbolisch zu nehmen, sondern beruhen auf Tatsachen. Der Stein der Weisen hat einen bestimmten Zweck, der von Cagliostro angegeben wurde: Er sollte das menschliche Leben auf 5527 Jahre verlängern. Das erscheint dem Freigeist lächerlich. Tatsächlich ist es aber möglich, durch besondere Schulung das Leben ins Unermessliche zu verlängern dadurch, dass der Mensch lernt, nicht mehr in seinem physischen Körper zu leben. Derjenige, der sich aber vorstellen wollte, dass den Adepten kein Tod im gewöhnlichen Sinne des Wortes treffe, der würde sich etwas Falsches darunter vorstellen. Auch wer glaubt, dass ein Adept nicht von einem Ziegelstein getroffen und erschlagen werden kann, auch der würde sich etwas Falsches vorstellen. Das würde allerdings

---

123 Joachim Berger, Klaus-Jürgen Grün (Hg.): Geheime Gesellschaft. Weimar und die deutsche Freimaurerei, Stiftung Weimarer Klassik bei Hanser, S. 32f.

124 Gustav Bertold Volz (Hg.): Der Graf von Saint-Germain, Bohmeier Verlag, S. 70, 199.

nur dann gewöhnlich eintreten, wenn der Adept es zulässt. Nicht um den physischen Tod handelt es sich, sondern um Folgendes. Der physische Tod desjenigen, der für sich selbst den Stein der Weisen erkannt und ihn herauszusetzen verstanden hat, ist für ihn nur ein scheinbare Ereignis. Für die anderen Menschen ist er ein wirkliches Ereignis, das einen großen Abschnitt in seinem Leben bedeutet. Für den, der in der Weise, wie Cagliostro es mit seinen Schülern gewollt hat, es versteht, den Stein der Weisen zu benützen, ist der Tod nur ein scheinbares Ereignis. Er bildet nicht einmal einen besonders wichtigen Abschnitt im Leben; er ist nämlich etwas, was nur für die anderen da ist, die etwa den Adepten beobachten können, und die sagen, dass er stirbt. Er selbst stirbt aber in Wirklichkeit gar nicht. Die Sache ist vielmehr so, dass der Betreffende gelernt hat, überhaupt nicht in seinem physischen Körper zu leben; dass er gelernt hat, alle diejenigen Vorgänge, die im Momente des Todes im physischen Körper plötzlich vor sich gehen, nach und nach während seines Lebens vor sich gehen zu lassen. Es hat sich mit dem Körper des Betreffenden alles schon vollzogen, was sich sonst im Tode vollzieht. Dann ist der Tod nicht mehr möglich, denn der Betreffende hat längst gelernt, ohne den physischen Körper zu leben. Er legt den physischen Körper in ähnlicher Weise ab, wie man einen Regenmantel auszieht, und zieht einen neuen Körper an, wie man einen neuen Regenmantel anzieht."[125]

Soweit Rudolf Steiner über Cagliostro und die Fähigkeiten von Eingeweihten. Seinen Körper wie einen Regenmantel ablegen und wieder anlegen – das würde ich auch gerne können. Doch normalerweise geht das ja nicht so leicht, und Tod ist natürlich auch ein sehr ernstes Thema, bei dem es nur Wenigen vergönnt ist, hinter die verschlossene Tür zu schauen. Mieke Mosmuller gelingt das beispielsweise in ihrem letzten Buch „Impressionen aus dem Tod" mit einem wunderbar poetischen Ton: eine zeitgemäße Schau in diese Bereiche, eine moderne „Göttliche Komödie". Aber auch Menschen, die nicht über Erkenntnisse höherer Welten verfügen, haben gelegentlich Erfahrungen der höheren Art – bei sogenannten „Nahtoderfahrungen". Und es freut mich besonders, dass unter uns jemand weilt, der eine derartige Erfahrung gemacht hat.

Dass große Meister über besondere Fähigkeiten verfügen, sich beispielsweise von einer Sekunde auf die nächste in Luft auflösen können, weiß ich von einer hier anwesenden Dame, die ein entsprechendes Erlebnis in Ägypten mit dem Meister Serapis Bey hatte, in Luxor. Dass derartige Menschen, die besondere Fähigkeiten haben und quasi nicht sterben oder sich nur kurz exkarnieren, dass solche Leute nicht nur im Westen/Europa oder in Ägypten auftauchen, sondern auch in Asien, erfuhr ich 1981 persönlich, und

---

125 Steiner über Cagliostro, GA 93, aus Peter Schraud: Graf Saint-Germain unser Bruder, Novalis, S. 149f.

zwar in Indien. Dies sei nicht zuletzt vor dem Hintergrund erwähnt, dass Saint Germain dieses Land ebenfalls besucht hat, wahrscheinlich sogar mehrmals. In Rishikesh zu Füßen des Himalaya, dem Ort also, wo die Beatles die Transzendentale Meditation kennengelernt haben, konnte ich in einem kleinen Raum am Ganges mit etwa zwölf anderen Besuchern schweigend die Anwesenheit von jemanden erleben, der sich „Babaji" nannte. Babaji sagte nichts in dieser sogenannten Darshan-Sitzung und gab mir zum Abschied eine Banane, was die Inder Prasad nennen: einen mit göttlicher Segenskraft behafteten Gegenstand. Von Babaji, diesem Weisen und Guru – jedoch in einer früheren Inkarnation –, hat Yogananda in seinem reizenden Buch „Autobiographie eines Yogi" erzählt. Jedoch sollten derartige Erzählungen nicht zu einem schwärmerischen Mystizismus und zu einer dumpfen Heiligenverehrung führen, sondern vielmehr Anlass sein, höhere Kräfte in sich selber zu entwickeln, um ein harmonischer, friedlicher Mensch zu werden.

Yogananda hat sich in seinem Werk allerdings nicht mit dem Stein der Weisen beschäftigt. Der entspricht, wie wir vorhin gehört haben, der dritten Stufe der Rosenkreuzer-Schulung, bei der das Bewusstsein der Inspiration errungen wird – die Rhythmisierung des Lebens und Atmens. Dies wird in der Sprache der Rosenkreuzer als Zubereitung des Steins der Weisen bezeichnet, quasi eine Vorwegnahme einer späteren allgemeinen Entwickelungsstufe der Menschheit. In einer fernen Zukunft wird der Mensch nämlich den Kohlenstoff, den er heute mit der Nahrung aufnimmt, bewusst zum Aufbau seiner Leiblichkeit verwenden und nicht mehr ausatmen. Dann soll der Leib aus einer ganz anderen Substanz bestehen, als dies heute der Fall ist, und ein durchsichtiger, weicher Kohlenstoff sein. Ja, der Leib des Menschen selber ist dann der Stein der Weisen. Das Symbol dafür: der kristallhelle Diamant aus Kohlenstoff, so Rudolf Steiner am 11.12.1906. Man sieht, welchen Humor Saint Germain besessen haben muss, da er Diamanten an seinen Schuhschnallen trug – als offenbares Geheimnis.

Kommen wir zurück zu Cagliostro, der mit dem Grafen bekannt war. Von Cagliostro war Goethe so sehr fasziniert, dass er 1787 auf seiner Reise nach Italien die Familie von Cagliostro sogar besucht hat und sich mit ihm augenzwinkernd auch in seinem 1791 aufgeführten Lustspiel „Der Groß-Cophta" auseinandergesetzt hat. Nun aber ein paar Sätze aus Goethes „Italienischer Reise":[126]

„Zur gesetzten Stunde, es mochte etwa drei Uhr nach Mittag sein, machten wir uns auf den Weg. Das Haus lag in dem Winkel eines Gäßchens, nicht weit von der Hauptstraße, il

[126] Goethe: Italienische Reise, Kapitel 43-44.

Cassaro genannt. Wir stiegen eine elende Treppe hinauf und kamen sogleich in die Küche. Eine Frau von mittlerer Größe, stark und breit, ohne fett zu sein, war beschäftigt, das Küchengeschirr aufzuwaschen. Sie war reinlich gekleidet und schlug, als wir hineintraten, das eine Ende der Schürze hinauf, um vor uns die schmutzige Seite zu verstecken. Sie sah meinen Führer freudig an und sagte: „Signor Giovanni, bringen Sie uns gute Nachrichten? Haben Sie etwas ausgerichtet?"

Er versetzte: „In unserer Sache hat mir's noch nicht gelingen wollen; hier ist aber ein Fremder, der einen Gruß von Ihrem Bruder bringt und Ihnen erzählen kann, wie er sich gegenwärtig befindet."

Der Gruß, den ich bringen sollte, war nicht ganz in unserer Abrede; indessen war die Einleitung einmal gemacht. – „Sie kennen meinen Bruder?" fragte sie. – „Es kennt ihn ganz Europa", versetzte ich; „und ich glaube, es wird Ihnen angenehm sein, zu hören, daß er sich in Sicherheit und wohl befindet, da Sie bisher wegen seines Schicksals gewiß in Sorgen gewesen sind." – „Treten Sie hinein", sagte sie, „ich folge Ihnen gleich"; und ich trat mit dem Schreiber in das Zimmer.

Es war so groß und hoch, daß es bei uns für einen Saal gelten würde; es schien aber auch beinah die ganze Wohnung der Familie zu sein. Ein einziges Fenster erleuchtete die großen Wände, die einmal Farbe gehabt hatten und auf denen schwarze Heiligenbilder in goldenen Rahmen herumhingen. Zwei große Betten ohne Vorhänge standen an der einen Wand, ein braunes Schränkchen, das die Gestalt eines Schreibtisches hatte, an der andern. Alte, mit Rohr durchflochtene Stühle, deren Lehnen ehmals vergoldet gewesen, standen daneben, und die Backsteine des Fußbodens waren an vielen Stellen tief ausgetreten. Übrigens war alles reinlich, und wir näherten uns der Familie, die am andern Ende des Zimmers an dem einzigen Fenster versammelt war.

Indes mein Führer der alten Balsamo, die in der Ecke saß, die Ursache unsers Besuchs erklärte und seine Worte wegen der Taubheit der guten Alten mehrmals laut wiederholte, hatte ich Zeit, das Zimmer und die übrigen Personen zu betrachten. Ein Mädchen von ungefähr sechzehn Jahren, wohlgewachsen, deren Gesichtszüge durch die Blattern undeutlich geworden waren, stand am Fenster; neben ihr ein junger Mensch, dessen unangenehme, durch die Blattern entstellte Bildung mir auch auffiel. In einem Lehnstuhl saß oder lag vielmehr gegen dem Fenster über eine kranke, sehr ungestaltete Person, die mit einer Art Schlafsucht behaftet schien.

Als mein Führer sich deutlich gemacht hatte, nötigte man uns zum Sitzen. Die Alte tat einige Fragen an mich, die ich mir aber mußte dolmetschen lassen, eh' ich sie beantworten konnte, da mir der sizilianische Dialekt nicht geläufig war.

Ich betrachtete indessen die alte Frau mit Vergnügen. Sie war von mittlerer Größe, aber wohlgebildet; über ihre regelmäßigen Gesichtszüge, die das Alter nicht entstellt hatte, war der

Friede verbreitet, dessen gewöhnlich die Menschen genießen, die des Gehörs beraubt sind; der Ton ihrer Stimme war sanft und angenehm.

Ich beantwortete ihre Fragen, und meine Antworten mußten ihr auch wieder verdolmetscht werden."

Soweit Goethes Eindrücke von seiner Italienischen Reise mit einem Abstecher zur Familie von Balsamo alias Cagliostro. Aber nicht nur mit Cagliostro hat sich der Weimarer Dichter beschäftigt. In seinem Gedicht „Die Geheimnisse" gibt es sogar Anklänge an die Einweihung von Christian Rosenkreutz im 13. Jahrhundert, von der wir bereits gestern Vormittag gehört haben. Dieses Gedicht ist allerdings Fragment geblieben. Goethe erzählt uns von einem Pilger, Bruder Markus, der nach langer Wanderung an ein einsames Haus gelangt, ein klosterartiges Gebäude. Er trifft auf einen Bund, eine Versammlung von zwölf Persönlichkeiten und lernt den Charakter der Zwölf und des Dreizehnten kennen, der ihr Oberhaupt ist.[127]

„Am steilen Berge, der nun vor ihm stehet,
Glaubt er die Spuren eines Wegs zu sehn,
Er folgt dem Pfade, der in Krümmen gehet,
Und muß sich steigend um die Felsen drehn;
Bald sieht er sich hoch über's Tal erhöhet,
Die Sonne scheint ihm wieder freundlich schön,
Und bald sieht er mit innigem Vergnügen
Den Gipfel nah vor seinen Augen liegen.

Und nebenhin die Sonne, die im Neigen
Noch prachtvoll zwischen dunkeln Wolken thront;
Er sammelt Kraft, die Höhe zu ersteigen,
Dort hofft er seine Mühe bald belohnt.
Nun, spricht er zu sich selbst, nun muß sich zeigen,
Ob etwas Menschlichs in der Nähe wohnt!
Er steigt und horcht und ist wie neu geboren:
Ein Glockenklang erschallt in seinen Ohren.

Und wie er nun den Gipfel ganz erstiegen,
Sieht er ein nahes, sanft geschwungnes Tal.
Sein stilles Auge leuchtet von Vergnügen;
Denn vor dem Walde sieht er auf einmal
In grüner Au ein schön Gebäude liegen.

---

[127] Steiner am 11.12.1906, Zitat in GA 98, S. 68.

So eben trifft's der letzte Sonnenstrahl:
Er eilt durch Wiesen, die der Tau befeuchtet,
Dem Kloster zu, das ihm entgegen leuchtet.

Schon sieht er dicht sich vor dem stillen Orte,
Der seinen Geist mit Ruh und Hoffnung füllt,
Und auf dem Bogen der geschlossnen Pforte
Erblickt er ein geheimnisvolles Bild.
Er steht und sinnt und lispelt leise Worte
Der Andacht, die in seinem Herzen quillt,
Er steht und sinnt: Was hat das zu bedeuten?
Die Sonne sinkt und es verklingt das Läuten.

Das Zeichen sieht er prächtig aufgerichtet,
Das aller Welt zu Trost und Hoffnung steht,
Zu dem viel tausend Geister sich verpflichtet,
Zu dem viel tausend Herzen warm gefleht,
Das die Gewalt des bittern Tods vernichtet,
Das in so mancher Siegesfahne weht:
Ein Labequell durchdringt die matten Glieder,
Er sieht das Kreuz, und schlägt die Augen nieder.

Er fühlet neu, was dort für Heil entsprungen,
Den Glauben fühlt er einer halben Welt;
Doch von ganz neuem Sinn wird er durchdrungen,
Wie sich das Bild ihm hier vor Augen stellt:
Es steht das Kreuz mit Rosen dicht umschlungen.
Wer hat dem Kreuze Rosen zugesellt?"

Wie es in dem Gedicht weitergeht, ist in unserer Broschüre zu lesen – zumindest ein weiterer Abschnitt davon. Was wir bisher gehört haben, war, dass der Wanderer in diesem Gedicht einen steilen Berg erklommen hat. Und Berg ist in der spirituellen Literatur immer ein besonderes Symbol. Denken wir nur an die Verklärung Christi auf dem Berge, an die Bergpredigt (Matthäus 5). „Auf den Berg gehen" bedeutet da, „ins tiefste Mysterium gehen".[128] Es handelt sich also um esoterische Gleichnisse, die Jesus dem innersten Zirkel der Jünger auslegt und dabei die okkulte Bedeutung der mehrdeutigen Gleichnisse preisgibt. Ähnliches mag auch bei Goethe eine Rolle gespielt haben. Auch im norddeutschen Freimaurer-Park Louisenlund, wo Saint Germain und Karl von Hes-

[128] Rudolf Steiner: GA 97, S. 94.

sen-Kassel wirkten, gab es einen derartigen Berg. In mittelalterlichen Mysterienstätten spielten Berge eine wichtige Rolle. Der Mystiker Jakob Böhme erzählt von einem Berg mit Schätzen, und auch in anderen Kulturen hatte der Topos „Berg" eine große Bedeutung – etwa der Weltenberg Meru bei den Indern oder Borobudur in Indonesien, auf Java, eine beeindruckende spirituelle Berg-Architektur, die ich vor Jahrzehnten einmal besuchen konnte.

„Wer hat dem Kreuz die Rosen zugesellt?", fragt Goethe in den „Geheimnissen", und sofort denken wir dabei an die Rosenkreuzmeditation, die Rudolf Steiner in seiner „Geheimwissenschaft im Umriss" schildert: die Meditation als Methode, um langfristig derartige Geheimnisse verstehen, entschlüsseln zu können. Auch Goethes „Märchen von der grünen Schlange und der schönen Lilie" ist ein derartiger Text zum Meditieren.[129]

> „Man konnte deutlich fühlen, daß der ganze Tempel sich bewegte, wie ein Schiff, das sich sanft aus dem Hafen entfernt, wenn die Anker gelichtet sind; die Tiefen der Erde schienen sich vor ihm aufzutun, als er hindurch zog. Er stieß nirgends an, kein Felsen stand ihm in dem Weg.
>
> Wenige Augenblicke schien ein feiner Regen durch die Öffnung der Kuppel hereinzurieseln; der Alte hielt die schöne Lilie fester und sagte zu ihr: Wir sind unter dem Flusse und bald am Ziel. Nicht lange darauf glaubten sie stillzustehn, doch sie betrogen sich; der Tempel stieg aufwärts."

Eine gewisse Verwandtschaft von Goethes Märchen mit der „Chymischen Hochzeit" von Christian Rosenkreutz war Steiner durchaus bewusst. In „Mein Lebensgang", seiner Autobiographie, schildert er sogar, dass Goethes Märchen für ihn ein „wichtiger Meditationsstoff" war. Später hat das Märchen dann in seinem Mysteriendrama „Pforte der Einweihung" seinen Niederschlag gefunden, in verwandelter Form freilich.

Nach Steiner[130] besteht die Seele aus einem männlichen Element, dem Geistigen im Universum zugeordnet, und einem weiblichen, innersten Seelenwesen. „Das Ewig-Weibliche zieht uns hinan", heißt es beim „Chorus-Mysticus" in Faust II. Da erstaunt es wenig, dass mittelalterliche Alchemisten das Weibliche im Menschen „Lilium" nannten. Darum spricht auch Goethe in seinem Märchen von der schönen „Lilie".

---

[129] http://gutenberg.spiegel.de/buch/das-marchen-3633/1.

[130] Rudolf Steiner: GA 97, S. 34.

Ein Tempel, der an Goethes Märchen erinnert, ist der sogenannte „Modellbau von Malsch". Er wurde noch früher als das erste Goetheanum errichtet – in der Nähe von Karlsruhe. Heute ist er der einzige – wenn man so will – noch existierende Rosenkreuzertempel aus der Zeit Steiners.

Mein erster Besuch dort vor rund 40 Jahren ist mir deutlich im Bewusstsein geblieben. Eine gewisse Klara Boerner, eine entzückende alte Dame, die als Freiwillige beim ersten Goetheanum an den dortigen Schnitzarbeiten mitgewirkt hat, kümmerte sich damals um den Erhalt der Anlage und bewahrte in einem mit Watte ausgelegten Kästchen Glassplitter von Fenstern des ersten Goetheanums auf, die beim Brand kaputtgegangen waren: anthroposophische Devotionalien. In Malsch hob Klara Boerner dann einen Freundeskreis aus der Taufe, der den Malscher Bau in Schuss hielt: ein wirklich bemerkenswertes, ellipsenförmiges Gebäude mit Planetensäulen und apokalyptischen Siegeln. Malsch einmal zu besuchen, ist also absolut empfehlenswert. Nicht weit von Karlsruhe entfernt, wo im 19. Jahrhundert ein badischer Erbprinz zur Welt kam, der später durch ein dynastisches Verbrechen in die Geschichte eingehen sollte: Kaspar Hauser.

Kommen wir zurück zu Saint Germain. Da gibt es eine eigenartige Geschichte, die Walter Johannes Stein erzählt. Er berichtet nämlich von einem Treffen von Saint Germain und – nun halten Sie sich fest – Goethe in Den Haag. In der dortigen Freimaurerloge soll es dazu, Walter Johannes Stein zufolge, sogar Aufzeichnungen geben. In dem Buch von Thomas Meyer „Der neue Kain" wird davon berichtet.[131] Vielleicht ein Ansporn für die niederländischen Freunde, in den Archiven der Freimaurer von Den Haag einmal nach dem Verbleib des Textes zu forschen. Angesichts der Tatsache, dass Saint Germain früher als Hiram verkörpert war und Goethe vielleicht als Moses, wäre man natürlich gerne bei dieser Begegnung dabei gewesen. Auch Steiner hat ja in Den Haag Vorträge gehalten und betont, dass die Anwesenheit des Grafen von Saint Germain früher an diesem Ort für seine kultische Arbeit dort eine große Bedeutung gehabt habe.[132] Wann die Begegnung zwischen Goethe und Saint Germain genau stattgefunden hat, von der in sonstigen Biographien des Dichters nichts zu finden ist, ist unbekannt. Bekannt aber ist, dass Goethe Freimaurer war.[133]

---

[131] Thomas Meyer: Der neue Kain, Perseus 2013, S. 38f.

[132] Ebd., S. 117.

[133] Joachim Berger, Klaus-Jürgen Grün (Hg.): Geheime Gesellschaft. Weimar und die deutsche Freimaurerei, Stiftung Weimarer Klassik bei Hanser, S. 118.

Die erste Freimaurer-Loge in Deutschland wurde 1737 in Hamburg gegründet. Die Freimaurerloge „Amalia“ in Weimar, dessen Name sich spannenderweise offenbar aus „Weihe-Moor“ ableitet, wurde 1764 ins Leben gerufen.[134] Zuerst fanden die Versammlungen im Wittumspalais statt, dem späteren Sitz der Herzogsmutter Anna Amalia, dann aber auch im „Russischen Hof“, wo man übrigens im Café heutzutage auch gut Kuchen essen kann. Auch Goethe war Mitglied dieser Loge[135] und schrieb über die Freimaurerei sogar ein Gedicht: „Des Maurers Wandeln / Es gleicht dem Leben, / Und sein Bestreben / Es gleicht dem Handeln / Der Menschen auf Erden.“

Auch in „Wilhelm Meisters Lehrjahre“, in dem er eine geheimnisvolle Turmgesellschaft schildert, haben Goethes Erfahrungen als Freimaurer ihren Niederschlag gefunden:

> „Das Gewebe dieser Welt ist aus Notwendigkeit und Zufall gebildet; die Vernunft des Menschen stellt sich zwischen beide und weiß sie zu beherrschen; sie behandelt das Notwendige als den Grund ihres Daseins; das Zufällige weiß sie zu lenken, zu leiten und zu nutzen, und nur, indem sie fest und unerschütterlich steht, verdient der Mensch, ein Gott der Erde genannt zu werden. Wehe dem, der sich von Jugend auf gewöhnt, in dem Notwendigen etwas Willkürliches finden zu wollen, der dem Zufälligen eine Art von Vernunft zuschreiben möchte, welcher zu folgen sogar eine Religion sei. Heißt das etwas weiter, als seinem eignen Verstande entsagen und seinen Neigungen unbedingten Raum geben? Wir bilden uns ein, fromm zu sein, indem wir ohne Überlegung hinschlendern, uns durch angenehme Zufälle determinieren lassen und endlich dem Resultate eines solchen schwankenden Lebens den Namen einer göttlichen Führung geben.“[136]

1782 tagten internationale Freimaurer, auch Delegierte der europäischen Großlogensysteme, im hessischen Wilhelmsbad. Dort wurde auch über die drei von Saint Germain favorisierten Grade „Lehrling-Geselle-Meister“[137] diskutiert und über die Memphis-Misraim-Richtung, die sich auf den König Misraim von Assyrien bezieht, der in die ägyptischen Mysterien eingeweiht war.[138] Der von Steiner Anfang des 20. Jahrhunderts inaugurierte Misraim-Kult mit drei Einweihungsgraden hat mit der dekadent gewordenen Freimaurerei außer der Namensähnlichkeit allerdings „nicht das Ge-

---

[134] Ebd., S. 242.

[135] Ebd., S. 27, 120, 258.

[136] Goethe: Wilhelm Meisters Lehrjahre, 1. Buch, 17. Kapitel, S. 197.

[137] Joachim Berger, Klaus-Jürgen Grün (Hg.): Geheime Gesellschaft. Weimar und die deutsche Freimaurerei, Stiftung Weimarer Klassik bei Hanser, S. 46, 195; Peter Schraud: Graf Saint-Germain unser Bruder, Novalis, S. 162

[138] Rudolf Steiner: GA 93, S. 108.

ringste zu tun“, schreibt Rudolf Steiner 1906. Vielmehr sei das Ritual ein „Spiegelbild“ von Tatsachen der „höheren Plane“, von spirituellen Handlungen gewesen, wie sie seit Jahrtausenden im Okkultismus üblich und „von den Meistern der Rosenkreuzer für europäische Verhältnisse zubereitet“ worden seien. Auch die Namen der beiden Säulen des Salomonischen Tempels, Jakin und Boas, tauchen hier wieder auf: als geheime Losungsworte für den ersten und zweiten Misraim-Grad (dritter Grad: Mach-ben-ach). Auch an Hiram Abiff, den Erbauer des Salomonischen Tempels, wird in dem Ritualtext erinnert und dies in der Handlung symbolisch ausgeführt. „Du bist selbst Hiram Abiff“, heißt es darin unter anderem. Denn der Tempel, von dem im Misraim-Kult die Rede ist, ist der Mensch selber, also ein Tempel im übertragenen Sinne. Im folgenden ein Ausschnitt aus Steiners Ritualtext für die Logeneröffnung:[139]

> „2. Aufseher (Süden):
> Aufgabe ist es mir in Ordnung des Misraim-Dienstes, euch meine Schwestern und Brüder, zur Arbeit zu rufen. Was der Arbeiter am Tempelbau der Menschheit die „Schönheit“ nennt, möge inspirieren meinen Auftrag. Arbeit leisten sollt ihr an dem Bau, der in Herzen seine Steine, in wohlabgemessenen Gedanken seine Verbindungsglieder und in der Kraft des Willens seinen Kitt erblickt. Schauet in die Welt, die euere Herzen belebt; deren Weisheit eure Gedanken schult; deren Samenkräfte euren Willen nähren. Ein schöner Ausdruck verborgener Geisteswesen ist alles das. Nehmet auf in euer Inneres die Kräfte dieser Wesen und es wird als „Schönheit“ nach außen fließen, was euch im Innern lebt. Ans Herz wurde euch der Weg zu dieser Schönheit vom Altar des Ostens aus gelegt: schreibt euch ein das Wort, das zu euch gesprochen worden ist.“

Auch wenn Freimaurer ihre Logen-Gebäude, wie einst Druidenpriester bei ihren Kultstätten, nach astronomischen, himmlischen Maßen errichteten, zumindest daran anknüpften[140] – was für heutige Architekten vielleicht wieder interessant sein kann –, der Tempel, von dem hier gerade die Rede war, ist ein besonderer Tempel, der „in Herzen seine Steine, in wohlabgemessenen Gedanken seine Verbindungsglieder und in der Kraft seines Willens seinen Kitt erblickt“, der aus gereinigtem und geschultem Fühlen, Denken und Wollen errichtet wird.

Auch an die Alchemie – und damit an Saint Germain – erinnern manche der geheimnisvollen Sequenzen dieser Ritualtexte, zum Beispiel bei der Logenschließung. Da ist

---

[139] Rudolf Steiner: GA 265, S. 159f, abgedruckt in Thomas Meyer (Hg.): Der neue Kain, Perseus, S. 43f, 64f, 98, 101, hier S. 65.

[140] Rudolf Steiner: GA 93, S. 46.

von Salz, Asche (Verbrennung) und Wasser (Quecksilber) die Rede, von Dingen, über die wir ja gestern gesprochen haben.

„Exorcismus des Wassers
Fiat firmamentum in medio aquarum et separet aquas ab aquis, quae superius sicut quae inferius, et quae inferius sicut quae superius ad perpetranda miraculum unius. Sol ejus pater est, luna mater, et ventus hanc gestavit in utero suo, ascendit a terra ad coelum et rursus a coelo in terram descendit. Exorciso te, creatura aquae, ut sis mihi speculum Dei et vivi in operibus ejus et fons vitae et ablutio peccatorum. Amen.[141]

Es bilde sich das Feste inmitten der Wasser und trenne Wasser von Wasser, das Obere sei wie das Untere; und das Untere sei wie das Obere; und entstehen mögen die Wunder des Einen. Die Sonne ist dessen Vater, der Mond dessen Mutter, der es in seinem Schoße trägt und es steige auf von der Erde zum Himmel, und wieder nieder steige es vom Himmel zur Erde. Ich beschwöre dich, Geschöpf des Wassers, sei mir der Spiegel des lebendigen Gottes in dessen Werken und die Quelle des Lebens und der Läuterer in allen Hindernissen. Amen."

„Des Menschen Seele
Gleicht dem Wasser:
Vom Himmel kommt es,
Zum Himmel steigt es,
Und wieder nieder
Zur Erde muß es,
Ewig wechselnd."

heißt es in Goethes Gedicht „Gesang der Geister über den Wassern" (1779).

Über den Sinn der zeremoniellen Handlungen des Misraim-Kultes, die mit Beginn des Ersten Weltkrieges eingestellt wurden, äußert sich Steiner in seiner Autobiographie. Es sei um eine „Versinnlichung, Demonstration der geistigen Erkenntnisse" gegangen, nicht um eine Ordenszugehörigkeit: „Geist-Inhalt" in Form einer „Kult-Symbolik".[142] Die Freimaurerei der Zukunft war für den Begründer der Anthroposophie allerdings in erster Linie der „Erkenntniskult", im eigenen Innern lebendig gemacht durch Meditation und eine spirituelle Art des Denkens, gewissermaßen die Versöhnung zwischen der Kain- und Abelströmung, die seit Jahrtausenden getrennte Wege gingen, der Freimau-

[141] Rudolf Steiner: GA 265, S. 161f, auch abgedruckt in Meyer, a.a.O., S. 81.

[142] Rudolf Steiner: Mein Lebensgang, S. 318-322; Rudolf Steiner: GA 123, 10. Vortrag.

rer- und der Priesterrichtung. „Das Gewahrwerden der Idee in der Wirklichkeit ist die wahre Kommunion des Menschen“, sagt Steiner.[143]

Nach diesen vielleicht etwas anstrengenden Ausflügen in geheimnisvolle Rituale wollen wir uns davon ein wenig mit dem Text eines Wiener Flaneurs und Feuilletonisten erholen, der 1845 aufgeschrieben wurde und von Franz Gräffer stammt: aus seinen „Kleinen Wiener Memoiren“. Worte, die allerdings nicht weniger geheimnisvoll sind als das gerade Erwähnte, denn der Schreiber erinnert dabei an den Besuch eines Marquis 1790 bei einem Verwandten, nämlich Rudolph Gräffer, im Wiener „Federlhof“. Der Marquis ist niemand anderer als der Graf von Saint Germain.[144]

> „Ich habe etwas Anderes für Sie. Betrachten Sie diese Perle.“ Bei diesen Worten zog er eine Busennadel heraus, an die eine Perle gefasst war, so groß wie eine Haselnuss. „Dieses Kleinod“, sagte Gräffer, der es schon längst bewundert hatte, „muss mehr werth sein, als die historische Perle der Cleopatra.“ Der Marquis erwiderte: „Allerdings, aber ich könnte sie ebenfalls in Essig auflösen, ohne aber, dass ihr Verlust mich zu kümmern brauchte. Noch mehr! Ein angehender Dichter der deutschen Nation, den man einst fast über alle Poeten stellen wird, trägt jetzt schon den Plan zu einem Drama im Kopfe, in welchem eine Prinzessin Eboli sagen wird: Dem reichen Kaufmann gleich, der, ungerührt von des Rialto Gold, die reiche Perle dem reichern Meere wiedergab, zu stolz, sie unter ihrem Werthe loszuschlagen. – Jene Perle war ebenfalls durch mich entstanden.“

Das Ganze ist natürlich ein Rätsel. Wer ist dieser „angehende Dichter der deutschen Nation“, von dem Gräffer spricht und der dabei eine Prinzessin Eboli auftreten lässt? Nun? Schiller! Der übrigens 1801 Lessings „Nathan“ bearbeitet und damit das von Christian Rosenkreutz inspirierte Drama auf der Bühne überhaupt erst durchgesetzt hat. Jetzt hören wir aber endlich die entsprechende Stelle mit der Eboli aus Schillers „Don Karlos“:[145]

„Wo soll ich Rettung finden, Prinz? Bis jetzt
War es mein Stolz, der meine Tugend schützte;
Doch endlich –
Carlos: Endlich fielen Sie? Sie fielen?

---

[143] Rudolf Steiner: Einleitungen zu Goethes naturwissenschaftlichen Schriften, GA 1, S. 126.

[144] Franz Gräffer: Kleine Wiener Memoiren, aus Peter Schraud: Saint-Germain unser Bruder, S. 264.

[145] Schiller: Don Karlos, 2. Akt, 8. Auftritt.

Nein, nein! um Gottes willen, nein!
Prinzessin (stolz und edel): Durch wen?
Armselige Vernünftelei! Wie schwach
Von diesen starken Geistern! Weibergunst,
Der Liebe Glück der Waare gleich zu achten,
Worauf geboten werden kann! Sie ist
Das Einzige auf diesem Rund der Erde,
Was keinen Käufer leidet, als sich selbst.
Die Liebe ist der Liebe Preis. Sie ist
Der unschätzbare Diamant, den ich
Verschenken oder, ewig ungenossen,
Verscharren muß – dem großen Kaufmann gleich,
Der, ungerührt von des Rialto Gold
Und Königen zum Schimpfe, seine Perle
Dem reichen Meere wiedergab, zu stolz,
Sie unter ihrem Werthe loszuschlagen."

Was aber bedeutet das in unserem Zusammenhang mit Saint Germain? Ist die Perle, von der ja in der Gräffer-Geschichte gesagt wird, sie stamme von Saint Germain, nur ein Synonym für Liebe? Eine belanglose Story? Oder bedeutet die Erzählung mehr? Gibt es Verbindungen zwischen dem 1545 geborenen Don Carlos, dem spanischen Infanten, dem von seinem Vater, König Philipp II. von Spanien, so ungeliebten ältesten Sohn und – Saint Germain? Auf eine Spur bin ich bei meinen Recherchen gestoßen, die letzteres nahelegt. Und zwar gibt es eine Stelle in der Literatur, die besagt, Saint Germain hätte sich auch als „pr. d'Es." ausgegeben. Möglicherweise eine Abkürzung für „Prince d'Espagne", also „Prinz von Spanien", eines seiner Pseudonyme.[146] Angeblich soll sich Saint Germain mehrmals auch als Sohn der spanischen Königin Maria Anna, Witwe König Karls II., ausgegeben haben. Aber wer weiß das schon genau? Die Spur weist jedenfalls nach Spanien.

Zum Schluss noch ein paar Bemerkungen zu Kaspar Hauser und dem Rosenkreuzertum, weil wir uns hier in Ansbach versammelt haben. 1916 hat es ein Gespräch von Steiner mit dem Grafen Polzer-Hoditz geben.[147] Dabei fielen die bemerkenswerten Äußerungen von Rudolf Steiner: „Süddeutschland hätte werden sollen die neue Gralsburg der neuen Geistesstreiter. … Wohl vorbereitet war der Geistesraum durch

[146] Gustav Bertold Volz (Hg.): Der Graf von Saint-Germain, Bohmeier Verlag, S. 132.

[147] Peter Tradowsky: Kaspar Hauser, Philosophisch-Anthroposophischer Verlag, 1980, S. 76.

alle jene Persönlichkeiten, die wir als Goethe, Schiller, Herder, Hölderlin usw. kennen. Kaspar Hauser sollte wie um sich herum sammeln all das, was da lebte in diesem so vorbereiteten Geistesraum. Das aber sei von jenen Kreisen (westlichen Logen und Jesuiten) nicht gewollt gewesen. Sie konnten keine erwachende Mitte zulassen, wenn sie sich nicht ihrer Macht und Machtbestrebungen entäußern wollten. Goethes Geistesart erschreckte sie."

Hinter Kaspar Hauser, so Rudolf Steiner weiter, habe sich eine Individualität verhüllt, welche – Zitat[148] – „inspirierend in den Rosenkreuzer-Zusammenhängen seit Anfang an gewirkt und sich dann am 29. September 1812 als Sohn des badischen Großherzogs Karl und seiner Gemahlin Stéphanie de Beauharnais inkarniert habe." Immerhin war Stéphanie de Beauharnais, die Adoptivtochter von Napoleon Bonaparte, also Kaspar Hausers Mutter. Interessant ist auch, dass Steiner den Lehrer und ersten Vormund Hausers, Professor Daumer, als „der letzte Rosenkreuzer" bezeichnet haben soll.[149] „Nächst Christian Rosenkreuz habe Kaspar Hauser die Leiden des Christus am stärksten empfunden". Rund 150 Meter von hier hat es ja, wie wir wissen, im Winter 1833 das Attentat auf Kaspar Hauser gegeben, der in Ansbach den Opfertod gestorben ist. Danke für Ihre Aufmerksamkeit!

---

[148] Aus den Notizen des Grafen Polzer-Hoditz.

[149] Peter Tradowsky, a.a.O., S. 66.

Nach der Pause spielte das Ensemble die dritte Solosonate für Violine und Basso continuo

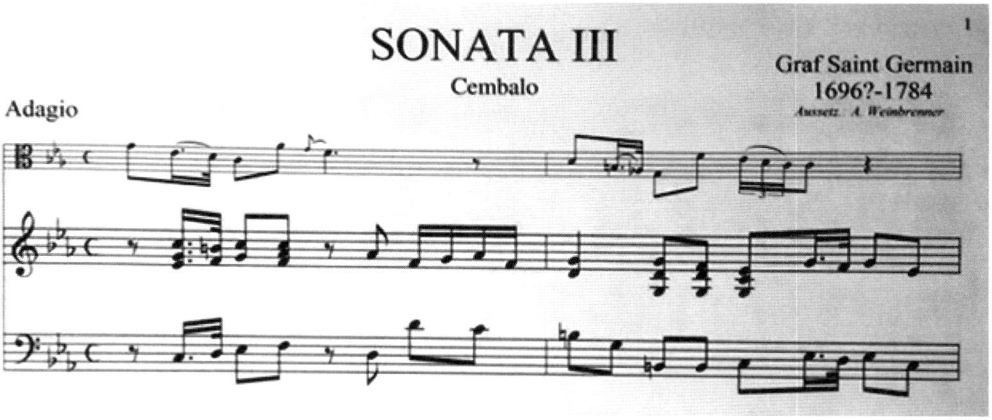

HAHN-ENGEL Konzertagentur & Verlag, www.saintgermain.biz

WO IST DER GRAF VON SAINT GERMAIN HEUTE?

Mieke Mosmuller

Ansbach, 8. Oktober 2017

Mir wurde die Frage aufgegeben: Wo ist der Graf von Saint Germain jetzt?

Ich würde sagen: hier, jetzt. Ob in einem Leib oder nicht, das ist noch etwas anderes, aber es ist eine Art von spiritueller Logik, könnte man sagen, dass, wenn eine solche Tagung organisiert wird, er sich aufmachen wird, dabei zu sein. Ich habe gestern die Musiker vorgestellt und dabei versucht, deutlich zu machen, dass wir dies zusammen hier so vorbereitet haben und auch jetzt zusammen machen, als ein Freundeskreis oder wie Brüder und Schwestern untereinander. Und ich würde gerne sagen, dass wir Freunde von St. Germain sind, aber als ich das zuvor einmal gedacht hatte, hatte ich auch gedacht: Ja, das würde man eigentlich nicht so einfach wagen, das so zu sagen. Man kann eher hoffen, dass er unser Freund und Bruder sein will. Aber vorsichtig dann doch davon ausgehend, dass er das will, können wir die sichere Antwort geben: Er ist hier, jetzt.

Es ist bekannt, dass rund um die Individualität von Christian Rosenkreutz eine Art von Sicherheitsgesetz waltet, dass seine Inkarnation und Wirksamkeit erst nach hundert Jahren bekannt wird, weil sonst das Risiko bestehen würde, dass er einem Verehrungskult unterliegen würde und auch andererseits viele astralische Attacken zu ertragen hätte.

Also wenn ich wüsste, wo er in dieser Zeit ist und was er tut, würde ich es trotzdem natürlich nicht sagen. Aber was man sagen kann, ist, wo er vor 100 Jahren gewesen ist und was er damals gemacht hat. Und die verschiedenen Strömungen in der Esoterik haben natürlich verschiedene Ideen darüber. Wir haben deutlich gemacht, dass wir uns auf die Anthroposophie Rudolf Steiners basieren oder darauf ganz ruhen.

Und wenn wir von da aus anschauen wollen, wo Christian Rosenkreutz war, vor 100 Jahren, dann müssen wir in dem Leben Rudolf Steiners umherschauen. Es ist nicht so schwierig, denn er hat darüber selbst, zwar spärlich, aber doch Aussagen gemacht. Und er hat für seinen französischen Freund Edouard Schuré eine Dokumentation über sein Leben, seine Entwicklung, geschrieben, weil dieser eine Einführung für ein Buch Rudolf Steiners schreiben wollte, das er auf Französisch übersetzt hatte. Dafür hat Rudolf Steiner diese Dokumentation geschrieben, und dies ist als das Dokument von Barr bekannt geworden. Edouard Schuré wohnte in Barr, unterhalb des „Mont Saint Odile“ im Elsass, und Rudolf Steiner und Marie Steiner haben ihn da auch besucht.

In diesem Dokument wird gesagt, dass er einem Gesandten des Meisters begegnete, und das war ein Kräutersammler:[150]

> „Sehr früh wurde ich auf Kant hingelenkt. Im fünfzehnten und sechzehnten Jahre studierte ich Kant ganz intensiv, und vor dem Übergang zur Wiener Hochschule beschäftigte ich mich intensiv mit den orthodoxen Nachfolgern Kants, vom Anfange des 19. Jahrhunderts, welche von der offiziellen Wissenschaftsgeschichte in Deutschland ganz vergessen sind und kaum mehr genannt werden. Dann trat hinzu ein eingehendes Vertiefen in Fichte und Schelling. In diese Zeit fiel – und dies gehört schon zu den äußeren okkulten Einflüssen – die völlige Klarheit über die Vorstellung der Zeit. Diese Erkenntnis stand mit den Studien in keinem Zusammenhang und wurde ganz aus dem okkulten Leben her dirigiert. Es war die Erkenntnis, dass es eine mit der vorwärtsgehenden interferierende rückwärtsgehende Evolution gibt – die okkult-astrale. Diese Erkenntnis ist die Bedingung für das geistige Schauen.
>
> Dann kam die Bekanntschaft mit dem Agenten d. M. [des Meisters]. Dann ein intensives Hegelstudium.“

In seiner Autobiografie „Mein Lebensgang“ hat er dann später, als er dem Ende seines irdischen Lebens näherkam, darüber geschrieben, dass er diesem Kräutersammler im Zug jedes Mal, wenn er nach Wien zur Universität fuhr, begegnete und dass sie dann beide in Wien ausstiegen und eine Wanderung durch die Stadt machten. Für Rudolf Steiner war es wirklich eine Erholung, dass er einem Menschen begegnete, der in der Spiritualität, in der Hellsichtigkeit, in der geistigen Welt und dann vor allem in der geistigen Welt der Natur ganz darinnen stand.

Er schreibt dann, wie sie beide durch die Straßen von Wien liefen und der Kräutersammler ihm allerlei erzählte und dass die Passanten, oder die Freunde, die mitliefen, es lächerlich oder unverständlich fanden, was er erzählte. Aber für Rudolf Steiner war das reines Gold.

In einem Vortrag von 1913, als es die größten Probleme mit Annie Besant in der Theosophischen Gesellschaft gab, hat er für Mitglieder noch eine Art biografischen Vortrag gehalten. Darin spricht er auch darüber, dass er seinen Meister durch diesen Kräutersammler gefunden hat:[151]

---

[150] Rudolf Steiner: GA 262, S. 15-27.

[151] Autobiographischer Vortrag über die Kindheits- und Jugendjahre bis zur Weimarer Zeit Berlin, 4. Februar 1913, Beiträge zur Gesamtausgabe 83/84.

„Schon im ersten Jahre des Hochschulstudiums [1879/80] trat etwas ganz Besonderes ein. Durch eine besondere Verkettung von Umständen trat in den Gesichtskreis des Knaben eine merkwürdige Persönlichkeit, eine Persönlichkeit, die keine Gelehrsamkeit hatte, aber ein umfassendes tiefes Wissen und eine umfassende tiefe Weisheit. Nennen wir jene Persönlichkeit, wie sie mit ihrem Vornamen wirklich hieß, „Felix", der in einem abgelegenen, einsamen Gebirgsdörfchen mit seiner bäuerlichen Familie lebte, das Zimmer voll hatte mit mystisch-okkulter Literatur, selber tief eingedrungen war in mystisch-okkulte Weisheit, und der seine Hauptzeit zuzubringen hatte mit dem Sammeln von Pflanzen. Er sammelte überall in den dortigen Gegenden die verschiedensten Pflanzen und verstand es – das konnte man gewahr werden, wenn man ihn, wie das nur selten, aber doch der Fall war, begleiten durfte auf seinen einsamen Wanderungen – jede einzelne Pflanze aus ihrem Wesen, aus ihren okkulten Untergründen heraus zu erklären. In jenem Manne waren ganz ungeheure okkulte Tiefen. Es war bedeutsam, was mit ihm besprochen werden konnte, wenn er, auf dem Rücken sein Bündel mit einer großen Anzahl von Pflanzen, die er gesammelt und getrocknet hatte, dann in die Hauptstadt fuhr, wohin der Knabe zu fahren hatte. Da gab es sehr wichtige Gespräche mit diesem Manne, den man in Österreich einen „Dürrkräutler" nennt, einen, der Kräuter sammelt und trocknet und sie dann in die Apotheken trägt. Das war der äußere Beruf des Mannes, der innere war freilich ein ganz anderer. Es darf nicht unerwähnt bleiben, daß er alles in der Welt liebte und nur bitter wurde – das sei aber nur kulturhistorisch erwähnt –, wenn er auf klerikale Verhältnisse zu sprechen kam und auf das, was auch er durch die klerikalen Verhältnisse auszustehen hatte; dem war er nicht liebevoll geneigt. Es folgte aber bald darauf noch etwas anderes. Mein Felix war gewissermaßen nur der Vorherverkünder einer anderen Persönlichkeit, die sich eines Mittels bediente, um in der Seele des Knaben, der ja in der spirituellen Welt drinnen stand, die regulären, systematischen Dinge anzuregen, mit denen man bekannt sein muß in der spirituellen Welt. Es bediente sich jene Persönlichkeit, die nun wieder so fremd wie möglich allem Klerikalismus gegenüberstand und damit selbstverständlich gar nichts zu tun hatte, eigentlich der Werke Fichtes, um gewisse Betrachtungen daran anzuknüpfen, aus denen sich Dinge ergaben, in welchen doch die Keime zu der „Geheimwissenschaft" gesucht werden könnten, die der Mann, der aus dem Knaben geworden ist, später schrieb. Und manches, aus dem die „Geheimwissenschaft" geworden ist, wurde damals in Anknüpfung an Fichtes Sätze erörtert. Ebenso unansehnlich im äußeren Berufe war jener ausgezeichnete Mann wie Felix auch. Ein Buch war es, das er gleichsam als Anhaltspunkt benutzte, das wenig in der äußeren Welt bekannt geworden ist und das in Österreich oft wegen seiner antiklerikalen Richtung unterdrückt wurde, durch welches man sich aber zu ganz besonderen geistigen Wegen und geistigen Pfaden anregen lassen kann. Jene eigenartigen Strömungen, die durch die okkulte Welt gehen, die man nur erkennen kann, wenn man eine aufwärts- und eine abwärtsgehende Doppelströmung ins Auge faßt, traten damals lebendig vor des Knaben

Seele. Es war in der Zeit, da der Knabe noch nicht den zweiten Teil des „Faust“ gelesen hatte, als er auf diese Weise okkult eingeführt wurde. Es ist nicht nötig, über diesen Punkt der okkulten Schulung des jetzigen Jünglings, zu dem der Knabe herangewachsen war, weiter zu sprechen. Denn alles, was sich ihm darbot, blieb in der Seele des Jünglings; er erlebte es in sich selbst und schritt seinen äußeren Lebensweg weiter fort.“

Friedrich Rittelmeyer zitiert ein Gespräch mit Rudolf Steiner:[152]

„Das Eindrucksvollste war, wie er von den großen Lehrern sprach, die seinen Weg kreuzten. Außerordentliche Geistesmenschen, der Öffentlichkeit völlig unbekannt, waren in der rechten Stunde zur Stelle, halfen ihm in den entscheidenden Jahren zum Erkennen und Entwickeln seiner Fähigkeiten und standen gewissermaßen Pate beim Aufleuchten seiner Lebensmission. Ohne daß Rudolf Steiner davon sprach, gewann man einen Eindruck, wie ein solches Leben lange vorbereitet ist, wie im rechten Augenblick die nötigen Helfer geschickt werden, wie alles sich zusammenfügt zu einem Unternehmen, das weisheitsvoll wissend in die Menschheitsgeschichte eingreift. Die äußere Welt hat davon gar keine Ahnung. Das Leben eines Menschheitsführers, der auf höchstem Gebiet eine Mission hat, ist ein Kunstwerk, an dem Engel und Menschen zusammenarbeiten. Merkwürdig war es, so unmittelbar in den Einzelheiten zu hören, daß es wirklich solche Geistesführer der Menschheit gibt, die, wohlgeschützt in ihrer Verborgenheit, vorausschauend und leitend hinter der Menschheitsgeschichte walten. Wer das Eingreifen des Unbekannten in das Leben Jakob Böhmes, das Erscheinen des Gottesfreundes im Leben Taulers sich ins Gedächtnis ruft, kann eine Vorstellung gewinnen von dem, was Rudolf Steiner damals erzählte. Nur daß die hohen Führer hier in ihrer Hinleitung zu einer großen Erdenaufgabe bewußter und klarer erkannt wurden. So fremd diese Welt scheinen konnte, wenn man an die Alltagswelt dachte, so heimisch fühlte man sich in ihr, wenn Rudolf Steiner von ihr erzählte. Unvergeßlich ist mir besonders der Blick, mit dem Rudolf Steiner von dem einen dieser beiden Geistesmenschen sagte: „Das war eine sehr bedeutende Persönlichkeit!“ Sein Auge schaute ihm gleichsam lange nach. Und in dem Blick lag die Verehrung, die ein großer Wissender einem anderen Großen zollte. Daß er einmal von einem „Meister“ plötzlich gerettet wurde, als er etwas zu tun im Begriff war, das ihm „den Tod gebracht hätte“, hat er mir später erzählt. Auf meine Frage, ob einer von diesen beiden noch lebe und ob er ihn manchmal sehe, antwortete er: „Das brauche ich nicht.“ Er fühlte sich in der Fähigkeit, jederzeit eine geistige Berührung herzustellen auch ohne äußere Gegenwart, ganz sicher. Einmal später drängte es mich doch zu der Frage: „Wo sind denn jetzt eigentlich die ‚Eingeweihten‘ der Menschheit, wo ein solches Werk wie das Ihrige auf dem Spiel steht?“

---

[152] Friedrich Rittelmeyer: Meine Lebensbegegnung mit Rudolf Steiner, Verlag Urachhaus, S. 103.

Da sagte er: „Jetzt kommt es darauf an, daß die höheren Wahrheiten durch das Denken der Menschen ergriffen werden." „Wenn Sie diesen Eingeweihten heute begegneten, würden Sie an ihnen vielleicht gar nicht das finden, was Sie suchen. Sie hatten ihre Aufgabe mehr in früheren Inkarnationen. Jetzt muß das Denken der Menschen spiritualisiert werden.""

Der Meister wohnte wahrscheinlich in Niederösterreich in einem Dorf, wo er ihn besucht hat. Und er bekam einige, ja, man könnte sagen Aufträge, oder Anregungen, und das war, er solle in die Haut des Drachen hineingehen und dann von innen die moderne Naturwissenschaft kennenlernen, als ob es sein eigenes wäre. Das zweite war, dass er die öffentliche Meinung als Wesen kennen lernen solle. Und das finden wir dann – das Resultat davon – vor allem im Ersten Weltkrieg und nachher, als Rudolf Steiner so viele Vorträge über die politischen Zusammenhänge hielt und dann später, anschließend, einen Versuch gemacht hat, die soziale Dreigliederung in die Welt einzuführen.

Die Quelle, die dies besagt, ist das Vorwort von Edouard Schuré zu dem von ihm übersetzten Buch „Das Christentum als mystische Tatsache".[153]

„Mit neunzehn Jahren begegnete der junge Neophyte seinem Führer – dem Meister –; eine Begegnung, die er seit langem vorausgeahnt hatte. Es ist eine durch die okkulte Tradition und die Erfahrung bestätigte Tatsache, dass diejenigen, die von einer uneigennützigen Sehnsucht nach der höheren Wahrheit beseelt sind, einen Meister finden, der sie im geeigneten Moment, das heißt wenn sie reif dafür sind, einweiht. „Klopfet an und es wird euch aufgetan", sagt Jesus. Dies ist für alle Dinge richtig, besonders aber für die Wahrheit. Der Wunsch muss jedoch heiß sein wie eine Flamme, in einer Seele rein wie ein Kristall. Rudolf Steiners Meister war einer von diesen mächtigen Menschen, die der Welt unbekannt unter der Maske irgendeines bürgerlichen Berufes leben, um eine Mission zu erfüllen, die nur die Gleichgestellten in der Brüderschaft der „Meister des Verzichts" kennen. Sie üben keine sichtbare Wirkung aus auf die menschlichen Ereignisse. Das Inkognito ist die Bedingung ihrer Wirksamkeit, die dadurch eine umso größere Kraft gewinnt. Denn sie erwecken, bereiten vor und leiten solche, die vor aller Augen handeln. Bei Rudolf Steiner war es für den Meister nicht schwer, die erste, spontane Einweihung seines Schülers zu vervollständigen. Er brauchte ihm eigentlich nur zu zeigen, wie er sich seiner eigenen Natur zu bedienen habe, um ihm alles Erforderliche an die Hand zu geben. In lichtvoller Weise zeigte er ihm die Verbindung zwischen den äußeren und den geheimen Wissenschaften, den Religionen und den geistigen Kräften, welche sich gegenwärtig die Führung der Menschheit streitig machen, sowie das Alter der okkulten Tradition, welche die Fäden der Geschichte in der Hand hält, sie verknüpft, auftrennt und im Laufe der Jahrhunderte wieder zusammen-

[153] Rudolf Steiner: GA 262, S. 30.

knüpft. Rasch ließ er ihn durch die verschiedenen Etappen der inneren Disziplin hindurchgehen, um das bewusste und vernunftgetragene Hellsehen zu erreichen. In wenigen Monaten war der Schüler durch mündlichen Unterricht mit der unvergleichlichen Tiefe und Schönheit der esoterischen Zusammenschau bekannt geworden. Rudolf Steiner hatte sich schon seine geistige Mission vorgezeichnet: „Die Wissenschaft mit der Religion zu verbinden, Gott in die Wissenschaft und die Natur in die Religion hineinzubringen und dadurch von neuem Kunst und Leben zu befruchten." Wie aber diese ungeheure und kühne Aufgabe angreifen? Wie sollte er den großen Feind, die einem ungeheuren gepanzerten und über einen großen Schatz gelagerten Drachen vergleichbare moderne materialistische Wissenschaft, besiegen oder vielmehr zähmen und bekehren? Wie kann es gelingen, den Drachen der modernen Wissenschaft zu bändigen um ihn vor den Wagen der geistigen Wahrheit zu spannen? Vor allem, wie ist der Stier der öffentlichen Meinung zu besiegen? Der Meister Rudolf Steiners glich diesem kaum. Er hatte nichts von dieser tiefen, fast weiblichen Feinfühligkeit, die zwar die Energie nicht ausschließt, aber aus jeder Berührung ein Gefühlserlebnis macht und die das Leiden des anderen sogleich in einen persönlichen Schmerz verwandelt. Er war ein männlicher Geist, eine Herrschernatur, welche nur auf die Gattung schaute und für welche die Individuen kaum eine Bedeutung hatte. Er schonte sich selbst nicht, so wenig wie die anderen. Sein Wille war einer Kanonenkugel vergleichbar, welche, nachdem sie einmal den Lauf verlassen hat, direkt ihrem Ziel zuschießt und alles auf ihrem Wege mit sich reißt. Auf die besorgten Fragen seines Schülers antwortete er ungefähr in diesem Sinne: „Wenn du den Feind bekämpfen willst, musst du ihn zuerst verstehen. Den Drachen kannst du nur besiegen, wenn du seine Haut anziehst. Den Stier muss man bei den Hörnern nehmen. Im größten Missgeschick wirst du deine Waffen und deine Kampfgenossen finden. Ich habe dir gezeigt, wer du bist; jetzt gehe – und bleibe du selbst!" Rudolf Steiner kannte die Sprache der Meister genügend, um den schweren Weg vorauszufühlen, welchen dieser Befehl ihm auferlegte; er begriff jedoch auch, dass es das einzige Mittel war, um zum Ziele zu gelangen. Er gehorchte und machte sich auf den Weg."

Die Beschreibung des Meisters scheint mir von Schuré etwas „aufgepolstert" worden zu sein, beruht aber nach Marie Steiner[154] auf Wahrheit.

Aber dann war auch noch eine mehr philosophisch-geistige Anregung gegeben, und das war, dass er Aristoteles durch Fichte ergänzen sollte. Die Quelle, auf der dies beruht, kann ich leider nicht mehr geben, sie war mir bekannt in meiner ersten Zeit der Bekanntschaft mit der Anthroposophie, ich kann sie leider nicht mehr finden.

Diese Ergänzung hat aber stattgefunden, ist geschehen durch Rudolf Steiners Arbeit

[154] Marie Steiner 1947, in GA 130, wo die bedeutendsten Vorträge über Christian Rosencreutz versammelt sind.

mit dem Werk von Goethe, in erster Linie, und dann durch das Schreiben der „Philosophie der Freiheit". Und dann hat er 1907 anlässlich eines Vortrages einen Aufsatz geschrieben, „Philosophie und Anthroposophie", und darin führt er wirklich Satz für Satz, im mittleren Teil ungefähr, aus, wie man Aristoteles durch Fichte ergänzen kann. In meinem Büchlein „Die anthroposophische Bewegung" – Vorträge, gehalten in Zürich – habe ich dies ausführlich auseinandergesetzt. In diesem Prozess erlebt man sehr deutlich die Wirkung des „Meisters", der Christian Rosenkreutz/Saint Germain ist.

Als Hauptbegriffe in dieser Ergänzung von Aristoteles durch Fichte kommen drei Begriffe, Hauptbegriffe – das ist der Begriff des Ichs, das ist der Begriff der Form und das ist der Begriff der Materie. Mein Leben lang bin ich durch diese Inhalte, „Philosophie und Anthroposophie", und die „Philosophie der Freiheit" so befeuert worden, dass ich versucht habe, es immer mehr in Entwicklung zu bringen. Wenn man dann daneben auch die andere Arbeit von Rudolf Steiner kennenlernt, fügt sich das eine mit dem anderen zusammen. Dann wird deutlich, dass in dieser Freiheit von Ich, Form und Materie sich das Rosenkreuzerprinzip gestaltet hat. In anderen Vorträgen und Büchern Rudolf Steiners finden wir einen anderen Zugang zu dem Rosenkreuz. Hier findet man eigentlich den Kern des Rosenkreuzes, wie sich dieses Kreuz mit den Rosen gestaltet, wenn Aristoteles durch Fiche ergänzt ist.

Das ist für mich das Wesentliche der Tätigkeit von Christian Rosenkreutz, von Saint Germain, vor 100 Jahren, nämlich die Anregung zur Anthroposophie. Wenn wir wirklich in die Tiefen der Anthroposophie hineingehen, finden wir dort das Wesen von Christian Rosenkreutz. Aber zugleich ist deutlich, dass das nicht Rudolf Steiner ist. Also Rudolf Steiner ist nicht Christian Rosenkreutz, aber er ist eigentlich in gewissem Sinne auch ein Gesandter des Meisters.

Man kann nicht sagen, dass man in allem, was er gesagt hat, Saint Germain, Christian Rosenkreutz, Johannes, Hiram hört. Man hört natürlich auch den Meister aus dem Oberland; dieser ist in dem Werk Rudolf Steiners auch sehr deutlich erlebbar. Diesen Meister Jesus findet man vor allem, wenn man sich in die Vorträge und Anweisungen Rudolf Steiners über die christliche Einweihung vertieft.

Es gibt ein wunderbares Gedicht von Anastasius Grün.[155] Es wurde von Rudolf Steiner oder vielleicht Marie Steiner in einem Vortrag zitiert, und in diesem Vortrag hat Rudolf Steiner beschrieben, wie Meister Jesus, wie auch Meister Christian Rosenkreutz,

[155] Rudolf Steiner: GA 130, S. 291.

also beide, mehr oder weniger fortwährend inkarniert sind, mit nur sehr kleinen Pausen, höchstens zwölf Jahre, dass sie also beinahe fortwährend auf der Erde da sind.

Meister Jesus, der die Individualität von Zarathustra ist, geht immer wieder Jahr für Jahr zu Ostern nach Golgatha und ist da. Da bekommt man die Sehnsucht: Ich möchte auch einmal da sein. Wenn er nicht inkarniert ist, ist er dennoch da, aber wenn er inkarniert ist, geht er physisch dorthin.

In diesem Gedicht nun wird beschrieben, wie das Kreuz auf Golgatha sich verwandelt. Und am Ende dieses Gedichtes ist das Kreuz eigentlich ganz unter dem Hügel begraben, ist unauffindbar geworden, wird dann aber doch ausgegraben, aber nicht erkannt, man weiß schon längst nicht mehr, was ein Kreuz ist, und es ist ganz versteinert. Und das deutet hin auf eine in der Zukunft liegende Zeit, in der die Menschheit ein anderes Verhältnis zum Kreuz haben wird, nicht mehr so sehr dieses Leidensverhältnis, sondern mehr das Rosenverhältnis. Das ist natürlich doch etwas Wunderbares, denn hier kommen die beiden Meister eigentlich in einem Gedicht zusammen, Meister Jesus und Meister Christian Rosenkreutz.

„Einst wieder sich's begab, daß, als er pflügte,
Der Ackersmann wie an ein Felsstück stieß,
Und, als sein Spaten rings die Hüll' entfügte,
Ein wundersam Gebild aus Stein sich wies.

Er ruft herbei die Nachbarn in der Runde,
Sie sehn sich's an, – jedoch sie kennen's nicht!
Uralter, weiser Greis, du gibst wohl Kunde?
Der Greis besieht's, – jedoch er kennt es nicht.

Ob sie's auch kennen nicht, doch steht's voll Segen
Aufrecht in ihrer Brust, in ew'gem Reiz,
Es blüht sein Same rings auf allen Wegen;
Denn was sie nimmer kannten, – war ein Kreuz!

Sie sahn den Kampf nicht und sein blutig Zeichen,
Sie sehn den Sieg allein und seinen Kranz.
Sie sahn den Sturm nicht mit den Wetterstreichen,
Sie sehn nur seines Regenbogens Glanz!

Das Kreuz von Stein, sie stellen's auf im Garten,
Ein rätselhaft, ehrwürdig Altertum,
Dran Rosen rings und Blumen aller Arten
Empor sich ranken, kletternd um und um.

So steht das Kreuz inmitten Glanz und Fülle
Auf Golgatha, glorreich, bedeutungsschwer:
Verdeckt ist's ganz von seiner Rosen Hülle,
Längst sieht vor Rosen man das Kreuz nicht mehr."

In der Literatur – Thomas hat viele Beispiele gegeben – gibt es noch andersartige Beispiele, zum Beispiel, wo der Verfasser oder die Verfasserin eine Ahnung hat, dass es möglich ist, dass Christian Rosenkreutz/Saint Germain einem begegnet; dass es geschehen kann, dass man einen Weg geht und ein Unbekannter einem entgegenkommt und dass nach dieser Begegnung das Leben eine ganz andere Bedeutung und Form erhält.

Eine sehr merkwürdige Erscheinung ist das Buch des Vlämischen Autors Hubert Lampo „De komst van Joachim Stiller", Die Ankunft von Joachim Stiller, es ist auch auf deutsch übersetzt. Der Autor nannte sich magischer Realist, so sah er sich selbst, er sagte: Ich bin ein magischer Realist. Und dieses Buch hat großen Erfolg gehabt, aber letztendlich ist dieser Autor in der Öffentlichkeit doch in Ungnade gefallen. Ich habe noch eine Rezension, ich glaube von 2011, da war das Buch neu aufgelegt. Es ist ursprünglich von 1960 oder so etwas. In dieser Rezension wird es ganz vom Tisch gefegt, und es ist auch begreiflich, aber ich würde Sie doch anregen wollen, es einmal zu lesen, denn es ist eine merkwürdige Erscheinung.

Die Hauptperson bekommt Briefe, die aus einer Vergangenheit stammen, die so weit weg liegt, dass es gar nicht sein kann, dass sie mit der Post ankommen. Sie wurden vor dem Ersten, Zweiten Weltkrieg geschrieben. Diese kommen mit der Post an, und das ganze Leben dieses Mannes und seiner Frau, die die Hauptpersonen sind, wird eigentlich umgewälzt durch die Botschaften dieser Person, die den Eindruck macht, dass sie immer lebt, nie stirbt. Am Ende des Buches findet fast eine wirkliche Begegnung statt, aber bevor sie stattfinden kann, wird Joachim Stiller, der die Briefe geschrieben hat, überfahren und stirbt. Aber nach drei Tagen ist der Leichnam wieder weg. Das ist das Ende des Buches.

Zwar ist die Erzählung ganz im Materiellen gehalten, aber doch auch wunderbar. Auch die Begegnung am Ende ist wunderbar, er sieht den Mann, es kommt nicht so weit, dass sie wirklich miteinander sprechen können, aber er sieht den Mann, und was er dann sieht, hat er dann doch ziemlich gut beschrieben.

Ich selbst habe in meinem Buch „Suche das Licht"[156] in mehr philosophischem Sin-

[156] Mieke Mosmuller: Suche das Licht, das im Abendland aufgeht, Occident Verlag, 1994.

ne, wenn ich es jetzt betrachte, auch ein Buch mit Rosenkreuzersignatur geschrieben. Und ich habe darin versucht, philosophisch zu beschreiben, wie man die drei Gesellen überwindet, den Zweifel, den Aberglauben und die Illusion der Persönlichkeit. Es steht nicht so da – der Zweifel schon –, aber inhaltlich sind diese drei wirklich so da, dass, wenn man das vollziehen würde, was angeregt wird, man sie wenigstens kennenlernen würde und letztendlich dann auch überwinden würde.

In meinem Roman „Mutter eines Königs",[157] der einen Titel trägt, der einen rosenkreuzerischen Hintergrund hat, ist die Hauptperson begnadet, in einer Klosterkapelle, gerade, als er eigentlich nicht mehr ein noch aus weiß, einen Meister gesandt zu bekommen. Nachdem sich dies drei Tage hintereinander vollzogen hat, fängt das eigentliche Leben an, und dann beginnt auch die Zeit, wo die Hauptperson Prüfung um Prüfung zu bestehen hat.

Fragen wir uns aber – wir dürfen wohl fragen –, was würde der Graf von Saint Germain tun, jetzt, wenn er jetzt hier wäre? Darüber kann man sich doch Gedanken machen, obwohl man nicht sagen kann: da ist er. Man kann schon sagen, dass es in unserer Zeit wirklich eine Entwicklung gibt, in der er zuhause ist und in der er auch wirklich wirksam sein wird, wie auch immer, entweder vom Geiste her oder in einer physischen Inkarnation.

Welche Entwicklung ist das? Es ist die Entwicklung der Technik. Wir sehen nach dem Anfang des 20. Jahrhunderts, nach der Zeit Rudolf Steiners, eine rasende Entwicklung eintreten. Und diese rasende Entwicklung scheint immer rasender zu werden, eine Art von Sturz scheint es zu sein, wobei die Schwerkraft, bildlich gesprochen, dazu führt, dass alles immer schneller und schneller geht.

Nun ist das Interessante, dass Rudolf Steiner in seinen Vorträgen, die in dem Band „Die Tempellegende" versammelt sind[158] – wo natürlich auch die Tempellegende wirklich erzählt wird –, über die Elektrizität spricht und sagt, dass der menschliche Gedanke eine elektrische Erscheinung ist. Das also, was wir an Gedanken in uns haben, ist elektrischer Art. Und da weiß man natürlich, dass es die inhaltlichen Gedanken sind und dass die Denktätigkeit über diese elektrische Wirksamkeit ebenso weit hinaushebt, wie der Gedanke unter das Natürliche hinuntergeht.

Wenn wir die Natur in der Mitte sehen und uns selbst als Menschen vorläufig als natürliche Wesen anschauen, haben wir unter der Natur eine Unternatur und über der

[157] Mieke Mosmuller: Mutter eines Königs, Occident Verlag, 2. Aufl. 2004.

[158] Rudolf Steiner: Die Tempellegende, GA 93.

Natur eine Übernatur. Die Unternatur entsteht dadurch, dass die Übernatur im Verlauf der Äonen verfällt, das muss so sein, man kann nicht sagen, dass das etwas Böses ist. Und unsere Gedanken sind also Wesenheiten, die, insoweit sie inhaltlich-sinnlich da sind, elektrisch sind, das ist, wenn der übernatürliche Lichtäther, indem er verfällt, Elektrizität wird, ins Unternatürliche hinunter sinkt.

Wenn man nun diese sinnliche Gedankenwesenheit überwindet, indem man sein Denken in den Griff bekommt, erhebt man sich mit dem Denken übernatürlich zu dem Lichtäther.

Darüber hinaus gibt es den Klangäther – und auch der Klangäther verfällt und wird Magnetismus. Alles, was wir an sinnlichen, triebhaften Gefühlen kennen, liegt in diesem Gebiet, ist auch nicht nur böse, aber gehört zur Unternatur. Dasjenige, was man vom Klangäther versinnlicht, also anschaulich macht, geschieht mit Hilfe des Magnetismus. Nun können wir sagen: Wenn wir durch das Denken über uns selbst, über die Natur hinaussteigen, wo wir die Gedanken logisch zusammenfügen – ob das nun aristotelisch logisch ist oder mehr spirituell logisch –, wo Gedanken durch die Wahrheit zusammengeführt werden zum Verständnis, da sind wir im Klangäther.

Der Lebensäther verfällt in eine dritte unternatürliche Kraft. Wir kommen in ein Gebiet hinein, das in der Naturwissenschaft noch ziemlich jung ist – in die Verfallskräfte, die da sind, indem das Innerste der Materie auseinanderfällt. Das kann man auch durch Technik bewirken, und dann bekommt man die Kernenergie oder die Kernexplosion.

Will man über sich selbst, über die Natur hinaus mit dem Denken zum Lebensäther kommen, dann muss man sich in dem lebendigen, erlebten Begriff schulen.

Das können wir uns mehr oder weniger schematisch vorstellen: Der Mensch in der Mitte als Naturwesen, aber über dieses Naturwesen hinaus geht die erste geistige Schicht, könnte man sagen, die Quinta Essentia, das sind Lichtäther, Klangäther und Lebensäther. Die verfallen im Laufe der irdischen Entwicklung, das gibt Verfallserscheinungen. Lichtäther wird Elektrizität, chemischer Äther/Klangäther wird Magnetismus, und Lebensäther wird Kernenergie.

Nun leben wir in unserer Zeit in der Natur natürlich, als Mensch, aber zur gleichen Zeit leben wir übersinnlich im Ätherischen, aber wir leben auch sehr stark untersinnlich in diesen drei unteren Schichten, in Elektrizität, Magnetismus und Kernenergie. Bedeutsam ist in diesem Zusammenhang, dass der wichtigste Vortrag hierüber auch wiederum in der GA 130 zu finden ist, den Rosencreutz-Vorträgen.

Rudolf Steiner hat Anfang des 20. Jahrhunderts über die Wiederkunft von Christus in der ätherischen Welt gesprochen, und er hat davor gewarnt, dass es starke Kräfte geben würde, die dieses Erscheinen verfinstern würden.

Man braucht nur zu meditieren, um zu entdecken, in welcher Lage wir sind. Man entdeckt, dass wir in einem elektromagnetischen Feld leben. In diesem Feld sind wir darinnen, und unsere Unternatur, die auch wirklich zu uns gehört, wird stärker und stärker. Es ist vorläufig ein unsichtbares Gebiet, es ist hier, aber wir spüren es eigentlich nur, wenn wir die Geräte haben, mit denen wir es auffangen können. Wenn wir das Handy in der Hand haben, ja, dann haben wir die Möglichkeit, dieses Feld in die Wahrnehmung umzusetzen. Aber wenn wir hier so sitzen, haben wir fortwährend, auch wenn keiner sein Gerät verwendet, dieses Feld sehr stark um uns und in uns. Wenn das Gerät eingeschaltet wird, können wir es auffangen, also wir wissen, dass es da ist. Aber als anwesende Kraft spüren wir es nur durch die Meditation.

In diesem Feld wird daran gearbeitet, dass die Möglichkeit, dass der Mensch in die ätherische Welt hineinschauen könnte, verdorben wird, indem dieses untere Feld so stark wird, dass man sich eigentlich nicht mehr gut daraus lösen kann. Man kann es nur, wenn man weiß, wie es geht. Es geht auch eigentlich gar nicht so schwierig, aber man muss wissen, wie.

Ich bin sicher, dass wir da den Grafen von Saint Germain, Christian Rosenkreutz, gegenwärtig suchen müssen, als großen Helfer. Das Wesen, das sich entwickelt, das in der Unternatur immer stärker und stärker wird – und wir dürfen dieses Wesen wirklich den Antichrist nennen –, können wir nur bekämpfen, wenn wir von dem Grafen von Saint Germain – oder wie er jetzt auch heißen möge – die Hand bekommen, um den Weg zu finden, dass wir uns als Menschen so stark machen können, dass uns das nichts angeht. Mit Saint Germain können wir die Entwicklung mitmachen; wir brauchen nicht Menschen zu werden, die sagen: Ich will keinen Computer, ich will kein Handy, ich will dies und das nicht, und die dann vergessen, dass sie trotzdem in dem Feld darinnen sind, nur sind die Anziehungspunkte dann um sie herum etwas weniger – und die dem ganz machtlos ausgeliefert sind.

Ich bin fest davon überzeugt, dass dieses Wesen, Saint Germain, auch das durchdringen will; dass er es sich zur Aufgabe stellt, in unserer Zeit diejenigen Entwicklungsmaßnahmen zu finden, durch die wir stark genug werden, in diesem elektromagnetischen Feld leben zu können – und sich dann doch zu der wahren ätherischen Welt mit Christus in dieser ätherischen Welt zu erheben. Da also suche ich Saint Germain jetzt. Und er wird wohl nicht Steve Jobs gewesen sein, oder Mr. Google... Aber es könnte so auch noch sein. Ich glaube dieses Wesen müssen wir mitten darin suchen, nicht mitten hindurch, aber mittendrin, wirklich als Bruder von Christus, als Germanus – das Wort für Bruder –, Bruder von Christus, und wir sind dann auch kleine Brüder und Schwestern.

Dass wir als Menschen in diesem elektromagnetischen Feld sind und auch nicht anderes wollen dürfen, kann uns bewusst werden, wenn wir Folgendes bedenken. Der Arzt kann mit dem Elektrokardiogramm den Zustand der Herzfunktion diagnostizieren. Also das Herz hat elektrische Impulse, und diese werden mit Elektroden aufgefangen und dann in einem Diagramm aufgeschrieben. Wir wissen natürlich, wenn die Linie flach wird, dann ist der Tod da. Man kann gar nicht wollen, dass man diese elektrischen Impulse als lebendiger Mensch nicht in sich habe würde. Das gilt natürlich auch für das Elektroenzephalogramm, für die elektrische Wahrnehmung der Tätigkeit, oder der Funktion muss ich sagen, des Gehirns, und auch für das Elektromyogramm, wo es möglich wird, die elektrischen Impulse im Muskel wahrzunehmen.

In St. Gallen hat Rudolf Steiner über dieses Zusammenleben mit Elektrizität und Magnetismus gesprochen, und da schildert er die böse Seite dessen. Er beschreibt, wie der Mensch ungefähr bei der Geburt oder schon etwas früher einen Gesellen mitbekommt. Und er nennt diesen Gesellen den Doppelgänger, den ahrimanische Doppelgänger, der unsere Elektrizität benutzt, könnte man sagen. Das ist ein Wesen, das einen sehr starken Intellekt und auch einen sehr starken Willen hat – aber kein Gefühl.

Das sind Wirkungen, denen wir ja ausgesetzt sind. Wir sehen sie ja auch in unserer Kultur immer mehr und mehr aufkommen. Der Mensch gibt seinen Platz an den Doppelgänger ab und wird dann sehr intelligent und kann auch viel leisten, aber es wird nicht viel oder nichts gefühlt.

Es gibt zwei Möglichkeiten in der Meditation, um dies zu bekämpfen. Es ist ja auch eine verwirrende Wirkung, die da ist. Denn wenn man mit der Meditation anfängt und man weiß eigentlich nicht so gut, wie, kann es sehr wohl sein, dass man die Elektrizität des Gedankens verstärkt, und das gibt starke Empfindungen, ich kenne sie sehr gut, und man könnte sich darin verirren, man könnte meinen, dass die Gedanken lebendig geworden seien oder so etwas.

In der Zeit Rudolf Steiners hat er mit der Rosenkreuzmeditation eigentlich schon das Heilmittel gegeben, und er hat auch in all seinen öffentlichen Vorträgen, wo er darüber spricht, wie der Mensch zu einer Geisterkenntnis kommen kann, immer wieder und wieder darauf hingewiesen, dass es zwei Forderungen gibt, zwei Hauptforderungen. Die erste Forderung ist, dass man, wenn man mit der Meditation anfängt, nur Gedanken bildet, die nicht von der sinnlichen Welt kommen, sinnlichkeitsfreie Gedanken sollen es sein. Es dürfen zwar sinnliche Bilder sein, aber dann müssen es Sinnbilder sein, zwar sinnlich geformt, sie haben Sinnesqualität, aber die Bedeutung soll nicht die gewöhnliche sein. Es sollen symbolische Sinnbilder sein, oder Sprüche oder Bibeltexte, aber immer so, dass sie sinnlichkeitsfrei gestaltet werden. Und man muss eigentlich wissen, dass man in dem Moment, wo man abirrt und wiederum in das gewöhnliche Unternatur-Denken hinunterrutscht, sich Mühe geben muss, immer wieder aufzustehen zu dem sinnlichkeitsfreien Denken, so dass man sich also nicht nur aus der Natur, sondern vor allem aus der Unternatur erhebt. Das ist die eine Forderung.

Die zweite ist, dass man wissen muss, dass man die Gedanken, die man so gestaltet, selbst gestaltet; dass man selbst tätig ist. Es soll nicht so sein, dass man alles so auf sich zukommen lässt – das kann man später, wenn man stark genug geworden ist, aber am Anfang nicht, denn dann sinkt man unmittelbar wieder zurück in das gewöhnliche Denken, und das ist eigentlich mehr oder weniger unternatürlich. Man selbst muss die Gedanken so bewusst und so kräftig wie nur möglich gestalten.

Dann kann es aber sein, dass es Zeiten gibt, wo man doch sehr empfindlich für dieses elektromagnetische Feld ist und es fast unmöglich scheint, sinnlichkeitsfreie Gedanken zu denken oder Gedanken selbst zu gestalten. Das sind Tage oder Wochen oder Monate, wo man sagt: Es scheint so zu sein, als ob ich noch nie meditiert hätte. Es geht einfach nicht, und was soll man dann tun, damit es wieder geht? Oder man hat es mit starker körperlicher und seelischer Erregung, Regsamkeit zu tun, die nicht gesund ist, was man Nervosität nennen könnte, aber mehr körperlich, man fühlt sich aufgepeitscht.

Man müsste es dann eigentlich wagen, sich bewusst zu werden, dass man es mit den Kräften des Antichrist zu tun hat. Dass dieses unternatürliche Feld so stark wird, dass es unmöglich macht, noch in das übernatürliche Feld hineinzukommen, bewusst. Und man kann dann erkennen lernen, dass das eigentlich die Kräfte des Egos sind, von denen man sich nicht befreien zu können scheint. Die sind dann viel zu stark, und das merkt man vielleicht tagsüber nicht so sehr, aber man merkt es vor allem, wenn man anfängt zu meditieren.

Dann braucht man eine Kraft, die man gerade nicht erreichen kann, aber man kann sie anrufen. Durch das Bewusstsein, dass es das Ego ist, das da eigentlich ganz stark schreien will, und durch das Anrufen des wirklichen Christus in der ätherischen Welt, kann man dazu kommen, eine Methode zu finden, dass man diese starke Willenskraft, die man dann in sich hat, die aber nicht gesund ist, die nicht menschlich ist, zurückzunehmen, so dass man sie zum Schlafen bringen kann, beruhigen kann. Es scheint, als ob sie nicht weichen will, aber sie wird das tun. Nur muss man sich bewusst sein: Ich bin das eigentlich, ich habe mich bespeist mit dem Antichrist, und ich muss zurücktreten.

Da, in diesem Gebiet, können wir vermuten, dass Christian Rosenkreutz der Vermittler ist. Natürlich ist Michael der Vermittler, aber wir brauchen auch einen Menschenbruder, einen heiligen Menschenbruder, einen Saint Germain.

Dann sind diese Erkenntnisse, die man dann hat, gerade die Genesung. Und ich will betonen, dass es sehr wichtig ist, dass man als esoterisch suchender Mensch nicht davor zurückschreckt, auch diese Kräfte erkennen zu wollen, denn wenn wir sie nicht erkennen wollen, dann beherrschen sie uns erst recht, und wenn wir sie erkennen, ist die Beherrschung eigentlich schon im Rückzug, geht zurück.

Da steht nach meinem Empfinden Christian Rosenkreutz, Saint Germain und der moderne Eingeweihte, der weiß, wie man mit allen möglichen Gegenkräften gegen den Geist umgeht; der weiß, dass man sie nicht verweigern darf, denn wir müssen hindurch, aber man darf sie natürlich auch nicht verehren.

Wenn ich dann die Musik höre, kommt wieder die erste Begegnung mit dieser Musik in die Erinnerung, empfindungsgemäß. Da fragt man sich: Was höre ich da eigentlich?

Und im Laufe der Zeit ist es für mich immer mehr eine Sicherheit geworden, dass ich da eine Art Prima Materia höre. Diese klingt nicht vollkommen, selbstverständlich, das geht in unserer Zeit nicht, auch weil wir unvollkommene Menschen sind und unvollkommene Instrumente haben. Aber trotzdem eine Prima Materia. Rudolf Steiner hat diese Prima Materia auch Akasha genannt. Wir können uns darin dann noch vertiefen, was das eigentlich bedeutet. Dass die Akasha auch musikalisch tönen kann, das wusste schon Pythagoras.

Aber das wird für mich das Thema für heute Mittag sein, wenn wir dazu kommen, die Verkörperung dieser Individualität als Christian Rosenkreutz zu beschreiben. Dann werde ich mich darauf konzentrieren, dass es um den Guss des Ehernen Meeres geht, dass es also darum geht, dass wir immer besser verstehen, was Materie ist, dass wir aber auch immer besser und besser durch diese Materie hindurch dringen können, so dass wir sie verwandeln können. Das haben wir natürlich im Leben von Saint Germain durch viele Beispiele kennengelernt: dass er Versuche gemacht hat und dass er auch Resultate hatte. Aber es ist natürlich alles noch am Anfang. Das werde ich versuchen, heute Mittag anhand der Inkarnation als Christian Rosenkreutz zu besprechen.

Thomas hat über die Einweihung in der Loge Rudolf Steiners, in der Freimaurerloge gesprochen. Es gab nach der Aufnahme in den dritten Grad einen rosenkreuzerischen

Schluss. Es gibt verschiedene Versionen davon, und ich lese den Text nach der Originalhandschrift Rudolf Steiners:[159]

„Die Steine sind stumm; Ich habe das ewige Schöpferwort in sie gelegt
und verborgen; keusch und schamvoll halten sie es in den Tiefen.
M. Pr. [Materia prima]

Die Pflanzen leben und wachsen; Ich habe das ewige Schöpferwort
der Sonnenkraft in sie strömen lassen, sie tragen es hinunter in die
Tiefen.
M. S. [Materia secunda]

Die Tiere empfinden und wollen; Ich habe das ewige Schöpferwort
in ihnen lebend gestaltet; sie formen es in den Tiefen.
M. T. [Materia tertia]

Der Mensch denkt und handelt; Ich lasse das ewige Schöpferwort in
ihm leiden und sich freuen; er soll es tragen in die Höhen.
S. T. [Spiritus tertius]

Die Seele erkennt und gibt sich hin; Ich lasse das ewige Schöpferwort
der Sonnenkraft in ihr strömend sich erheben; sie lenkt ihren Flug
in die Höhen der Weisheit und Frömmigkeit.
S. S. [Spiritus secundus]

Der Geist liebt sich lösend das All; Ich spreche im Geiste mein ewiges Schöpferwort, weckend und erlösend in Reinheit die Welt; ruhig
strömt es in den Höhen des ewigen Lichtes.
S. P. [Spiritus primus]“

[159] Rudolf Steiner: GA 265, Notizblatt Archivnummer 6978.

Nach der Mittagspause wurde die dritte Solosonate
für Violine und Basso continuo von Saint Germain gespielt

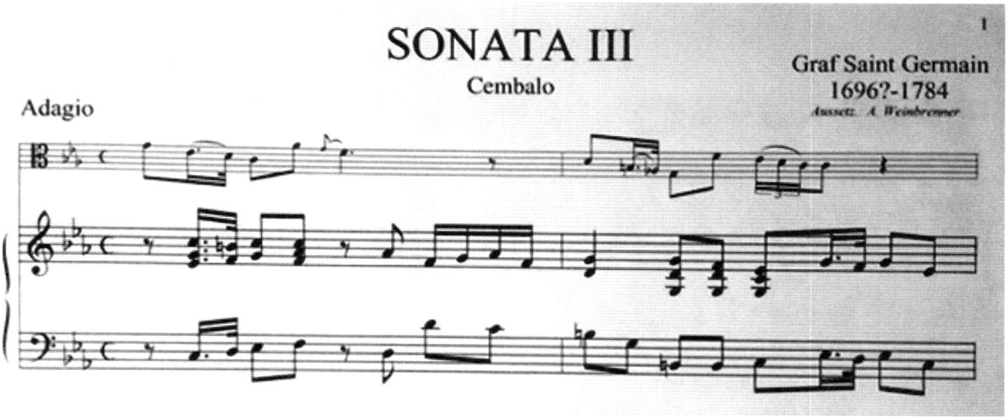

HAHN-ENGEL Konzertagentur & Verlag, www.saintgermain.biz

DER MANN, DER NIEMALS STIRBT, UND DIE WIRREN UNSERER ZEIT

Thomas Senne

Ansbach, 8. Oktober 2017

Nun nähern wir uns leider allmählich dem Ende unserer schillernden Entdeckungsreise durch die mysteriöse Welt des Grafen von Saint Germain. Wir haben mehrere Verkörperungen dieser Individualität kennengelernt, sein Verhältnis zu Buddha, Goethe, Adam und Eva, zur Alchemie und natürlich zur Musik, die wir im ursprünglichen Wortsinn als Musenkunst verstanden haben: als ein Kürzel für die höheren Welten.

Dass der Ton gestaltend in die Materie eingreifen kann, wissen wir von der Kymatik und kennen dies auch von den Chladnischen Klangfiguren. Dass Musik mit Chemie zusammenhängt, eine Stoff ordnende Tendenz besitzt, muss den Alchemisten früher bewusst gewesen sein. So schrieb ein gewisser Nicolas Flamel, der ein Autor und berühmter Alchemist war, im 14. Jahrhundert ein Buch über „Musique chimique", über „chemische Musik" also.[160]

Demnach ist allein schon das Hören von Musik eine Art strukturierender, prägender chemischer Prozess für den Menschen, der ja zu großen Teilen aus Flüssigkeit besteht. Damit sind wir schon fast in Ägypten mit seinen Mysterien, denn der alte Name für Ägypten lautete „chemi, chemet", wie Hans Gsänger schreibt „schwarz, schwarze Erde".[161] Das Wort hat mit dem Griechischen „chemeia", Chemie, eine Verwandtschaft. Mit dem arabischen Artikel „al" davor wird daraus die „Alchemia". Wir sehen also, wie eng Musik – nun im heutigen Sinne verstanden – und Chemie zusammenhängen. Und ich bin einmal mehr dankbar, dass wir auf dieser Tagung so viel Musik gehört haben, von einem Ensemble, das Saint Germains Kompositionen wundervoll interpretiert hat. Welche Rolle aber spielten nun die zu Herzen gehenden Musikstücke im letzten Lebensabschnitt von Saint Germain, seine Tonsetzungen, wie wir sie hier sehen und wie Sie diese auch in Ihrer Broschüre betrachten können?

Die Antwort des Musikwissenschaftlers Cornelius Kellner fällt eindeutig aus: „Darüber ist ... leider gar nichts bekannt." Bekannt ist nur, dass Saint Germain 1778

---

[160] Wikipedia: Nicolas Flamel.

[161] Hans Gsänger: Golgatha, Verlag Die Kommenden.

den Landgrafen in Altona, das damals noch der dänischen Krone unterstand und zu Holstein gehörte, kennengelernt hat: Carl von Hessen-Kassel. Heute kennen wir Altona als einen besonders freiheitsliebenden Stadtteil Hamburgs, der erst kürzlich in die Schlagzeilen der Weltpresse geriet, weil dort der G20-Gipfel stattgefunden hat, wo sich zwanzig große Köpfe aus der Politik in absolutistischer Manier anmaßten, über das Schicksal von Milliarden Menschen auf der Erde zu entscheiden. Wahre Demokratie, weise Zukunftspolitik sieht anders aus, wie wir von Rudolf Steiners Dreigliederung des sozialen Organismus her wissen. In Altona, wo heute ein freies geistiges Klima auch in religiöser Hinsicht herrscht, traf Saint Germain also seinerzeit mit dem holsteinischen Landesvater zusammen, der dann sein treuester Schüler werden sollte. Wer dieser Begegnung, wenn er einmal in Hamburg weilt, nachspüren möchte, dem sei die dortige Christophorus-Kirche empfohlen. Ein wunderbarer Kraftort, den ich im Auftrag der dortigen Pfarrei vor Jahren das Vergnügen hatte, geomantisch ein wenig mitzugestalten. Daraus entwickelte sich dann die sogenannte „Kirche der Stille", eine Initiative, die neue Formen des religiösen Zusammenseins ausprobiert und über die inzwischen sogar ein Buch informiert. Wie gesagt, eine sehr schöne Atmosphäre dort, in der Helenenstraße 14a. Aber dies nur am Rande.

Zurück zum Grafen und dem damaligen Landesherren, Statthalter Schleswigs und Schwiegersohn von König Friedrich VI. von Dänemark – Carl von Hessen-Kassel also, der sich an sein Treffen mit Saint Germain noch Jahrzehnte später genau erinnern konnte:[162]

> „Bei meiner Rückkehr aus Berlin und Hanau sah ich in Altona den berüchtigten Grafen Saint-Germain, welcher mir seine Freundschaft zuzuwenden schien, besonders als er hörte, dass ich kein Jäger sei und auch keine anderen Liebhabereien habe, welche dem Studium der höheren Naturwissenschaften hinderlich sind. Er sagte mir damals: „Ich werde sie in Schleswig besuchen, und Sie sollen sehen, was wir zusammen für große Dinge ausrichten werden." Ich gab ihm zu verstehen, dass ich viele Gründe hätte, die Gunst, die er mir erweisen wolle, für den Augenblick nicht anzunehmen. Er entgegnete: „Ich weiß, dass ich zu Ihnen kommen muss, und ich muss Sie sprechen." Ich wusste kein anderes Mittel, um den Erörterungen auszuweichen, als ihm zu sagen, der Oberst Koeppern, welcher krank zurückgeblieben war, würde mir in einigen Tagen folgen und er möchte mit diesem darüber reden. Dann schrieb ich an Koeppern einen Brief, um ihm zu sagen, er möchte sein Möglichstes tun, um dem Grafen Saint Germain zuvorzukommen und ihm, soviel als möglich, abzuraten, hierher zu

[162] Karl von Hessen, in Gustav Bertold Volz (Hg.): Der Graf von Saint-Germain, Bohmeier Verlag, S. 207f.

kommen. Koeppern kam nach Altona und sprach mit ihm, aber der Graf antwortete ihm: „Sie können sagen, was Sie wollen, ich muss nach Schleswig gehen und werde nicht davon absehen. Das Übrige wird sich finden. Sie werden Sorge tragen, mir dort eine Wohnung bereit zu halten usw." Koeppern teilte mir dies Ergebnis seiner Unterhaltung mit, welches ich nicht billigen konnte.

Ich hatte übrigens bei der preußischen Armee viele Erkundigungen über diesen ungewöhnlichen Mann eingezogen und hatte besonders mit meinem Freund, dem Oberst Frankenberg, über ihn gesprochen. Dieser sagte mir: „Sie können überzeugt sein, dass er kein Betrüger ist, und dass er große Kenntnisse besitzt. Er war in Dresden, als ich mit meiner Frau dort war. Er wollte uns Beiden wohl. Meine Frau wollte ein Paar Ohrgehänge verkaufen; ein Juwelier bot ihr eine Kleinigkeit dafür. Sie sprach in Gegenwart des Grafen davon, welcher zu ihr sagte, ‚Wollen sie mir dieselben für einige Tage anvertrauen?' Er gab sie zurück, nachdem er sie verschönert hatte. Der Juwelier, welchem sie meine Frau darauf zeigte, sagte: ‚Das sind schöne Steine; die sind ganz anders als die, welche Sie mir früher zeigten!' und er bezahlte mehr als das Doppelte dafür."

Saint-Germain kam bald darauf nach Schleswig. Er sprach mit mir von großen Dingen, welche er zum Besten der Menschheit tun wolle usw. Ich hatte keine Lust dazu, aber zuletzt machte ich mir ein Gewissen daraus, Kenntnisse, die in jeder Hinsicht wichtig waren, aufgrund einer vermeintlichen Weisheit oder aus Geiz zurückzuweisen, und ich wurde sein Schüler. Er sprach viel von der Verschönerung der Farben, welche fast nichts kostete, von der Verbesserung der Metalle, indem er hinzufügte, dass man durchaus kein Geld machen müsse, selbst wenn man es verstände, und diesem Grundsatz blieb er unbedingt treu."

Offenbar ist also damals die Begegnung zwischen Saint Germain und Carl von Hessen so gut verlaufen, dass der ihn auf sein Amtssitz auf Schloss Gottdorf einlud. Der Landgraf Carl von Hessen soll ein gewandter Klavierspieler gewesen sein. In erster Linie aber war er Freimaurer und ein großer Freund des Theaters. Eine eigene Theatertruppe zeugte davon. Das Schlosstheater auf Gottdorf avancierte um 1780/90 zu einer der besten Bühnen Deutschlands. Mozarts „Zauberflöte" (1791) wurde dort so oft gegeben, dass die Kinder in Schleswig die Melodien gepfiffen haben sollen. Mozart, der wahrscheinlich Casanova in Prag getroffen hat und unter diesem Eindruck seine Oper „Don Giovanni" komponiert haben soll, war ja ebenfalls Freimaurer, wie diverse Freimaurermusik von ihm beweist, unter anderem die „kleine Freymaurer-Kantate" oder eben die „Zauberflöte".

Unter der Herrschaft Carls von Hessen-Kassel konnte Saint Germain in Eckernförde an der Ostsee eine Fabrik zur Produktion von Farben aufbauen – die ehemalige Fayencefabrik Otte, das spätere Christianspflegehaus. Saint Germain wohnte dort im angegliederten Wohnhaus am Südende der Kieler Straße. Dort will man heute ein Denkmal für den legendären Grafen errichten, zumindest gibt es eine Initiative dafür. Der sogenannte Saint-Germain-Tee wird in der Löwen-Apotheke von Eckernförde auf Anfrage gerne zusammengestellt. Er soll bei Verdauungsbeschwerden helfen.

Die sonst weitgehend vergeblich gebliebenen Versuche des Grafen, der damals 88 Jahre alt gewesen sein soll, einen Regenten zu finden, der bereit wäre, ihm mit Hilfe der Alchemie auf den Pfaden in höhere Welten zu folgen, scheinen bei Carl von Hessen, der dann einer der am weitesten spirituell entwickelten Freimaurer seiner Zeit wurde, erfolgreich gewesen zu sein.[163]

In Louisenlund, einem Park mit Schloss, wo sich heute ein Elite-Internat befindet, zwischen Schleswig und Eckernförde gelegen, unternahmen die beiden im Keller des mittlerweile bis auf die Rudimente verschwundenen Freimaurerturms in einem Labor oft alchemistische Versuche.

Dass neben den geistigen Resultaten dabei von ihnen auch das goldähnliche „Carlsmetall" gefunden wurde, offenbar benannt nach dem Landesherren, war ein positiver Nebeneffekt. Doch bald konnten diese Laborversuche in Louisenlund nicht mehr stattfinden. Der Grund: der Tod Saint Germains.[164]

„Aus dem „Totenregister" der St. Nikolaikirche in Eckernförde

„Gestorben am 27. Februar 1784. Am 2. März der sich so nennende Graf von St Germain und Welldone – weitere Nachrichten sind nicht bekannt worden – in hiesiger Kirche still beigesetzt."

Aus dem Verzeichnis der „Glockengelder"

„Der Herr Graf von St. Germain d[en] 2. März in der Kirche beigesetzt morgens … 12 Mark."

Aufruf von Bürgermeister und Rat der Stadt Eckernförde

Wir, Bürgermeister und Rat der Stadt Eckernförde, fügen allen, so daran gelegen, hierdurch zu wissen:

Demnach der auswärts sowohl als hieselbst unter dem Namen Comte de Saint Germain und Welldone bekannte und sich in den letzten 4 Jahren in hiesigen Landen aufgehaltene Herr Graf von Saint-Germain ohnlängst hieselbst zu Eckernförde

---

[163] Hella Krause-Zimmer: Christian Rosenkreutz, Verlag am Goetheanum, S. 184, 189.

[164] Gustav Bertold Volz (Hg.): Der Graf von Saint-Germain, Bohmeier Verlag, S. 214.

Todes verfahren, dessen Nachlaß unter gerichtlicher Versiegelung genommen und es nötig gefunden worden, sowohl an seine etwaige Intestaterben, inmaßen von einem nachgelassenen Testament bis hiezu nichts constiret, als an dessen etwanige Gläubiger ein öffentliches Proclama, diese Erbrechte und Forderungen gehörig anzugeben und zugleich in einem gewissen Termin zu rechtfertigen, ergehen zu lassen, –

als befehlen wir hiedurch allen und jedem, welche an den Nachlaß der obgedachten, hieselbst verstorbenen sich genannten Grafen von Saint Germain und Welldone einige, zu Recht bestehende Praetensiones und Ansprüche, dieselben rühren her vel ex capite hereditatis, vel debiti vel alio quocunque capite vel causa sie immer wollen, zu haben vermeinen, hiemit ein für allemal und sub poena praeclusi, daß sie solche samt und sonders, und zwar die Einheimischen innerhalb 6, die Auswärtigen aber innerhalb 12 Wochen a die puplicationis, im hiesigen Stadt-Sekretariat rechtsbehörig angeben, die in Händen habende Documenta und Beweistümer in originali produciren, beglaubte Abschriften davon beim Protocollo zurücklassen, auch die unter hiesigem Faro nicht Angesessenen Procuratores ad Acta bestellen, mit der ausdrücklichen Commination und Verwarnung, daß diejenigen, welche solches in den praefigirten 6 und 12 Wochen zu thun verabsäumen, nach deren Ablauf nicht weiter gehöret, vielmehr praecludiret und ihnen dann als itzt, und itzt als dann, perpetuum silentium imponiret sein solle. Inmaßen dann auch zu Justificierung dieser Angaben sämtliche Profitentes hiedurch ein für allemal und also per emtorie citiret und verobladet werden, am 14. October dieses Jahres coram Magistratu zu erscheinen, ihre Angaben gehörig zu justificiren und nach vorkommenden Umständen und Beschaffenheit des Nachlasses rechtliche Verfügung und Erkenntnis, eventualiter der Erstigkeit halber, zu gewärtigen. Wornach sich ein jeder, dem daran gelegen, zu achten und für Schaden zu hüten hat.

Signatum Eckernförde, den 3. April 1784.
L.S.
Bürgermeister und Rat hieselbst."

Also beim Tod von Saint Germain wieherte auch damals schon der Amtsschimmel ganz gewaltig. Auch Carl von Hessen-Kassel erinnerte sich in seinen 1816/17 diktierten „Mémoires de mon temps" an seinen Freund.[165]

„Das Unglück wollte, dass der Graf Saint-Germain, als er nach Eckernförde kam, unten in

[165] Karl von Hessen, in: Volz, a.a.O., S. 209f.

einem feuchten Zimmer wohnte, wo er einen sehr starken Rheumatismus bekam, von welchem er sich trotz aller seiner Heilmittel nie wieder ganz erholte.

Ich besuchte ihn oft in Eckernförde und kehrte nie ohne neue höchst interessante Belehrungen zurück, da ich mir häufig die Fragen aufschrieb, welche ich ihm vorlegen wollte. In seiner letzten Lebenszeit fand ich ihn eines Tages sehr krank und, wie er glaubte, auf dem Punkt zu sterben. Er schwand zusehends dahin. Nachdem ich in seinem Schlafzimmer das Mittagessen eingenommen hatte, musste ich mich allein vor sein Bett setzen, und er sprach dann viel rückhaltloser über viele Dinge, sagte mir Vieles voraus und ersuchte mich, so bald wie möglich wiederzukommen, was ich auch tat. Indes fand ich ihn bei meiner Rückkehr weniger krank, dafür aber desto schweigsamer. Als ich 1783 nach Kassel ging, sagte er mir, dass ich, im Fall er während meiner Abwesenheit sterben sollte, ein versiegeltes Billet von seiner Hand finden würde, welches mir genügen werde. Aber dieses Billet fand sich nicht; vielleicht hatte er es ungetreuen Händen anvertraut. Oftmals bin ich in ihn gedrungen, mir doch während seines Lebens das mitzuteilen, was er mir in diesem Billet hinterlassen wollte. Dann wurde er traurig und rief: „Ach, wie unglücklich würde ich sein, mein lieber Prinz, wenn ich zu sprechen wagte!"

Er war vielleicht einer der größten Weltweisen, welche je gelebt haben. Er liebte die Menschheit; Geld verlangte er nur, um es den Armen zu geben. Er liebte selbst die Tiere, und sein Herz beschäftigte sich nur mit dem Glück anderer. Er glaubte, die Welt dadurch zu beglücken, dass er ihr zu billigeren Preisen neue Vergnügungen, schönere Stoffe und schönere Farben verschaffte; denn seine herrlichen Farben kosteten fast nichts. Ich habe nie einen Mann von klarerem Geist gesehen, und dabei besaß er eine Gelehrsamkeit, besonders in der Geschichte, wie ich selten gefunden habe."

An Prinz Christian von Hessen-Darmstadt schreibt Carl von Hessen-Kassel 1825, also Jahre später:[166]

„Was Saint-Germain betrifft, so bin ich der einzige, dem er sich anvertraut hat. Er war der größte Geist, den ich kannte. Er starb bei vollem Verstand in Eckernförde. Ich war damals in Kassel. Er ließ mir durch seinen Arzt, der ein eingeweihter Bruder war, sagen, er stürbe im Glauben an Jesus Christus; das würde mich freuen. Wir haben viel zusammen über Religion gesprochen, aber er war nichts weniger als ängstlich."

Im Kirchenbuch von Eckernförde ist Saint Germains Tod ebenfalls vermerkt. Sein Grabstein befand sich einst in St. Nicolai. Und lange suchten ihn Saint-Ger-

---

[166] Ebd., S. 211.

main-Adepten, die alljährlich en masse in das Gotteshaus strömten, vergeblich. Denn die Grabsteine im Kirchenschiff wurden 1872 von einer großen Flut so unterhöhlt, dass sie entfernt werden mussten. Manche der Steine wurden sogar von der Strömung bis in den Hafen mitgerissen und gelangten von dort durch weitere Sturmfluten noch weiter in die Ostsee. Doch mittlerweile, wie die „Eckernförder Zeitung“ meldete, wurden Teile des alten Grabsteins von Saint Germain wiedergefunden. Als eines der wenigen noch in Betrieb befindlichen Fahrgastschiffe mit Wasserradantrieb, die „Freya“, vor ein paar Jahren im Bereich des „Stoller Grunds“ entlangfuhr, bemerkte der Kapitän „Unwuchtschwingungen“ am linken Wasserrad. Eine Untersuchung noch vor Ort machte deutlich, dass sich ein Stein im Rad eingeklemmt hatte: ein steinernes Fragment, das einen menschlichen Kopf zeigte, offenbar der Teil einer Statue. Ein Kunsthistoriker identifizierte das Ganze schließlich als Bruchstück eines Sandstein-Epitaphs bzw. Grabsteines aus der Zeit des Barock. Dann machte man eine sensationelle Entdeckung: Auf der Rückseite konnten die Worte „Graf Weldone“, das Pseudonym Saint Germains, entziffert werden, sowie die Bezeichnung „I/ 45 a“, vermutlich eine Registrierungs-Nummer. In der Ostsee konnten dann Taucher weitere Sandstein-Fragmente bergen, die sehr wahrscheinlich zu dem zuvor gesicherten Steinkopf passen.[167]

Aber nicht nur der Grabstein Saint Germains tauchte wieder auf – auch der Graf höchstselbst, allerdings bereits früher. Schon kurz nach seinem Ableben soll er von mehreren Personen gesichtet worden sein, unter anderem am französischen Hof vor der Französischen Revolution, deren Slogan „Freiheit, Gleichheit, Brüderlichkeit“ vielleicht sogar auf Saint Germain zurückgeht. In der sozialen Dreigliederung von Rudolf Steiner feierten diese drei Begriffe dann Wiederauferstehung, freilich in neuem Kleide: Freiheit für das Geistesleben, Gleichheit für das Rechtsleben und Brüderlichkeit für das Wirtschaftsleben.

1774, also zehn Jahre vor seinem Tod, war Saint Germain schon einmal am französischen Hof vorstellig geworden. Madame d’Adhémar, die Hofdame der später unter dem Schafott gestorbenen Königin Marie Antoinette, schreibt über diesen Besuch, bei dem Saint Germain ein Umdenken fordert:[168]

„Wir traten ein durch die Gemächer; Madame de Misery führte uns in den besonderen

---

[167] Grabstein des Grafen St. Germain entdeckt, Eckernförder Zeitung vom 1.4.2009, www.shz.de/966431.

[168] Madame Adhémar, in Peter Schraud: Graf Saint-Germain unser Bruder, Novalis, S. 182f.

Raum, wo die Königin uns erwartete. Sie erhob sich mit leutseliger Würde. „Herr Graf", redete sie ihn an, „Versailles ist ein Ihnen vertrauter Ort."

„Madame, ich habe während fast zwanzig Jahren mit dem hochseligen König intim verkehrt; er geruhte mich gütig anzuhören; er hat sich meiner schwachen Talente bei mehreren Gelegenheiten bedient, und ich glaube nicht, dass er es bedauert hat, mir sein Vertrauen geschenkt zu haben."

„Sie haben gewünscht, von Madame d'Adhémar zu mir geführt zu werden; ich habe viel Zuneigung für sie und zweifle nicht, dass das, was Sie mir zu sagen haben, gehört zu werden verdient."

„Die Königin", begann der Graf mit feierlichem Ton, „wird in ihrer Weisheit abwägen, was ich ihr anzuvertrauen im Begriffe bin. Die Partei der Enzyklopädisten will die Macht; sie wird sie nur erhalten durch die vollständige Demütigung des Klerus, und um diese zu erreichen, wird sie den Umsturz im ganzen Lande vollziehen. Diese Partei sucht ein Haupt unter den Mitgliedern der königlichen Familie und hat ihre Augen auf den Herzog von Chartres geworfen; dieser Fürst wird als Werkzeug Menschen dienen, die ihn aufopfern werden, wenn er ihnen nicht mehr natürlich sein wird. Man wird ihm die französische Krone anbieten, aber das Schafott wird ihm den Thron ersetzen. Aber, vor diesem Tage der Gerechtigkeit, wie viel Grausamkeit! Wie viel Freveltaten! Die Gesetze werden nicht mehr die Schutzwehr der Wohlgesinnten und der Schrecken der Bösen sein. Die letzteren vielmehr werden mit ihren blutbefleckten Händen die Macht ergreifen, sie werden die katholische Religion abschaffen, den Adel, die Magistratur…" „So dass", unterbrach ihn die Königin mit Ungeduld „nur noch das Königtum bestehen bleiben wird." „Nicht einmal das Königtum! … Sondern eine gierige Republik, deren Zepter das Beil des Henkers sein wird.""

1787, zwei Jahre vor der Französischen Revolution, erscheint Saint Germain erneut am französischen Hof, und Marie Antoinette bereut stark, zuvor nicht auf den Grafen gehört zu haben. Sehr, sehr merkwürdig dies alles, denn wie wir ja wissen, ist Saint Germain schon 1784 begraben worden.[169] Zuvor hatte bereits der Philosoph Voltaire über ihn in einem Brief an Friedrich den Großen geschrieben, aber wohl eher scherzhaft: „Der Mann ist unsterblich und allwissend."[170]

Wie ist das möglich, wie ist das zu verstehen? Denn dass es sich dabei nicht um ein Ammenmärchen handelt, hat Rudolf Steiner bestätigt. Zur Klärung dieser Frage ist es vielleicht hilfreich, wenn wir an meinen Vortrag von heute Vormittag und Steiners Ausführungen über Cagliostro denken, in denen er davon berichtet, wie höhere Eingeweihte ihren Körper anlegen und ablegen können wie Regenmäntel.

---

[169] Schraud, a.a.O., S. 187.

[170] Volz, a.a.O., S. 128.

Aber Saint Germain war nach seinem Tod nicht nur in Frankreich zu sehen, sondern noch woanders: 1790 in Wien, in einem Zimmer, in dem einst auch der Philosoph Leibnitz, der Verfasser der „Monadologie“, genächtigt haben soll, im „Federlhof“.[171] Die Leute nannten den Fremden „Amerikaner“, weil er so lebhaft das Land beschreiben konnte, das er angeblich besucht haben soll, zur Zeit, als Amerika sich mit England im Krieg befand. Von einem Rivarol alias Dr. Robertson und von einem Joseph Rakoscy wird über diese Begegnung in Wien auch in einem Freimaurerblatt und einer anderen Zeitschrift 1908 berichtet.[172]

Wir lauschen jetzt aber lieber wieder dem Feuilletonisten Franz Gräffer, der die Erinnerungen seines Onkels, des Freimaurers und Alchemisten Rudolf Gräffer, erzählerisch zugespitzt wiedergibt und davon berichtet, dass Saint Germain in Wien im „Federlhof“ nicht mehr aufzufinden ist. Daraufhin begibt man sich zu einem Baron Linden. In einem an der Landstraße gelegenen Laboratorium der Rosenkreuzer findet man schließlich den Marquis, in einem Werk von Paracelsus lesend – den Grafen von Saint Germain:[173]

„Gräffer drängt es mechanisch, den Baron Linden aufzusuchen; er findet ihn bei der „Ente“ bei der dritten Ente. Sie fahren auf die Landstraße; ein gewisses Etwas, eine dunkle Ahnung sagt ihnen, dass sie augenblicklich, Carriere, auf die Landstraße fahren sollen. Das Laboratorium wird aufgeschlossen: ein gleichzeitiger Schrei des Erstaunens entfährt Beiden: an einem Tische sitzt Saint-Germain, ruhig lesend in einem Folianten, welcher der Paracelsus ist. Sie stehen starr an der Schwelle; der geheimnisvolle Gast macht das Buch langsam zu, und erhebt sich langsam. Wohl wissen die beiden Betroffenen, dass diese Erscheinung kein anderes Wesen auf der Welt sein könne als der Wundermann. Die Schilderung des Commis war ein Schatten gegen die Wirklichkeit. Es war, als umflösse ein heller Schein die ganze Gestalt. Würde und Hoheit verklärten sie. Sie sind keines Wortes mächtig.

Der Marquis schreitet ihnen entgegen; sie treten ein. Er sagt, gemessen, aber ohne Künstelei, in französischer Sprache, aber mit einem unbeschreiblich wohlklingenden, die innerste Seele bezaubernden Tenor, zu Gräffer: „Sie haben ein Empfehlungsschreiben von Herrn von Seingalt; aber es bedarf dessen nicht. Dieser Herr ist Baron Linden. Ich wusste, dass Sie Beide in dieser Minute hier sein würden. Sie haben noch ein Billet an mich, aus der Brühl. Aber der Maler ist nicht zu retten; seine Lunge ist hin; er wird den 8. Juli 1805 sterben. Ein Mann, der

[171] Krause-Zimmer, a.a.O., S. 189, 195; Schraud, a.a.O., S. 260; Rudolf Steiner, Die Tempellegende, Anhang.

[172] Krause-Zimmer, a.a.O., S. 195.

[173] Franz Gräffer, in Schraud, a.a.O., S. 260-265.

jetzt noch Kind ist, und Buonaparte heißt, wird mittelbar Schuld daran sein. Und nun, meine Herren, ich weiß von Ihrem Thun. Kann ich Ihnen nützlich sein? Sprechen Sie!"

Aber man ist nicht vermögend, zu sprechen. Linden setzt einen kleinen Tisch zurecht, nimmt Confect aus einem Wandschrank, stellt es hin, und geht in den Keller. Der Marquis winkt Gräffer, sich zu setzen; er selbst setzt sich. Er sagt: Ich wusste, Ihr Freund Linden werde sich entfernen; er musste es. Ihnen allein werde ich dienen. Ich kenne Sie durch Angelo Soliman, dem ich in Afrika Dienste geleistet. Wenn Linden kommt, werde ich ihn fortschicken. Gräffer ermannt sich; doch ist er noch zu ergriffen, um mehr entgegen zu können als die Worte. „Ich verstehe Sie; ich ahne." Indem kommt Linden zurück, und stellt zwei Bouteillen auf den Tisch. Saint-Germain lächelt darob mit einer unbeschreiblichen Hoheit. Linden biethet ihm Erquickung an. Des Marquis Lächeln geht in Lachen über. „Ich bitte Sie", sagte er, „ist irgendeine Seele auf dem Erdball, die mich je essen oder trinken geseh'n?" Er deutet auf die Flaschen, und bemerkt: „Dieser Tokaier ist nicht direct aus Ungarn; er kommt von meiner Freundin Catharina von Russland. Sie war mit den Schlachtenmalereien des Kranken bei Mödling so zufrieden, dass sie ihm eine Kiste davon schickte." Gräffer und Linden erstaunten: Es war dem so; der Wein war Casanova abgekauft.

Der Marquis begehrte Schreibmaterial. Linden bringt es. Der Wundermann schneidet von einem Bogen Papier zwei Quartblätter ab, legt sie dicht neben einander, und ergreift mit jeder Hand eine Feder. Er schreibt mit beiden Händen zugleich, eine halbe Seite, unterzeichnet eben so, und sagt: „Sie sammeln Autographe, mein Herr, wählen Sie eines dieser Blätter; es ist gleichgültig, welches, der Inhalt ist derselbe." – „Nein, das ist Zauberei", rufen die beiden Freunde aus, „Zug für Zug stimmen die beiden Handschriften überein; keine Spur eines Unterschied's. Unerhört!" Der Schreiber lächelt, legt beide Blätter aufeinander, hält sie an die Fensterscheibe; man glaubt nur eine Schrift zu sehen, so genau passt alles aufeinander. Es ist, als wären es Abdrücke einer und derselben Kupferplatte. Man ist stumm.

[...]

„Ich scheide. Enthalten Sie sich, mich zu besuchen. Ein Mal werden Sie mich noch sehen. Morgen Nachts reise ich; man bedarf meiner in Constantinopel, dann in England, wo ich zwei Erfindungen vorzubereiten habe, die Sie im nächsten Jahrhundert haben werden: Eisenbahnen und Dampfschiffe. In Deutschland wird man deren bedürfen, denn die Jahreszeiten werden allmählich ausbleiben. Zuerst der Frühling, dann der Sommer. Es ist das stufenweise Aufhören der Zeit selbst, als die Ankündigung des Untergangs der Welt. Ich sehe das Alles. Die Astronomen und Meteorologen wissen nichts, glauben Sie mir. Man muss in den Pyramiden studiert haben, wie ich. Gegen den Schluss des Jahrhunderts verschwinde ich aus Europa, und begebe mich nach Asien in die Gegend des Himalaya. Ich will ruhen; ich muss ruhen. Genau nach 85 Jahren werden die Menschen mich wieder erblicken. Leben Sie wohl. Ich liebe Sie!"

Auf die Passage Gräffers über das Verschwinden Saint Germains nach Asien und seine Wiederkunft nach 85 Jahren bezieht sich übrigens auch Rudolf Steiner.[174] Genau 85 Jahre nach dem Verschwinden von Saint Germain aus Wien wird 1875 in New York die Theosophische Gesellschaft unter Blavatsky gegründet, die rosenkreuzerisch inspiriert war. Später wird die Theosophische Gesellschaft von Annie Besant geleitet. Das Hauptquartier befindet sich bald im indischen Adyar. Leiter der deutschen Sektion war dann für einige Jahre Rudolf Steiner.

Die Gründung der Theosophischen Gesellschaft erfolgte 1875. Wo aber war Saint Germain, der ja seine Wiederkehr zu dieser Zeit angekündigt hatte? Ein Dokument haben wir ja schon heute früh zitiert, nämlich ein Zitat aus dem Oeuvre Strindbergs, der in einem früheren Leben übrigens als Alchemist gearbeitet haben soll. In „Inferno" berichtet Strindberg von seiner eigenartigen Begegnung mit einem Fremden, den Steiner als „Geistgestalt von Christian Rosenkreuz" identifiziert hat.[175]

1911 sagt Steiner in seinem Vortrag vom 27. September in Neuchatel wortwörtlich: „Heute ist Christian Rosenkreutz wiederverkörpert".[176] In einem autobiographischen Aufsatz macht er 1913 sogar Andeutungen über eine persönliche Begegnung mit dem reinkarnierten Grafen alias Christian Rosenkreutz, etwa um das Jahr 1879 herum, also dem Beginn des Michael-Zeitalters.[177] Es wurde bereits daraus zitiert.Den Kräutersammler, der ihn zu einem seiner Meister brachte, hat Rudolf Steiner in seinen Mysteriendramen als „Felix Balde" verewigt. Tatsächlich aber hieß er Felix Koguzki.[178] Im Dokument von Barr, das für Edouard Schuré bestimmt war, dem Verfasser der „Großen Eingeweihten", macht Steiner weitere Andeutungen. Wie bei Jakob Böhme der Unbekannte, bei Johannes Tauler in Straßburg der „Gottesfreund vom Oberland" (von der oberen, geistigen Welt), der aber auch sonst im Oberland, wahrscheinlich sogar im Berner Oberland gelebt haben soll, als „Meister Jesus", hatte also offenbar auch Rudolf Steiner wenigstens einen Inspirator. Wer aber war dieser Meister? Einer der „Weißen Loge"? Einer der zwölf Meister der Weisheit und des Zusammenklangs der Empfindungen? Wir ahnen es: Es war der Graf von Saint Germain.[179]

---

[174] Krause-Zimmer, a.a.O., S. 194.

[175] Norbert Glas: Strindberg, Perseus Verlag, S. 196.

[176] Rudolf Steiner: GA 130.

[177] Mieke Mosmuller: Rudolf Steiner, Occident Verlag, S. 53.

[178] Paul Regenstreif: Christian Rosenkreutz und seine Mission, Verlag Die Kommenden, S. 32-86.

[179] Ebd., S. 87-89; Anthrowiki: Meister der Weisheit und des Zusammenklanges der Empfindungen.

Als welche Person sich dieser aber reinkarniert hat, durfte Steiner damals nicht sagen, um den Meister nicht unnötigen Attacken seiner Gegner auszusetzen und um keinen Personenkult zu fördern.

Wer Saint Germain heute ist? Keine Ahnung. Doch es gibt Hinweise, dass er künftig, in der sechsten nachatlantischen Kulturperiode, im vierten und fünften Jahrtausend, die von Russland geprägt werden wird, eine große Wirksamkeit als Lehrer entfalten soll. Vor diesem Hintergrund müssen also Boykottaktionen gegen Russland oder schnelle militärische Eingreiftruppen der Nato unter der Leitung Deutschlands vor der Haustür Putins mit gemischten Gefühlen betrachtet werden. Denn die russische Kultur soll ja von Mitteleuropa geistige Impulse bekommen, keine kriegerischen.

Erst 100 Jahre nach dem Ableben des Meisters, so die Regel, darf sein Name enthüllt werden. 2017 müssten diese 100 Jahre eigentlich vorüber sein, und die Frage steht im Raum: Wer war es? Als welche Person hat sich Saint Germain zur Zeit Steiners reinkarniert? Und: Was könnten wir Neues von ihm lernen, wenn wir dies wüssten? Man muss dabei natürlich aufpassen, dass einen bei solchen Fragen nicht die bloße Neugier antreibt. Aber interessant wäre es trotzdem, auch wenn es – wie Rudolf Steiner meint – heute vor allem darauf ankommt, die „höheren Wahrheiten durch das Denken der Menschen" zu ergreifen. „Das Denken muss spiritualisiert werden".[180]

Wer jetzt aber von den Anwesenden hier genau wissen möchte, ob er ein Schüler von Saint Germain ist oder nicht, dem sagt Steiner folgendes: Wenn es in deinem Leben einmal ein Ereignis gegeben hat, das zu deinem sicheren Tode geführt hätte, wenn dich nicht zuvor eine unbekannte Stimme davor gewarnt und damit das Schlimmste verhindert hätte, dann könne man sicher sein, dass es sich bei dieser Stimme um die von Christian Rosenkreutz bzw. Saint Germain gehandelt hat. Aber es gibt bei dem Begründer der Anthroposophie noch einen anderen Hinweis, durch den wir erfahren können, ob wir überhaupt Schüler von Saint Germain werden können.[181]

> „Wer Schüler des Christian Rosenkreutz werden will, beachte folgendes: Wir haben im vorigen Jahr davon gesprochen, wie man unwillkürlich eine Erkenntnis davon bekommen kann, daß man in einer gewissen Beziehung zu Christian Rosenkreutz stehen kann. Man kann aber auch etwas wie eine Frage an das Schicksal stellen: Kann ich die Eignung erlangen, ein

---

[180] Rudolf Steiner in einem Gespräch mit Friedrich Rittelmeyer.

[181] Rudolf Steiner: GA 130, S. 324f.

Schüler des Christian Rosenkreutz zu werden? – Es kann auf folgende Weise geschehen: Man versuche, sich das Bild des großen Lehrers der Neuzeit, Christian Rosenkreutz inmitten seiner Zwölf, vor die Seele zu stellen, hinaussendend in den Weltenraum den Gautama Buddha im Beginne des siebzehnten Jahrhunderts, in der Konsequenz erfüllend dasjenige, was ungefähr geschehen ist im sechsten Jahrhundert vor Christus durch die Predigt von Benares. Wenn dieses Bild vor der Seele steht mit seiner ganzen Bedeutung, wenn man fühlt, wie von dem Bilde, das einen erschütternden Eindruck macht, etwas ausgeht, so daß sich aus der Seele die Worte herausringen: O Mensch, du bist nicht bloß ein irdisches, du bist ein kosmisches Wesen! –, dann darf man getrost glauben: Ich kann ein dem Christian Rosenkreutz nachstrebender Schüler werden. – Ein wichtiger Meditationsstoff ist dieses Bild, welches das Verhältnis des Christian Rosenkreutz zu Gautama Buddha schildert."

Was aber ist diese Predigt von Benares überhaupt? Sie fand übrigens gar nicht in Benares statt, sondern mehrere Kilometer davon entfernt, in Sarnath. Nach Steiner sind die sogenannten „Predigten von Benares" später als eine Metamorphose wieder aufgetaucht: in den Predigten von Johannes dem Täufer am Jordan. Was nicht weiter verwundert, nach dem, was wir bislang über die Verbindung zwischen Johannes dem Täufer und Buddha gehört haben. Sarnath ist übrigens ein schöner Platz. Ich war 1981 selber schon mal dort. Viele Tempel unterschiedlicher buddhistischer Strömungen befinden sich dort. Die Predigt von Sarnath war die erste Lehrrede, die der historische Buddha nach seiner Erleuchtung gehalten hat, die ihm unter dem Bodhi-Baum zuteil wurde. Am Seherstein im Gazellenhain in Nordindien hat Buddha fünf Asketen, die ihn auf seiner Erkenntnissuche begleitet hatten, den von ihm gefundenen Mittelweg verkündet, der die Extreme der Ausschweifung einerseits und strenger Askese anderseits meidet. Erkenntnisse, die im sogenannten Achtfachen Pfad mündeten, der ursprünglich die Erlösung aller Leiden durch das Anhalten des Rades der Wiedergeburten anstrebte, bis hin zum endgültigen Verlöschen im Nirvana. Was aber wegen der Christus-Tat auf Golgatha – nach Rudolf Steiner – heute offenbar auch von der nichtverkörperten Buddha-Wesenheit nicht mehr als zeitgemäß angesehen wird. Als Buddha noch auf der Erde weilte, sagte er über den Achtfältigen Pfad:

„Es ist der edle achtfältige Pfad, nämlich rechte Erkenntnis, rechte Gesinnung, rechte Rede, rechtes Handeln, rechter Lebensunterhalt, rechte Anstrengung, rechte Achtsamkeit, rechte Einigung. Das ist, ihr Mönche, das mittlere Vorgehen, zu dem der Vollendete erwacht ist, das sehend und wissend macht, das zur Beruhigung, zum Überblick, zur Erwachung, zum Nirvāna führt."

Bei Rudolf Steiner hat der Achtfache Pfad in den sogenannten Nebenübungen zu den Hauptmeditationen seinen Niederschlag gefunden: im richtigen Urteil, der richtigen Wortwahl und Tat beispielsweise oder der richtigen Erinnerung. Interessant, dass diese achtteiligen Nebenübungen von sechs Rosenkreuzer-Nebenübungen ergänzt werden.

Was nützen uns aber derartige spirituelle Erkenntnisse? In einer Zeit, in der sich die ganze Welt in einen gigantischen Überwachungsstaat verwandelt hat, in der sich Banker-Heuschrecken tummeln und Immobilien-Haie? In der Diktatoren auf dem Vormarsch sind und antimichaelische Nationalismen en vogue? Einer Zeit, in der Millionen auf der Flucht sind und in der Lohnsklaverei für immer mehr Menschen zu einer Realität geworden ist und wird; einer Zeit, in der Burnout zunimmt und drei Jobs pro Tag für manche bereits die Regel sind, aber dadurch immer noch kein gutes Überleben möglich ist? Was bedeuten die geistigen Lehren Saint Germains vor dem Hintergrund, dass die Medizin immer mehr eine Homunkulus-Medizin wird mit Retortenbabies und mit genveränderten Zombies als Zukunftsvision; in der sich die Menschheit zu Tode vergnügt, um die innere Leere zu übertönen? In der die Umwelt und Nahrungsmittel vergiftet werden und Artensterben die Folge dieser Entwicklung ist? Einer Zeit, in der Klimaveränderung zum Schlagwort wurde und Erdbeben, Feuersbrünste und riesige Überschwemmungen, wie in der Apokalypse angekündigt, für Not sorgen? Einer Zeit, in der überall Atomraketen stationiert sind, der zig-fache Overkill auch in Deutschland möglich ist und in der die Militärhaushalte in gigantische Höhen wachsen?

Einer Zeit also, in der das apokalyptische Tier aus dem Abgrund hervorzukriechen scheint und islamistischer Terror die Gesellschaften weltweit erschüttert. Einer Zeit, in der Massaker, Amokläufe, aber auch Selbstmord-Anschläge an der Tagesordnung sind, wie der Ansbacher Vorfall vom vergangenen Jahr zeigt, als sich ein Islamist in die Luft sprengte, keine 500 Meter Luftlinie von hier entfernt? Können diese gigantischen Probleme überhaupt noch mit den normalen Mitteln der Politik gelöst werden? Wo korrupte Politiker Mega-Staatsgebilde – Bürokratiemonster wie die EU – favorisieren, sich die Taschen mit Geld vollstopfen, aber zu keinen Lösungen kommen; Bürokraten, die billige Demokratie-Floskeln von sich geben, statt beherzt zu handeln? Bedarf es nicht allmählich eines generellen Umdenkens und einer engen Zusammenarbeit mit den geistigen Hierarchien, um den real existierenden Horror auszugleichen und zum Verschwinden zu bringen?[182]

---

[182] Rudolf Steiner: GA 93, S. 126.

„Um diesen Ausgleich herzustellen, dazu werden tatsächlich blutige Kriege gehören, dann solche, die sich als volkswirtschaftliche Kriege abspielen, als Ausbeutungskriege, als Geld- und Industrieunternehmungen, als Überwältigungen, wobei man immer mehr und mehr imstande sein wird, tatsächlich durch bestimmte Vorrichtungen Menschenmassen in Bewegung zu setzen, sie einfach zu zwingen. Der Einzelne wird mehr und mehr Macht bekommen über bestimmte Menschenmassen. Denn der Gang der Entwickelung ist nicht der, daß wir demokratischer werden, sondern daß wir brutal aristokratisch werden, indem der Einzelne immer mehr Macht gewinnen wird. Wenn da nicht die Veredlung der Sitten stattfindet, so muß das zu den brutalsten Dingen führen. Das wird auch kommen, so wie die Wasserkatastrophe für die Atlantier gekommen ist."

„Brutal aristokratisch" statt demokratisch, Untergang wie bei der „Wasserkatastrophe" von Atlantis – diese Worte von Rudolf Steiner klingen in der Tat nicht besonders optimistisch. Gibt es von Saint Germain inspirierte Methoden für eine andere, eine bessere Gesellschaft? Ja, die gibt es, auch wenn durch sie nicht unbedingt gleich schnelle Lösungen zu erzielen sind: Zum Beispiel die Weiterentwicklung der Gedanken der sozialen Dreigliederung. Und, als Alpha und Omega: die Spiritualisierung des Denkens, um so in Übereinstimmung mit dem Kosmos richtig wirken zu können. Außerdem kann uns laut Steiner der ständig wachsende Ätherleib von Saint Germain helfen, diese schwierigen Zeiten zu überstehen, bis in das Alltagsleben der Kultur hineinzuwirken und dabei nicht zu verzagen.[183]

„Wenn Sie ein Werkzeug des Christian Rosenkreutz werden sein können, dann können Sie versichert sein, dass Ihre kleinste Seelenarbeit für die Ewigkeit da sein wird"
...sagt Rudolf Steiner. Klingt das nicht verheißungsvoll, optimistisch? „Wir haben keine Chance", sagten einst die Spontis augenzwinkernd, „also nutzen wir sie". Und ist nicht manchmal wenig viel? „Less is more"! Sind beispielsweise in der Homöopathie nicht gerade die Hochpotenzen besonders wirksam, bei denen irdische Stoffe gar nicht mehr mit herkömmlichen Methoden nachweisbar sind? Einige, wenige vermögen also manchmal vieles. Und manchmal gibt es auch Spuren von Saint Germain an Orten, an denen man sie gar nicht vermutet. Zum Schluss möchte ich noch eine kleine Geschichte erzählen, die dies unterstreicht.

Vor ein paar Wochen hatte ich als Reporter mitten im militärischen Sperrgebiet der US-Army zu tun – am Rande des Truppenübungsplatzes Grafenwöhr in der Oberpfalz.

---

[183] Rudolf Steiner: GA 130, Vorträge in Neuchatel.

Es ist ein streng bewachtes Areal, Zugang nur für Angehörige der US-Armee, deren Familien und Zivilangestellte. Mittendrin, umgeben von hohen Drahtzäunen, befindet sich die sogenannte „Netzaberg Chapel". Ein interreligiöses Gotteshaus mit 2500 Quadratmetern Grundfläche – ein 18 Millionen Dollar teurer Bau. Die amerikanische Armee hat sich das Ganze also eine Stange Geld kosten lassen. Das Überraschende: In diesem von Militär ringsum malträtierten Umfeld konnte ich einen wirklich schönen Gospel-Service erleben. Gesänge von religiöser Innbrunst, wirklich schön. Dazu ein eigener Pool in der Kirche, gleich hinter dem Altar. Aber nicht zum Baden, sondern für die Taufe der Baptisten. Denn verschiedene protestantische Gläubige, Baptisten, aber auch Katholiken besuchen die Netzaberg Chapel. Der Trick, damit dieses überkonfessionelle Gebäude überhaupt funktioniert: Es gibt überall abnehmbare religiöse Symbole. Zum Beispiel einen Holz-Jesus am Kreuz. Für die Katholiken ist das Kruzifix ein absolutes Muss, für Protestanten aber ein Problem. Die Lösung: ein Magnet. Denn damit kann der Holz-Jesus in Sekundenschnelle vom Kreuz genommen werden. Klick-Klack, und das Problem ist verschwunden! Für mich als Besucher war es ebenfalls ein besonderes Erlebnis, als in der dortigen Sakristei ein paar goldene Kelche mit Messwein für das Abendmahl gefüllt wurden – von einem soldatischen Messdiener im olivgrünen militärischen Tarnanzug. Selbst die christlichen Symbole sind in dieser Kirche abnehmbar und in Wandschränken schnell verstaubar, denn das Gebäude kann bei Bedarf auch von anderen Religionen genutzt werden: von Juden, Hindus oder Muslimen. Also von Angehörigen unterschiedlicher Religionen, die sich sonst oft spinnefeind sind und sich sogar manchmal die Köpfe abhacken. Hier aber gibt es die Möglichkeit zum friedlichen Neben- und Miteinander.

Klar, die Armee ist daran interessiert, Spannungen in der Truppe zu vermeiden, um die „Durchschlagskraft" der Soldaten zu erhöhen. Aber dass ein friedliches Zusammensein der Religionen architektonisch seinen Niederschlag gefunden hat, noch dazu in einem militärischen Sperrgebiet, ist für mich ganz erstaunlich. Das Ganze erinnert mich frappierend an die Message von Lessing in seinem „Nathan, der Weise" und damit an die Botschaft von Saint Germain oder Christian Rosenkreutz: das friedliche Zusammenleben der verschiedenen Religionen miteinander – erreicht durch das Verständnis für die kosmische Realität und die Ziele des Christus – jenseits von allen Konfessionen.

Mit diesen optimistischen und versöhnlichen Tönen möchte ich schließen. Danke, dass Sie nach Ansbach gekommen sind!

Das Ensemble spielte die Arie „Per pietà bell'idol mio" des Grafen von Saint Germain

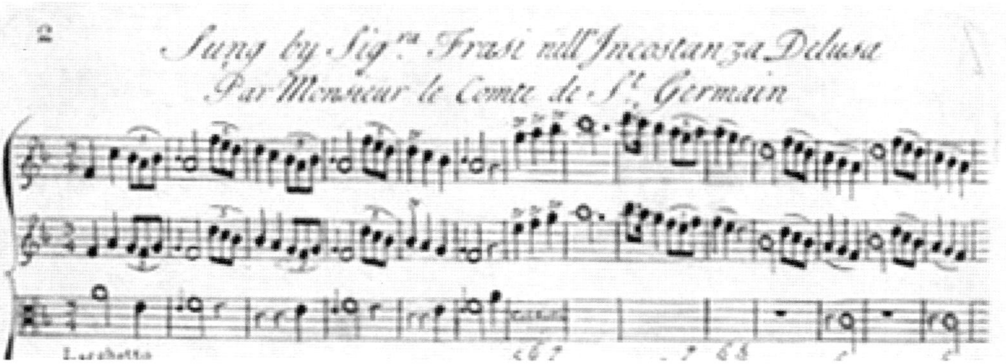

SAINT GERMAIN UND CHRISTIAN ROSENKREUTZ

Mieke Mosmuller

Ansbach, 8. Oktober 2017

In anderen spirituellen Strömungen als der Anthroposophie wird anders über die Individualität gedacht, die in Saint Germain verkörpert war. Ich werde heute bei der Anthroposophie anschließen, weil ich, wie bekannt, meine Heimat bei Rudolf Steiner gefunden habe. Seine Untersuchungen beruhen auf einer erkenntnistheoretischen Grundlage, die sich voll durchschauen lässt und die man dann auch voll anerkennen kann.

Der Graf ist eine exoterische Wiederverkörperung von Christian Rosenkreutz, das heißt, dass er nicht im Geheimen, als ein Unbekannter, gewirkt hat, eine Wiederverkörperung von Flos, Johannes, einer Individualität in der Zeit des Propheten Hosea und von Hiram. Es gibt zwei Verkörperungen, die mit dem Namen Christian Rosenkreutz angedeutet werden. Dies werde ich jetzt besprechen. Sie sind die Wegweiser für den Menschen in den kommenden Zeiten.

In den Vorträgen in Neuchâtel, bei der Eröffnung des Christian Rosenkreutz-Zweigs, hat Rudolf Steiner diese beiden Verkörperungen beschrieben. Der Text wurde berühmt und wird auch in einigen anderen esoterischen Strömungen verwendet, um zu verstehen, wer Christian Rosenkreutz war und ist. Ich werde aus dem Vortragsband GA 130 referieren, ergänzt durch Ergebnisse, die meine Untersuchungen mir gegeben haben.

Um 1250 war die Menschheit in Bezug auf den Geist an einem Tiefpunkt. Sogar die Menschen, die am weitesten fortgeschritten waren, konnten nicht mehr in die geistige Welt hinaufschauen, sie hatten nur Erinnerungen an Erkenntnisse der Vergangenheit. Als ein neuer Impuls wurde im 13. Jahrhundert eine große und erhabene Individualität geboren, um der Menschheit die Möglichkeit zu bringen, wieder mehr und mehr in die geistige Welt hineinzuschauen. Der große Meister des Abendlandes wurde geboren, und in ihm lebte der Impuls, die ursprüngliche morgenländische Weisheit mit der abendländischen im Einklang zu halten. Eine Durchchristung aller Tatkraft und Gefühlsregung war seine Aufgabe.

Im 13. Jahrhundert versammelten sich die zwölf Führer der Menschheit, jeder ein

Repräsentant einer Kulturepoche. Die sieben Rishis werden in sieben Individualitäten repräsentiert. Die anderen fünf sind Repräsentanten der fünf Epochen, vier, die bereits vergangen sind, die fünfte stand bevor. Diese Individualität für die fünfte nachatlantische Epoche vertrat die herankommende Intellektualität. Sie versammelten sich um einen Jüngling, den sie selbst erzogen hatten. Er war leiblich schwach, geistig stark. Die ganze menschheitliche Entwicklung war also da, nicht durch unmittelbares Schauen, sondern aus der Erinnerung an die vorherigen Inkarnationen der Zwölf.

Dieser Jüngling wurde in einen todähnlichen Zustand gebracht, wobei das Materielle so stark verschwand, dass er ganz durchsichtig wurde. Das ist ein seltsamer Vorgang gewesen, der mit dem Verstand nicht zu fassen ist. Die Zwölf übertrugen all ihr Wissen auf den freien Ätherleib des Jünglings. Dieser machte ein Damaskus-Erlebnis durch. Als er auferweckt wurde, war die vollkommene menschliche Errungenschaft in ihm anwesend, und zwar ganz durchchristet. Alles Wissen konnte er durchchristet zurückgeben. Als er dann bald danach wirklich starb, blieb der Ätherleib, der dieses umfassende menschliche Wissen in sich trug, erhalten und ist bis jetzt erhalten geblieben.

Alles, was an wirksamer, durchwollter spiritueller Erkenntnis empfangen wird, hat mit diesem Ätherleib zu tun. Man könnte sagen: Die Spiritualisierung des Intellekts erhebt zu diesem Ätherleib, der auch mit der Erscheinung von Christus in der ätherischen Welt zu tun hat. Man kann aber ebenso gut sagen: Die Spiritualisierung des Intellekts empfängt die notwendigen Kräfte dazu aus diesem Ätherleib.

Im 14. Jahrhundert inkarnierte sich diese Individualität wiederum und wurde der bekannte Christian Rosenkreutz, dessen wirkliches Dasein durch die traditionelle Geschichte geleugnet wird.

Wiederum war er mit den Zwölf zusammen und wurde sehr, sehr alt. Er machte weite und lange Reisen durch die Welt, bis nach Asien, und er erlebte wiederum das Ereignis von Damaskus. Er begründete das „Rosenkreuz".

Es gibt eine „spirituelle Logik". Sie ist nicht die Logik von Aristoteles, nicht unsere Rationalität, aber sie ist doch damit verwandt, hat gleichartige Züge.

Wenn gesagt wird, dass Hiram ein Kains-Sohn ist, dann bedeutet das, dass er sich ganz mit den Gesetzmäßigkeiten der Erde auseinandersetzt. Er ist alles andere als „weltfremd", obwohl er manchmal ganz „weltfern" gelebt hat und lebt.

In Christian Rosenkreutz steigert sich dieses Prinzip, er „aktualisiert" das ganze Erdenwissen und bringt es – oder es wird gebracht – in das Verhältnis zum Christus. Wen würde Christus dafür auserwählt haben? Doch bestimmt den Jünger, den er so liebte, dass er ihn eingeweiht hat und ihn seiner Mutter übergeben hat? Oder umgekehrt, dass er seine Mutter ihm zutraut? Das ist Johannes, der beim letzten Abendmahl an der Brust Christi lag. Andererseits hat der Christus im Evangelium gesagt, dass Johannes der Täufer der Höchste auf Erden – und der Niedrigste im Himmel – war. Dieses deutet schon hin auf die spirituell-ökonomischen Prozesse, bei denen Individualitäten miteinander in einer Inkarnation verbunden werden. So haben wir das bei Johannes gesehen.

Jetzt sind wir bei der nächsten Inkarnation angekommen und finden zweimal kurz hintereinander Christian Rosenkreutz, den Eingeweihten, der unmittelbar bei Christus ist.

In diesen zwei Verkörperungen kann man ein hohes Beispiel für den Entwicklungsweg sehen, der jetzt für den abendländischen Menschen der geeignete ist. In der ersten Inkarnation verließ er den Leib, es war ein Hineingehen in den Kosmos und ein Aufnehmen aller Weisheit. In der eigentlichen Christian-Rosenkreutz-Inkarnation, in der er sehr alt wurde, wird das wiederholt, aber als „chymische Hochzeit", ein Zusammenleben mit dem Kosmos, um dann mit der kosmischen Weisheit die Erde zu befruchten. In dieser Inkarnation wurde er von der Individualität, die Mani gewesen ist, eingeweiht.

Das ist in vollkommener Ausgestaltung dasjenige, was wir mehr oder weniger unvollkommen nachtun sollten. Dann finden wir das Schwert in der Scheide und lernen beide, Scheide und Schwert, genau unterscheiden, so dass kein Irrtum mehr möglich ist. Das Bild des Rozenkreuzes ist Vorbild. Durch das Kennenlernen aller Triebe und Begierden, aller Regungen, die leiblich-egoistische sind, lernen wir sie von den höheren, leibfreien, spirituellen Regungen unterscheiden. Das Umbilden der niederen Triebe ist das schwarze Kreuz. Die Rosen sind die umgewandelten Triebe und Begierden, in Spiritualität umgewandelt. Sie stecken wie das Schwert in der Scheide, im Leib, den wir brauchen, um die Erde „bebauen" zu können.

Als Hiram erstrebte er den Guss des ehernen Meeres. Er misslang. Es war ein Versuch, bis in das materielle Dasein hinein Feuer und Wasser ins Gleichgewicht zu bringen. Es waren die drei Gesellen, Zweifel, Aberglaube und Illusion der Persönlichkeit, die den Guss verhinderten.

Wir können diese drei Gesellen mit Hilfe von Christian Rosenkreutz überwinden, er hat das Wissen, wie man die Erde weisheitsvoll durchdringt. Rudolf Steiner hat ausgeführt, wie Christian Rosenkreutz die Aufgabe hat, die Materie ganz zu durchdringen und aufzulösen – und dann neue Stoffe daraus zu bilden.

Es gibt für mich in der Anthroposophie zwei Welten, wo man den Stoff kennenlernen kann, in das Wesen von Materie eindringen kann. Das ist die Medizin und das ist

„Wahrheit und Wissenschaft“[184] von Rudolf Steiner und der Aufsatz – und alles, was daraus hervorgehen kann – „Philosophie und Anthroposophie“.[185]

Der Meister, über den Edouard Schuré ausführlich geschrieben hatte, begründete seine geistigen Einsichten mit der Philosophie Fichtes. Das ist das Hauptthema in „Wahrheit und Wissenschaft“ und in dem oben genannten Aufsatz. In „Wahrheit und Wissenschaft“ spricht Rudolf Steiner über Fichtes „Tathandlung des Ich“:

> „Wir ersehen dies z. B. aus seinen [Fichtes] folgenden Worten: „Die Wissenschaftslehre entsteht also, insofern sie eine systematische Wissenschaft sein soll, geradeso wie alle möglichen Wissenschaften, insofern sie systematisch sein sollen, durch eine Bestimmung der Freiheit, welche letztere hier ins-besondere bestimmt ist, die Handlungsart der Intelligenz überhaupt zum Bewußtsein zu erheben; ... Durch diese freie Handlung wird nun etwas, das schon an sich Form ist, die notwendige Handlung der Intelligenz, als Gehalt in eine neue Form des Wissens oder Bewußtseins aufgenommen...“ Was ist hier unter Handlungsart der „Intelligenz“ zu verstehen, wenn man das, was dunkel gefühlt ist, in klaren Begriffen ausspricht? Nichts anderes als die im Bewußtsein sich vollziehende Verwirklichung der Idee des Erkennens. Wäre Fichte sich dessen vollkommen klar bewußt gewesen, dann hätte er den obigen Satz einfach so formulieren müssen: Die Wissenschaftslehre hat das Erkennen, insofern es noch unbewußte Tätigkeit des „Ich“ ist, zum Bewußtsein zu erheben; sie hat zu zeigen, daß im „Ich“ als notwendige Handlung die Objektivierung der Idee des Erkennens ausgeführt wird.
>
> Fichte will die Tätigkeit des „Ich“ bestimmen. Er findet: „Dasjenige, dessen Seyn (Wesen) bloß darin besteht, daß es sich selbst als seyend setzt, ist das Ich, als absolutes Subjekt“. Dieses Setzen des Ich ist für Fichte die erste unbedingte Tathandlung, die allem übrigen „Bewußtseyn zum Grunde liegt“. Das Ich kann also im Sinne Fichtes auch nur durch einen absoluten Entschluß alle seine Tätigkeit beginnen. Aber für Fichte ist es unmöglich, dieser seiner vom Ich absolut gesetzten Tätigkeit zu irgendeinem Inhalte ihres Tuns zu verhelfen. Denn er hat nichts, worauf sich diese Tätigkeit richten, wonach sie sich bestimmen soll. Sein Ich soll eine Tathandlung vollziehen; aber was soll es tun? Weil Fichte den Begriff der Erkenntnis nicht aufstellte, den das Ich verwirklichen soll, deshalb rang er vergeblich, irgendeinen Fortgang von seiner absoluten Tathandlung zu den weiteren Bestimmungen des Ich zu finden.“

Also: Das Ich setzt das Erkennen – und setzt damit sich selbst.

In dem Aufsatz „Philosophie und Anthroposophie“ nun führt Rudolf Steiner klar aus,

---

[184] Rudolf Steiner: GA 3, S. 71ff.

[185] Rudolf Steiner: GA 35.

dass in der alten Philosophie, bei Aristoteles, das Problem von Form und Materie ausführlich formuliert wurde. Für Aristoteles waren sie nicht miteinander zu vereinigen. Wenn der Mensch alles in der Welt in begrifflicher Form erfasst hätte, wäre die ganze Welt in Form aufgelöst. Eines jedoch würde übrigbleiben, dass nicht in Form aufgelöst werden kann: die Materie. Mit dem Denken kann man die Materie nicht erreichen. Aber Aristoteles kann durch Fichte ergänzt werden. Formt man den Begriff des Ich, dann setzt man das Ich als erkennende Wesenheit, schafft aber zugleich dessen Stoff, dessen Materie. Das Ich wird gerade durch diesen Erkenntnisschritt geschaffen. Wenn man das in diesem Schritt erleben kann, eröffnet sich eine neue Welt: Die erste Erschaffung der Materie durch den Menschen selbst ist geschehen! Dann aber ist der Abgrund zwischen Form und Materie überbrückt worden:[186]

„Wenn wir das Ich im reinen Gedanken fassen, dann sind wir in einem Zentrum, wo das reine Denken zugleich essentiell sein materielles Wesen hervorbringt. Wenn Sie das Ich im Denken fassen, so ist ein dreifaches Ich vorhanden: ein reines Ich, das zu den Universalien „ante rem" gehört, ein Ich, in dem Sie drinnen sind, das zu den Universalien „in re" gehört, und ein Ich, das Sie begreifen, das zu den Universalien „post rem" gehört. Aber noch etwas ganz Besonderes ist hier: für das Ich verhält es sich so, daß, wenn man sich zum wirklichen Erfassen des Ich aufschwingt, diese drei „Ichs" zusammenfallen. Das Ich lebt in sich, indem es seinen reinen Begriff hervorbringt und im Begriff als Realität leben kann. Für das Ich ist es nicht gleichgültig, was das reine Denken tut, denn das reine Denken ist der Schöpfer des Ich. Hier fällt der Begriff des Schöpferischen mit dem Materiellen zusammen, und man braucht nur einzusehen, daß wir in allen anderen Erkenntnisprozessen zunächst an eine Grenze stoßen, nur beim Ich nicht: dieses umfassen wir in seinem innersten Wesen, indem wir es im reinen Denken ergreifen.

So läßt sich erkenntnistheoretisch der Satz fundamentieren, „daß auch im reinen Denken ein Punkt erreichbar ist, in dem Realität und Subjektivität sich völlig berühren, wo der Mensch die Realität erlebt". Setzt er da ein und befruchtet er sein Denken so, daß dieses Denken von da aus wiederum aus sich herauskommt, dann ergreift er die Dinge von innen. Es ist also in dem durch einen reinen Denkakt erfaßten und damit zugleich geschaffenen Ich etwas vorhanden, durch das wir die Grenze durchdringen,die für alles andere zwischen Form und Materie gesetzt werden muß.

Damit wird eine solche Erkenntnistheorie, die gründlich vorgeht, zu etwas, das auch im reinen Denken den Weg zeigt, in die Realität hinein zu gelangen."

Da hört man Christian Rosenkreutz!

---

[186] Rudolf Steiner: GA 35, Seite 102.

In der ersten Ebene ist es also: mit dem Wissen, mit der Weisheit den Stoff hervorzubringen, den Stoff des eigenen Ich. Dann wird es auch möglich, in die übrige Welt unterzutauchen und die Materie zu erkennen. Das aber ist innere Alchemie, die bis in das Äußere wirksam wird.

Nun wollen wir also nicht nur die philosophische Stoffseite erkennen lernen, sondern auch die natürliche. Dazu stellen wir uns die Frage: Was ist Stoff, was ist Materie?

Aristoteles erkannte eine Art Urstoff an, einen noch nicht zur Gestaltung gekommenen Stoff, ohne jegliche Form also. „Hyle" wurde das genannt, und das wäre zum Beispiel so etwas wie Holz, aber nicht bereits Holz geworden.

In okkultem Sinne kennt man auch Materie, einen völlig ungestalteten Stoff, in dem aber alles seine Gestaltung findet und in dem auch alles Gestaltete abgedruckt wird. Das ist die Akasha. Dieser Stoff ist ganz geistig. Alles, was aus dem Urwort gestaltet wird, geht durch die Akasha; alles, was auf Erden gedacht, gefühlt, getan wird, wird da „eingeschrieben", das heißt, gestaltet. Es ist die vierte himmlische Region, im Bereich der geistigen Sonne, da musiziert der Geist, alles erklingt musikalisch, es ist der Mittelpunkt der Sphärenharmonie.

Pythagoras wusste noch davon, er hörte diese himmlische Musik noch und schöpfte daraus seine Zahlenerkenntnis. Die ganze Schöpfung beruht auf der Zahl, das war ihm bewusst.

Nun ist aber diese geistige Substanz, diese Akasha, die wir also im Ich kennenlernen, in diesem Punkt, wo Form und Materie in einem zusammen sind, zugleich auch die irdische Substanz – noch nicht hart, man stößt sich nicht daran, aber es ist Stoff an sich. Dieser Stoff ist die jungfräuliche Erde.

Danach suchten die Alchemisten, die Rosenkreuzer, damit sie den geformten Stoff auflösen könnten und daraus wiederum Stoff mit anderer Form zu einer anderen irdischen Substanz schaffen könnten. Sie wussten: Um das zu können, muss man selbst jungfräulich werden, in der Seele. Diese Umformung der eigenen Seele liegt in der Einweihung von Christian Rosenkreutz, in der vierten Stufe, der Zubereitung des Steins der Weisen. Dieser „Stein" ist der Urstoff, der formend wirksam ist. Rudolf Steiner hat das Mysterium offenbar gemacht, das die Eingeweihten kennen:[187]

> „Es handelte sich bei Cagliostro um ein zweifaches: erstens um den Unterricht zum Zwecke der Herstellung des sogenannten Steines der Weisen; zweitens um die Eröffnung

[187] Rudolf Steiner: Die Tempellegende, GA 93, S. 104.

des Verständnisses für das mystische Fünfeck, für das mystische Pentagramm. Nun kann ich Ihnen nur andeutend sagen, was diese zwei Dinge zu bedeuten haben. Es kann viel gespottet werden darüber, aber sie sind nicht nur symbolisch zu nehmen, sondern beruhen auf Tatsachen. Der Stein der Weisen hat einen bestimmten Zweck, der von Cagliostro angegeben wurde: er sollte das menschliche Leben auf 5527 Jahre verlängern. Das erscheint dem Freigeist lächerlich. Tatsächlich ist es aber möglich, durch besondere Schulung das Leben ins Unermessliche zu verlängern dadurch, daß der Mensch lernt, nicht mehr in seinem physischen Körper zu leben. Derjenige, der sich aber vorstellen wollte, daß den Adepten kein Tod im gewöhnlichen Sinne des Wortes treffe, der würde sich etwas Falsches darunter vorstellen. Auch wer glaubt, daß ein Adept nicht von einem Ziegelstein getroffen und erschlagen werden kann, auch der würde sich etwas Falsches vorstellen. Das würde allerdings nur dann gewöhnlich eintreten, wenn der Adept es zuläßt. Nicht um den physischen Tod handelt es sich, sondern um Folgendes. Der physische Tod desjenigen, der für sich selbst den Stein der Weisen erkannt und ihn herauszusetzen verstanden hat, ist für ihn nur ein scheinbares Ereignis. Für die anderen Menschen ist er ein wirkliches Ereignis, das einen großen Abschnitt in seinem Leben bedeutet. Für den, der in der Weise, wie Cagliostro es mit seinen Schülern gewollt hat, es versteht, den Stein der Weisen zu benützen, ist der Tod nur ein scheinbares Ereignis. Er bildet nicht einmal einen besonders wichtigen Abschnitt im Leben; er ist nämlich etwas, was nur für die anderen da ist, die etwa den Adepten beobachten können, und die sagen, daß er stirbt. Er selbst stirbt aber in Wirklichkeit gar nicht. Die Sache ist vielmehr so, daß der Betreffende gelernt hat, überhaupt nicht in seinem physischen Körper zu leben; daß er gelernt hat, alle diejenigen Vorgänge, die im Momente des Todes im physischen Körper plötzlich vor sich gehen, nach und nach während seines Lebens vor sich gehen zu lassen. Es hat sich mit dem Körper des Betreffenden alles schon vollzogen, was sich sonst im Tode vollzieht. Dann ist der Tod nicht mehr möglich, denn der Betreffende hat längst gelernt, ohne den physischen Körper zu leben. Er legt den physischen Körper in ähnlicher Weise ab, wie man einen Regenmantel auszieht, und zieht einen neuen Körper an, wie man einen neuen Regenmantel anzieht."

Und an anderer Stelle:[188]

„Sie werden in den gebräuchlichen Büchern, die Sie über den Orientalismus unterrichten wollen, überall den Hinweis auf den Somatrank, auf den Somasaft finden. Allerlei sehr geistvolle Erklärungen finden sich darüber, weil die Menschen von der wirklichen Initiationsweisheit aus niemals darauf aufmerksam gemacht sind, was nun der Somatrank substantiell

[188] Rudolf Steiner: GA 202, S. 271.

eigentlich ist. Ebenso werden Sie in allerlei historischen Büchern darauf hingewiesen, daß man ja nicht weiß, welche Substanz der Stein der Weisen ist. Allerdings habe ich auch nicht gerade vor, von diesen beiden Substanzen zu sprechen. Ich möchte nur auf das Humorvolle hindeuten, daß eine gewisse Gelehrsamkeit darauf hinweist, daß man nicht wissen könne, was eigentlich der Somasaft ist, trotzdem eine große Anzahl von Menschen diesen Somasaft, der, wie das hier im Liede des Varuna mitgeteilt ist, auf dem Berge wächst, literweise trinken. Und so wird auch hingewiesen darauf, daß eine gewisse Substanz als der Stein der Weisen existiert, daß man nicht eigentlich wisse, was die gelehrten Alchimisten unter diesem Stein der Weisen verstehen, obwohl die Menschen auch der heutigen Zeit kiloweise diesen Stein der Weisen verbrennen. Es handelt sich nur darum, diese Dinge in dem richtigen Lichte zu sehen. Es ist ein Merkwürdiges, daß da eigentlich oftmals als etwas höchst Unbekanntes hingestellt wird, was den Menschen sehr bekannt ist, weil sie nicht wissen, wie der Zusammenhang ihrer heutigen Anschauungsweise ist mit dem, was Anschauungsweise einer verhältnismäßig kurz zurückliegenden Zeit ist."

In dem Landwirtschaftlichen Kurs in Koberwitz, 1924, hat Rudolf Steiner den Kohlenstoff besprochen, das Hauptelement der organischen Chemie. C-H-O-N-S – das sind die Grundelemente des Eiweiß. Aber der Kohlenstoff trägt die Form, er wirkt überall formend, er ist die Substanz der Form, er gibt Anleitung zur Form. Er kann viele, viele Verbindungen eingehen. Er ist der Vermittler zwischen Form und Materie im Physischen. Er braucht aber selbst auch ein Element, das eine Art geistiger Führer ist, der es im Physischen auch möglich macht, dass die Materie geformt wird. Das ist der Schwefel. Wenn eine Substanz lebendig werden soll, braucht sie den Sauerstoff in der Verbindung der Elemente, aber dieser kann nicht ohne Vermittlung wirken. Der Vermittler des Lebens ist der Stickstoff, er sorgt dafür, dass der Sauerstoff im Stoff wirksam werden kann, wodurch das Leben auf Erden möglich ist. Ein Bild für die schöne Form, direkt im physischen Stoff, ist der Diamant.

Die Ärztin Ita Wegman stellte die Frage nach einer spirituellen Heilkunst. Rudolf Steiner gab den „Jungmediziner-Kurs".[189] Da wurde eine Rosenkreuzer-Medizin gelehrt! Im Zentrum stehen die drei Rosenkreuzer-Prinzipien: Sal, Merkur, Sulfur.

[189] Rudolf Steiner: GA 316.

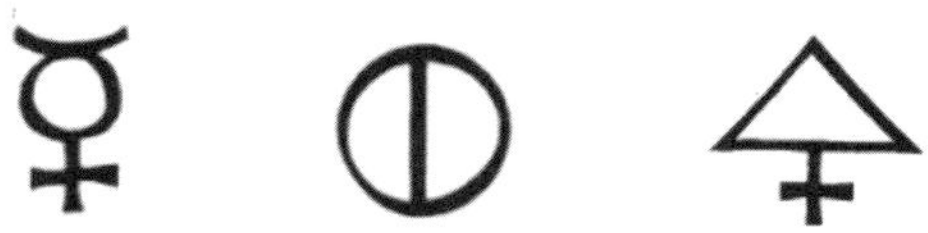

SULPHUR MERKUR SAL

Es wurde bereits aus der Vortragsreihe GA 130 über diese drei Prinzipien zitiert. Sal ist Salz, es steht für alle Kristallisationsprozesse. Im Innern haben sie als Gleichnis das Formen reiner Gedanken. Alles Sinnliche wurde abgestreift, das Einzige, was übrigbleibt, sind die reinen Kristalle, wie Diamant. Merkur ist der Tropfen, die Tropfenform. Alles, was nach Tropfenform strebt, ist Merkur, es ist die Auflösung alles Festen. Im Inneren hat dieser Prozess als Gleichnis die Liebe. Schwefel ist Sulphur. Alles, was mit Verbrennung zu tun hat, ist der Sulphurprozess. Und im Innern hat dieser Prozess sein Gleichnis in dem Opfer. Die Alchemie verläuft in diesen drei Prinzipien.

Die Rosenkreuzer-Medizin kennt die Geister, die mit diesen Prozessen wirksam sind. In dem Kurs für junge Mediziner verhüllte Rudolf Steiner das ganze okkulte Wissen in zwei Sprüchen und machte es gerade dadurch offenbar:[190]

„Ihr heilenden Geister
Ihr verbindet euch
Dem Sulphursegen
Des Ätherduftes;

Ihr belebet euch
Im Aufstreben Merkurs
Dem Tautropfen
Des Wachsenden
Des Werdenden.

Ihr machet Halt
In dem Erdensalze
Das die Wurzel
Im Boden ernährt. –

Das ist gewissermaßen dasjenige, was die Seele erwirbt, indem sie auf den Umkreis

[190] Rudolf Steiner: GA 316, S. 71.

hinschaut, den inneren Sinn erweckend für das, was sie umgibt. Der Mensch kann dann antworten:

Ich will mein Seelenwissen
Verbinden dem Feuer
Des Blütenduftes;

Ich will mein Seelenleben
Erregen am glitzernden Tropfen
Des Blättermorgens;

Ich will mein Seelensein
Erstarken an dem Salzerhärtenden
Mit dem die Erde
Sorgsam die Wurzel pflegt."

So spricht der Rosenkreuzer-Arzt.

Zum Abschluss wurde nochmals die Triosonate gespielt

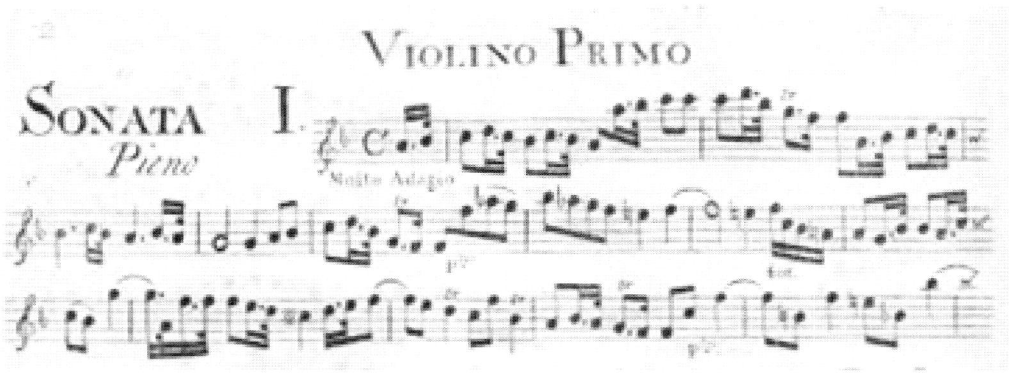

AUTORENNOTIZ

Mieke Mosmuller hat an der Universität von Amsterdam Medizin studiert und arbeitete anschließend als Hausärztin. Jahrelang betrieb sie eine Hausarztpraxis mit angeschlossener Apotheke und war später als Ärztin für Homöopathie tätig. Seit 1994 ist sie auch Schriftstellerin und hat inzwischen 50 Bücher in niederländischer und deutscher Sprache publiziert, von denen manche ins Englische, Dänische und Französische übersetzt wurden. Sie gibt Seminare in den Niederlanden, Belgien, Deutschland und der Schweiz.

Thomas Senne hat sein Studium an der Geisteswissenschaftlichen Fakultät der Friedrich-Alexander Universität Erlangen-Nürnberg mit dem akademischen Titel „Magister Artium" beendet. Als freier Kulturkorrespondent ist er seit Jahren für öffentlich-rechtliche Hörfunksender in Deutschland tätig. Der Autor arbeitet außerdem für die Feuilletons und andere Ressorts großer Tageszeitungen und Zeitschriften.

Jos Mosmuller studierte Medizin an der Universität von Amsterdam, arbeitete zunächst als Assistent für Innere Medizin und wurde Hausarzt. Er arbeitete viele Jahre in seiner Hausarztpraxis mit angegliederter Apotheke und erweiterte die ärztliche Praxis um Homöopathie und Anthroposophie. Seit 1994 ist er außerdem Leiter des Occident Verlages und organisiert mehrtägige Seminare in der Schweiz.

L I T E R A T U R H I N W E I S E

Johann Valentin Andreae: Die Chymische Hochzeit des Christian Rosenkreuz, Zbinden

Johann Valentin Andreae: Fama Fraternitatis; Confessio Fraternitatis; Chymische Hochzeit, Calwer

Hermann Beckh (Übers.): Der Hingang des Vollendeten, Perseus

Joachim Berger, Klaus-Jürgen Grün (Hg.): Geheime Gesellschaft. Weimar und die deutsche Freimaurerei, Stiftung Weimarer Klassik bei Hanser

Michael Eschborn: Karlstein, Urachhaus

Jiri Fajt, Markus Hörsch: Kaiser Karl IV. 1316-2016, Ausstellungskatalog, Germanisches Nationalmuseum Nürnberg

Leopold-Georg Graf von Saint Germain: Die Hochheilige Trinosophia, Königsdorfer

Karl Heyer, Aus dem Jahrhundert der französischen Revolution, Perseus

Alf Hermann: Geheimes Louisenlund, Ludwig

Kindlers Literatur Lexikon, dtv

Wolf-Ulrich Klünker: Wer ist Johannes. Dimensionen der letzten Ansprache Rudolf Steiners, Freies Geistesleben

Manfred Krüger: Albrecht Dürer. Mystik, Selbsterkenntnis. Christussuche, Freies Geistesleben

Hella Krause-Zimmer: Christian Rosenkreutz, Verlag am Goetheanum

L.A. Langveld: Der Graf von Saint-Germain, Saint Germain Starczewski

Thomas Meyer (Hg.): Der neue Kain, Perseus

Mieke Mosmuller: Rudolf Steiner. Eine spirituelle Biographie, Occident

Karl Eugen Neumann: Die Reden Buddhos, Piper

Sergej O. Prokofieff: Der Jahreskreislauf als Einweihungsweg zum Erleben der Christus-Wesenheit, Freies Geistesleben

Paul Regenstreif: Christian Rosenkreutz und seine Mission, Die Kommenden

Jostein Saether: Christian Rosenkreutz und die Islamische Welt, tredition

Peter Schraud: Christian Rosenkreutz und das Menschheitsziel, Novalis

Peter Schraud: Graf Saint-Germain unser Bruder, Novalis

Peter Schraud: Der Graf von Saint Germain, Sein und Schein, Novalis

Christiane Schwarzweller: Der Salomonische Tempel als Einweihungsweg, Vorträge in der Anthroposophischen Gesellschaft Hamburg

Peter Selg: Rudolf Steiner und Christian Rosenkreutz, Verlag des Ita Wegmann Instituts

Dietrich Spitta: Goethes Einweihung und sein Märchen von der grünen Schlange und der schönen Lilie, Freies Geistesleben

Rudolf Steiner: GA 3, 8, 10, 35, 83, 84, 89, 93, 97, 99, 101, 107, 110, 114, 130, 131, 175, 202, 238, 262, 264, 266/I, 268, 316

Viktor Stracke: Das Vaterunser und die Figuren der Rosenkreuzer, Verlag für Anthroposophie

Frank Teichmann: Goethe und die Rosenkreuzer, Freies Geistesleben

Irene Tetzlaff: Unter den Flügeln des Phoenix, Mellinger

Ton-Kreis-Bilder Mozart, Kartenset mit Ton-Kreis-Bild einer Komposition von Saint Germain, Mani Verlag

Peter Tradowsky: Kaspar Hauser, Philosophisch-Anthroposophischer Verlag

Roland van Vliet: „Wer, denken die Menschen, bin Ich?" Eine Christologie der Liebe, Urachhaus

Gustav Bertold Volz (Hg.): Der Graf von Saint-Germain, Bohmeier Verlag

Alexander von Bernus: Alchymie und Heilkunst, Verlag Hans Carl

Herbert Wimbauer: Gedanken um das Rosenkreuz, Selbstverlag

Wolfgang Zwickel: Der Salomonische Tempel, Philipp von Zabern